Digitalisierung und Bildung

Silke Ladel · Julia Knopf · Armin Weinberger
(Hrsg.)

Digitalisierung und Bildung

Springer VS

Herausgeber
Silke Ladel
Saarbrücken, Deutschland

Julia Knopf
Saarbrücken, Deutschland

Armin Weinberger
Saarbrücken, Deutschland

ISBN 978-3-658-18332-5 ISBN 978-3-658-18333-2 (eBook)
DOI 10.1007/978-3-658-18333-2

Die Deutsche Nationalbibliothek verzeichnet diese Publikation in der Deutschen Nationalbibliografie; detaillierte bibliografische Daten sind im Internet über http://dnb.d-nb.de abrufbar.

Springer VS

Lektorat: Stefanie Laux

Gedruckt auf säurefreiem und chlorfrei gebleichtem Papier

Springer VS ist Teil von Springer Nature
Die eingetragene Gesellschaft ist Springer Fachmedien Wiesbaden GmbH
Die Anschrift der Gesellschaft ist: Abraham-Lincoln-Str. 46, 65189 Wiesbaden, Germany

Inhaltsverzeichnis

Vorwort der Herausgeber zum Thema „Digitalisierung und Bildung“

Silke Ladel, Julia Knopf, Armin Weinberger

Der Begriff der *Digitalisierung* wird in zwei Interpretationen verwendet. Zum einen bezeichnet er die Überführung von Informationen von einer analogen in eine digitale Speicherung. Zum anderen meint Digitalisierung die Veränderungen, die durch die Einführung digitaler Technologien bzw. der darauf aufbauenden Anwendungssysteme hervorgerufen wurden (Hess, 2016). Diese Veränderungen lassen sich auf drei verschiedenen Ebenen betrachten:

(1) Auf *individueller Ebene* führt Digitalisierung insbesondere zu Veränderungen von Arbeits- und Handlungsweisen – im beruflichen wie auch im privaten Alltag. Virtual Reality und Augmented Reality etwa verändern Arbeitsprozesse und verlangen von den Nutzerinnen und Nutzern das Erlernen ganz neuer Fähigkeiten. Informations- und Kommunikationstechnologien verwischen Grenzen zwischen beruflichen und privaten Kontext. So dienen soziale Netzwerke sowohl der Pflege privater als auch beruflicher Kontakte. Entsprechend gestalten Nutzer gleichermaßen professionelle und private Online-Profile. Digitale Medien flexibilisieren auch örtliche Gebundenheit. In vielen Berufen verliert es an Bedeutung, wo man seine Arbeit verrichtet. Dies stellt Arbeitgeber und –nehmer vor neue Herausforderungen, eigenverantwortlich zu handeln: Wer beispielsweise von zu Hause aus arbeitet, muss überlegen, wie man Privatleben und Beruf miteinander vereint.

(2) Auf der *Ebene der Organisationen* lag der Fokus zunächst auf der Effizienzsteigerung im administrativen Bereich. Heute beeinflusst die Digitalisierung insbesondere die Vernetzung von Unternehmen untereinander sowie die Vernetzung zwischen Unternehmen mit Kunden und Lieferanten. Dadurch erlangt das Wissensmanagement in Unternehmen zunehmend an Bedeutung. Das betrifft Fra-

gen nach der Generierung, Repräsentation und Identifikation von Wissen innerhalb eines Unternehmens sowie die Kommunikation nach außen, die über soziale Medien dynamisch und wechselseitig stattfindet.

(3) Auf *gesellschaftlicher Ebene* führt die Digitalisierung zu vielfältigen strukturellen Veränderungen. Gerade bei disruptiven Innovationen, die die Gesellschaft nachhaltig verändern, werden die Diskussionen um den Einsatz neuester Medien kontrovers geführt und sind emotional aufgeladen: Kritiker befürchten die digitale Demenz, Befürworter sprechen vom digitalen Wandel. Dies gilt für alle Bereiche des Lebens, auch für die Bildung.

Bildung ist „die Anregung aller Kräfte des Menschen, damit diese sich über die Aneignung der Welt entfalten und zu einer sich selbst bestimmenden Individualität und Persönlichkeit führen“ (Humboldt, W. (1792/1960). Bildung ist demnach mehr als die reine Aneignung von Wissen – Bildung ist ebenso ein Prozess der Individualisierung, durch den der Mensch seine Persönlichkeit ausbildet. Vor dem Hintergrund der Digitalisierung treten neue Herausforderungen und Möglichkeiten hervor, Bildung zu erlangen.

Digitalisierung eröffnet neue Zugänge zu Bildung und könnte somit eine Chance für die stärkere Entkopplung von Bildungsbiografie und sozialer Herkunft sein. Digitalisierung ist eine Chance für die Verbesserung der Qualität der schulischen Ausbildung sowie der Hochschulbildung. Und Digitalisierung ist eine Chance für die Weiterentwicklung neuer Ansätze in der Pädagogik und in den Fachdidaktiken.

Da das Feld der Digitalisierung und Bildung so vielfältig ist, ist es auch das Ziel dieser Publikation, diese Vielfalt aufzuzeigen und das Thema *Digitalisierung und Bildung* aus verschiedenen Bezugsdisziplinen heraus näher zu betrachten.

Das Buch gliedert sich in drei thematische Abschnitte, nämlich *Digitalisierung und Bildung über die Lebensspanne*, *Instruktionales Design digitaler Lernumgebungen* und *Praxisberichte*.

Im ersten Abschnitt *Digitalisierung und Bildung über die Lebensspanne* werden zunächst Ansätze technologie-gestützten Lernens im Grundschulunterricht vorgestellt. Der Beitrag von Silke Ladel legt virtuelle und physische Materialien für den Mathematikunterricht der Primarstufe dar. Julia Knopf stellt anhand eines Beispiels das Potenzial von Bilderbuch-Apps zur Initiierung literarischer Lernprozesse vor. Thomas Irion, Carina Ruber und Maja Schneider adressieren, wie Informationskompetenzen in der Grundschule gefördert werden können. Das Kapitel „Dynamische Mathematik und computergestützte Tests“ von Yves Kreis, Carole Dording, Ulrich Keller, Vincent Porro und Raynald Jadoul beschreibt im Anschluss die Randbedingungen und exemplarischen Stolpersteine beim Einsatz einer computer-unterstützten Lern- und Testumgebung für Schule und Hausarbeit. August Wilhelm Scheer und Christian Wachter erörtern, wie digitale Bildungslandschaften Arbeiten und Lernen immer näher zusammenrücken lassen und wie sich daraus entsprechende Herausforderungen und Möglichkeiten ergeben. Ebenfalls mit dem Erwachsenenlernen – und zwar mit der Lehrerbildung in der digitalen Welt – beschäftigt sich der Beitrag von Bardo Herzig und Alexander Martin.

Im zweiten Abschnitt *Instruktionales Design digitaler Lernumgebungen* stellt Armin Weinberger das Konzept „Orchestrierung“ vor, das die Kombination unterschiedlicher technologie-unterstützter Lernarrangements vorsieht. Lisa Stark, Babette Park und Roland Brünken untersuchen die Rolle von Emotionen beim Lernen mit Multimedia. Neben der Darstellung des wissenschaftlichen Kenntnisstandes zum Multimedia-Lernen werden auch die Wirkungen emotionalen Designs erörtert. Helmut und Lisa Niegemann stellen mit IzELA ein praktisches Evaluationstool vor, das eine systematische Evaluation instruktionalen Designs digitaler Lernumgebungen ermöglicht.

Im dritten Abschnitt *Praxisberichte* finden sich zwei Beiträge aus der Praxis digitaler Lernumgebung im Kindergarten der Zukunft von Antje Bostelmann sowie das Beispiel Software Campus für den Einsatz digitaler Lernumgebungen in der Hochschullehre von Harald Schöning.

Teil I

Digitalisierung und Bildung über die Lebensspanne

Sinnvolle Kombination virtueller und physischer Materialien

Silke Ladel

1 Einleitung

Der Einsatz digitaler Medien im Grundschulbereich wird auch heute noch von manchen Personen sehr kritisch gesehen (z.B. Lembke/Leipner 2015). Als Begründung dafür, dass digitale Medien bei den jungen Kindern fehl am Platz seien, wird u.a. das Argument der Notwendigkeit haptischer Erfahrungen vorgebracht (z.B. Spitzer 2015). Aber: Das eine schließt das andere nicht aus! So liegt der häufig geforderte Mehrwert digitaler Medien nicht in diesen allein, sondern gerade erst in der sinnvollen Kombination von non-digitalen mit digitalen Medien. Der Fokus in diesem Beitrag liegt auf der sinnvollen Kombination von physischen und virtuellen Arbeitsmaterialien. Hier gibt es verschiedene Möglichkeiten, die im Folgenden näher erläutert sind. Für alle Möglichkeiten ist festzuhalten: Die Primärerfahrung mit physischen Arbeitsmaterialien bildet die Grundlage für die Nutzung virtueller Arbeitsmaterialien!

Zunächst werden die vier Phasen des mathematischen Lernprozesses vorgestellt, die den Verlauf insbesondere arithmetischer Lernprozesse aufzeigen. Im Beitrag wird schwerpunktmäßig auf die erste Phase, dem Handeln und Operieren mit verschiedenartigen, konkreten Materialien, eingegangen. Der Vollständigkeit halber werden sinnvolle Beispiele für den Einsatz digitaler Medien in den Phasen drei und vier, sowie der Phase zwei voran gestellt. Diese betreffen den Umgang mit reinen Ziffern mit dem Ziel der Automatisierung, sowie die Verbindung verschiedener Darstellungsformen mit dem Ziel eines besseren Verständnisses der mathematischen Inhalte. Darauf folgen verschiedene Möglichkeiten wie eine sinnvolle Kombination virtueller und physischer Materialien realisiert werden kann.

2 Enaktives Arbeiten in der Grundschule

2.1 Die vier Phasen des mathematischen Lernprozesses

Mathematische Lernprozesse, insbesondere in der Arithmetik, verlaufen in vier Phasen (Aebli 1983; Ladel 2009) (Abb. 1). Zunächst handeln und operieren die Kinder mit verschiedenartigen, konkreten Materialien (s. hierzu 2.4). Beispielsweise vereinen sie vier Fußbälle und nochmals zwei Fußbälle zu insgesamt sechs Fußbällen. In Phase zwei erfolgt dann der Übergang von diesem konkreten Handeln über abstraktere, bildhafte Darstellungen zur ziffernmäßigen Form. Hier wird beispielsweise mit Plättchen gearbeitet. Diese zweite Phase ist für den mathematischen Lernprozess von besonderer Bedeutung, da hier die Verinnerlichung der Operation stattfindet. D.h. durch Versprachlichung der Handlung, durch vorausschauendes und reflektierendes Handeln verinnerlichen die Kinder die Operation. In dieser Phase ist es wichtig, die verschiedenen Darstellungsformen so eng wie möglich miteinander zu verknüpfen. Nur so entwickelt sich beim Kind ein verständnisvoller Umgang mit Zahlen und Operationen. Es folgt schließlich der Umgang mit reinen Ziffern (Phase 3) mit dem Ziel der Automatisierung (Phase 4). Jede einzelne Phase hat ihre Daseinsberechtigung und ist für den mathematischen Lernerfolg von Bedeutung.

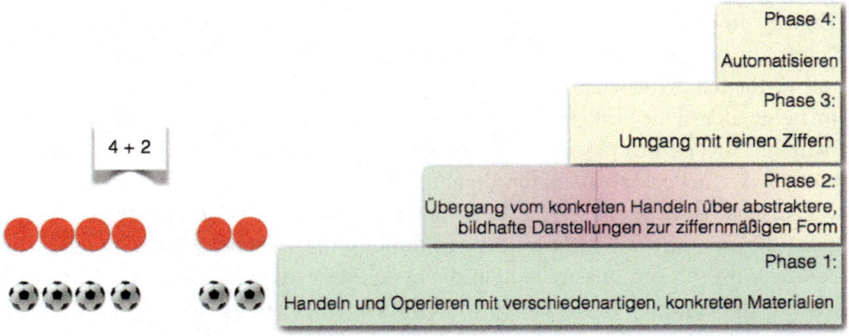

Abbildung 1 Die vier Phasen des mathematischen Lernprozesses (Quelle: Eigene Darstellung)

Dieser Beitrag geht schwerpunktmäßig auf die erste Phase ein, dennoch werden die Potenziale digitaler Medien für die Phasen 2 bis 4 kurz anhand eines Beispiels erläutert.

2.2 Apps zur Förderung der Geläufigkeit (Phase 3 und 4)

Ist der Lernprozess abgeschlossen, so ist es wichtig, die Geläufigkeit zu trainieren. Ziel ist es, dass die Kinder beispielsweise das kleine 1+1 oder das kleine 1x1 schnell und fehlerlos beherrschen, um somit eine gute Grundlage für weiterführendes Lernen von Mathematik zu haben. Zur Verbesserung der Geläufigkeit ist eine schnelle Rückmeldung besonders wichtig. Des Weiteren fördert eine motivierende Lernumgebung das ausdauernde Üben. Hier bietet eine gute Lernapp großes Potenzial wie das Beispiel der App Mathekönig 2 (Oddrobo Software AG 2016) zeigt. Ziel für die Kinder ist es, die Landschaft (Abb. 2 links) zu erschließen und vom Bauern zum König aufzusteigen. Dieses Ziel erreichen sie, indem sie einen Weg gehen, auf dem bestimmte Aufgaben zu lösen sind (Abb. 2 Mitte). Die Kinder sammeln Punkte und Medaillen und erhalten nach jeder gelösten Aufgabe, die aus wiederum zehn Teilaufgaben besteht, einen Überblick über ihren aktuellen Punktestand, Sterne und Medaillen (Abb. 2 rechts). Ein Balken zeigt an, wie viel bis zum nächsten Rang noch fehlt, was wiederum – zusammen mit der Möglichkeit, sich auch mit anderen Kindern in einer Rangliste zu vergleichen – die Kinder zum Weiterüben motiviert.

Abbildung 2 Die Spielumgebung der App Mathekönig 2 (Quelle: Oddrobo Software AG)

Die Aufgabentypen können von den Nutzern unter Angabe des Levels an einem Beispiel eingesehen werden. Ebenso ist der Zugang zur Statistik möglich, in der zum einen ein Vergleich mit anderen Spielern, aber auch ein individueller Vergleich der eigenen Leistung erfolgt (Abb. 3 links). Aus Sicht der Lehrperson ist neben der sofortigen Rückmeldung und der motivierenden Gestaltung der Lernumgebung insbesondere das diagnostische Tool sehr wertvoll (Abb. 3 Mitte und links). So können pädagogische Fachkräfte, Eltern und Kinder sich den Verlauf ihres Spiels im Nachhinein anschauen und die Spielrunden sowie Fehler analysieren. Ebenso steht eine Hilfe zur Verfügung, bei der eine fehlerhaft gelöste Aufgabe erläutert und Tipps gegeben werden (Abb. 3 rechts). Solche diagnostische Tools können den Alltag der Lehrperson wesentlich erleichtern.

Abbildung 3 Überblick, Statistik und Hilfe der App Mathekönig 2 (Quelle: Oddrobo Software AG)

2.3 Apps für ein besseres Verständnis mathematischer Inhalte (Phase 2)

Apps zur Förderung der Geläufigkeit sind jedoch erst dann zu nutzen und einzusetzen, wenn das Kind ein gesichertes Verständnis des jeweiligen mathematischen Inhalts erworben hat. Ist dies noch nicht der Fall, so befindet sich das Kind in Phase 2 des mathematischen Lernprozesses. In dieser Phase sorgt eine möglichst enge Verknüpfung verschiedener Repräsentationsformen (enaktiv, ikonisch, symbolisch) für ein besseres Verständnis des Kindes für den mathematischen Inhalt. Insbesondere die automatische Verknüpfung der Darstellungen in einer App unterstützt die Kinder beim intermodalen Transfer. Ein gutes Beispiel hierfür ist die App Rechentablett (Urff 2013) (Abb. 4). Die App ist zunächst ein virtuelles Äquivalent zum bereits bekannten Zahlenhaus. Die Aufgabenstellungen lauten entsprechend z. B.:

- Zerlege die Zahl 7! Welche Zerlegungen findest du?
- Sind das alle Zerlegungen? Wie kannst du dir sicher sein?
- Zerlege andere Zahlen. Bei welchen findest du die meisten (die wenigsten) Zerlegungsmöglichkeiten?
- etc.

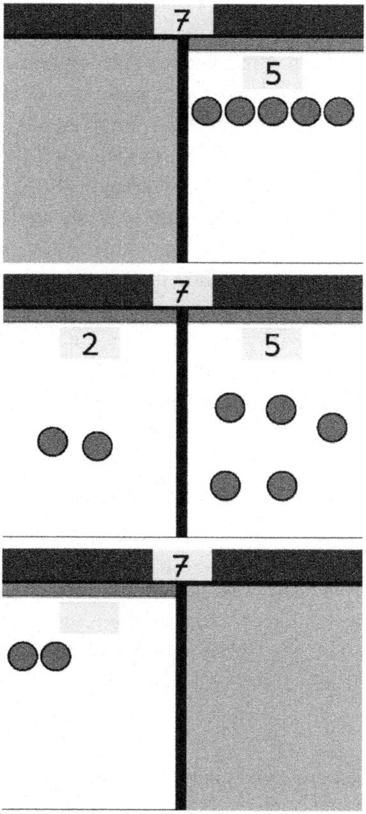

Abbildung 4 Das Rechentablett (Quelle: Christian Urff)

Die Kinder erzeugen über das Berühren des Touchscreens virtuelle Plättchen, die sie beliebig in die linke oder rechte Spalte des Zahlenhauses verschieben können (Abb. 4 oben). Ebenso können die beiden Spalten einzeln oder gemeinsam zugedeckt werden (Abb. 4 Mitte). Die App hat darüber hinaus jedoch noch weitere Funktionen, die den mathematischen Lernprozess der Kinder nachhaltig unterstützen können: Die Anzahlen in der linken und der rechten Spalte werden automatisch angezeigt. So können die Kinder auf der enaktiven Ebene handelnd tätig werden und sehen gleichzeitig die Auswirkungen ihres Tuns auf der symbolischen Ebene repräsentiert. Dadurch findet eine enge Verknüpfung ihrer enaktiven Tätigkeiten mit den Zahlsymbolen statt. Bereits 1992 hat Thompson in Studien mit computerbasierten Lernumgebungen festgestellt, dass diejenigen Kinder, denen der Computer die Übersetzung ihrer Handlungen symbolisch angezeigt hat, ein besseres Verständnis für die Zahlen und Operationen hatten als diejenigen, denen die Lehrerin die Bedeutung genannt hatte. Die begründete Hoffnung besteht, dass über die automatische Verknüpfung der externen Repräsentationen auch die mentale Verknüpfung beim Kind gestärkt wird (Ainsworth 1999; Harrop 1999; Ladel 2009). Des Weiteren ermöglicht die automatische Verknüpfung der Repräsentationsformen auch nicht so leistungsstarken Kindern Entdeckungen am Zahlenhaus/Rechentablett anzustellen und prozessbezogene Kompetenzen, ohne die sonst immer notwendige Voraussetzung der inhaltlichen Kompetenz, zu erwerben. Weitere Funktionen, die sich im Mathematikunterricht als sehr nützlich erweisen, sind die Möglichkeiten zur automatisch strukturierten Anordnung der Plättchen durch Antippen der Zahl sowie das schnelle Verdecken oder Anzeigen der symbolischen Darstellung (Abb. 4 unten).

2.4 Handlungen und Operationen mit konkretem Material (Phase 1)

Laut Sarama und Clements (2009) verstehen die meisten Lehrpersonen unter dem Begriff ‚konkret' physische Objekte, welche die Kinder mit ihren Händen greifen können. Diese sensorische Eigenschaft macht Objekte scheinbar ‚real', und damit bedeutsam und hilfreich für das persönliche Selbst. Diese Sichtweise ist jedoch problematisch:

> *„First, it cannot be assumed that concepts can be ‚read off' manipulatives. That is, the physical objects may be manipulated without illuminating the concepts. Second, even if children begin to make connections between manipulatives and nascent ideas, physical actions with certain manipulatives may suggest different mental actions than those students are to learn."*
>
> (Sarama und Clements 2009, S. 146)

Wenn ein Kind beispielsweise die Aufgabe 6+3=__ am Zahlenstrahl löst, dabei zuerst die Zahl 6 lokalisiert und dann um drei weiterzählt („eins, zwei, drei“) und schließlich die Antwort „9“ abliest, so hilft diese Vorgehensweise dem Kind nicht, die Aufgabe mental zu lösen. Hierzu müsste es „sieben, acht, neun“ und gleichzeitig die Zählschritte zählen: „7 ist eins, 8 ist zwei, 9 ist drei.“ Das sind ganz unterschiedliche Handlungen (Gravemeijer 1991; Sarama und Clements 2009)! Auch wenn also das Arbeitsmaterial und die Objekte eine wichtige Rolle im Lernprozess spielen, trägt die Physikalität nicht die Bedeutung der mathematischen Idee in sich. Die Kinder können physische konkrete Materialien benötigen, um Bedeutung zu bilden. Damit dies aber geschieht, müssen sie ihre Handlungen reflektieren.

Handlungen *„sind zielgerichtete, in ihrem inneren Aufbau verstandene Vollzüge“* (Aebli 1983, S. 182). *„Wenn eine Handlung effektiv ausgeführt wird, so hat der Handelnde die gegebenen Objekte sichtbar vor sich. Er kann sie sehen, eventuell hören, vielleicht tasten.“* (Aebli 1983, S. 217). *„Entscheidend ist nicht die Art der Vergegenwärtigung der Gegebenheiten; entscheidend ist das Bewußtsein der Beziehungen, die durch die Operation erzeugt oder verändert werden.“* (Aebli 1983, S. 220) Deshalb ist es sinnvoller – anstelle von physischen und virtuellen Materialen – „sensorisch-konkretes Wissen“ (sensory-concrete knowledge) und „integriert-konkretes Wissen“ (integrated-concrete knowledge) zu unterscheiden. Beim sensorisch-konkreten Wissen braucht es sensorisches Material, um den Sinn eines Konzepts oder eines Vorgangs zu verstehen, z.B. bei der Aufgabe 43+38=__: „Ich nehme 4 Zehnerblöcke und 3 Zehnerblöcke und lege sie zusammen. Dann nehme ich die 11 Einerwürfel und mache daraus einen Zehner. Dann bleibt einer noch übrig, also 81.“ Beim integriert-konkreten Wissen werden Ideen in einer verknüpften Wissensstruktur kombiniert, z.B. „Ich nehme 2 von den 43 weg und zu den 38 hinzu, dann sind das 40, also 8 Zehner und noch eins ergibt 81.“

Aber selbst wenn Übereinstimmung darin besteht, dass der Begriff ‚konkret' nicht einfach mit physischen Arbeitsmitteln gleichgesetzt werden darf, so haben Lehrpersonen Schwierigkeiten damit, Objekte auf dem Computerbildschirm als gültige Arbeitsmittel anzuerkennen. Dabei können digitale Medien Repräsentationen bereitstellen, die mindestens ebenso persönlich bedeutungsvoll für die Kinder sind wie physische Objekte (Yerushalmy 2005). Studien zeigen, dass virtuelle Repräsentationen verglichen zu ihren physischen Pendants handlicher, flexibler, erweiterbar und exakter sind (Brown et al. 2009; Kaminski et al. 2009; Uttal et al. 2009). Das vermutlich größte Potenzial liegt darin, dass genau die Prozesse dargestellt werden können, die das Kind entwickeln und als mentale Operation internalisieren soll (im Gegensatz zu physischen Objekten, die die Aufmerksamkeit der Kinder auf ganz andere Aspekte lenken können) (Uttal et al. 2009).

Das Potenzial virtueller Materialien für mathematische Lehr- und Lernprozesse liegt zusammengefasst in den folgenden Punkten:
Virtuelle Materialien

- bringen mathematische Ideen und Prozesse in die bewusste Wahrnehmung.
- ermutigen und erleichtern vollständige, präzise Erklärungen.
- unterstützen mentale Tätigkeiten mit Objekten.
- ändern die Art der Arbeitsmittel.
- symbolisieren mathematische Konzepte.
- verknüpfen das Enaktive mit dem Symbolischen mit Rückmeldung.
- nehmen die Tätigkeiten der Schüler auf und geben sie wieder.

Enaktives Arbeiten in der Grundschule ist demnach auch und insbesondere mit virtuellen Materialien sehr gut umsetzbar. Wie das konkret aussieht, darauf geht der folgende Teil ein.

3 Möglichkeiten der sinnvollen Kombination virtueller und physischer Materialien

Auch wenn es für viele selbstverständlich ist, gilt es immer wieder ‚real' zu wiederholen und zu betonen, dass Primärerfahrungen mit physischen, also realen Objekten unabdingbar sind. Diese bilden insbesondere in der Frühen Bildung und in der Primarstufe die Grundlage für weiterführendes Lernen mit dem Einsatz digitaler Medien. Auf diese Primärerfahrung aufbauend lassen sich drei Möglichkeiten der sinnvollen Kombination unterscheiden: von physisch zu virtuell, von virtuell zu physisch und das ‚Duo of Artefact'.

3.1 Vom Umgang mit physischen Materialien zum Virtuellen

Beispiel 1: Tangram for Osmo

Ein großes Potenzial digitaler Medien ist, dass sie physische Materialien erkennen und weiterverarbeiten können. Auf diese Art und Weise sind die Vorteile des physischen Materials mit den weiteren Potenzialen digitaler Medien in Kombination nutzbar. Ein Beispiel hierfür liefert Osmo. Die physischen Materialien werden hier über einen Spiegel erkannt, der oben am Tablet angebracht ist. Bei der App Tangram for Osmo (Tangible Play Inc 2016) legt das Kind die auf dem iPad dargestellten Figuren mit verschiedenfarbigen Holzsteinen nach. Die Handlungen des Kindes werden zeitgleich durch die Kamera erfasst und auf dem Bildschirm angezeigt (Abb. 5).

Abbildung 5 Die Erkennung physischer Objekte mit virtueller Weiterverarbeitung bei Tangram for Osmo (Quelle: Tangible Play Inc)

Die App bietet ein großes Repertoire an Aufgaben ganz unterschiedlichen Schwierigkeitsgrads (Abb. 6). Dieses passt sich adaptiv an die Fähigkeiten des spielenden Kindes an und lässt zusätzlich die Freiheit von selbst in verschiedene Schwierigkeitsgrade zu wechseln. So ist es auch möglich direkt mit einem höheren Schwierigkeitsgrad zu beginnen ohne vorab eine Vielzahl an möglicherweise zu leichten Aufgaben lösen zu müssen.

Abbildung 6 Verschiedene Schwierigkeitsgrade bei Tangram for Osmo (Quelle: Tangible Play Inc)

Ein weiterer Vorteil der virtuellen Weiterverarbeitung liegt in der sofortigen Rückmeldung. Ist ein Tangramteil korrekt gelegt, so erscheint dieses auf dem Bildschirm farbig. Hat das Kind Schwierigkeiten, die Tangramteile korrekt zu legen, so bietet die App eine Hilfestellung an. Diese muss bei höheren Levels über zuvor erworbene Punkte „erkauft" werden. Das führt dazu, dass die Kinder zuerst überlegen, ob sie Hilfe tatsächlich benötigen oder ob sie doch allein durch eigene Anstrengung zur Lösung gelangen. Die Vorteile von Tangram for Osmo liegen also in erster Linie in den allgemeinen Potenzialen digitaler Medien wie der sofortigen Rückmeldung, der automatischen Dokumentation des Lernfortschritts, der Hilfestellung und der adaptiven Lernumgebung. Dabei sind die mathematikdidaktischen Erkenntnisse zum Lerngegenstand beachtet und entsprechend umgesetzt.

Beispiel 2: Tiggly Addventure

Tiggly geht ähnlich wie Osmo vor, verbindet jedoch die Nutzung allgemeiner Potenziale digitaler Medien mit der Nutzung von Potenzialen für die Unterstützung mathematischer Lehr- und Lernprozesse. Bei Tiggly stehen den Kindern als physisches Material sogenannte Rechentools zur Verfügung (Abb. 7 links). Die Rechentools für die Anzahlen von eins bis fünf werden über die auf der Rückseite angebrachten Kontaktpunkte auf dem Bildschirm erkannt und digital weiterverarbeitet. Es gibt verschiedene Apps, die mit den Tiggly Rechentools „gespielt" werden können. Ziel beispielsweise der App Tiggly Addventure (kidtellect Inc. 2017) ist es, Tiggly dabei zu helfen über diverse Hindernisse zu gelangen, indem die Kinder z. B. Brücken oder Leitern bauen (Abb. 7 rechts).

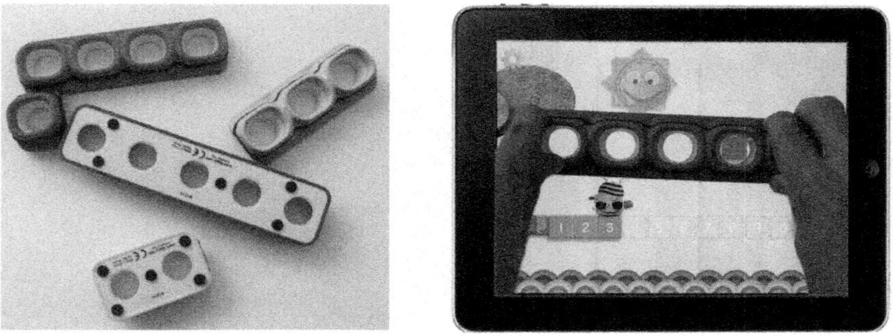

Abbildung 7 Die Tiggly Rechentools (Quelle: kidtellect Inc)

Die Apps können sowohl mit den Fingern als auch mit den Tiggly Rechentools gespielt werden. Vorteil der Rechentools ist, dass sie großes Potenzial zur Unterstützung der Entwicklung des kardinalen Zahlaspektes beinhalten. Während die Kinder beim Gebrauch der Finger zählend vorgehen können, werden sie beim Gebrauch der Rechentools an die Nutzung der Kardinalzahl hingeführt. Zwar kann ein Kind analog zu den Fingern beispielsweise fünf Mal hintereinander das rote Einer-Tool legen, werden jedoch Impulse derart *„Kannst du das auch anders legen? Welche Möglichkeiten findest du noch? Mit welchem Tool geht es am schnellsten?“* gegeben, so können u.a. verschiedene Zahlzerlegungen praktisch erprobt werden. So kann die 10 (Abb. 8 links) z.B. durch 2+1+2+4+1 zusammengesetzt sein, oder aber durch 5+5, etc. Der kardinale sowie der Teil-Ganze Zahlaspekt stehen somit im Vordergrund. Zudem findet die für manche Kinder schwierige, aber sehr wichtige Verknüpfung des ordinalen mit dem kardinalen Zahlaspekts statt. So bauen die Kinder die Brücken durch Nutzung der Kardinalzahl-fokussierten Rechentools, läuft Tiggly jedoch über die Brücke hinüber, wird laut gezählt. Dadurch wird den Kindern deutlich, dass beispielsweise die Fünf zum einen das fünfte Element in der Reihe (ordinal) oder aber die Menge fünf (kardinal) bedeuten kann. So entsteht durch die Nutzung der Rechentools ein deutlicher Mehrwert zur Unterstützung mathematischer Lehr- und Lernprozesse.

Auch Tiggly legt wie Osmo großen Wert auf die Beachtung mathematik-didaktischer Prinzipien. Dies zeigt sich beispielsweise in der Darbietung von sowohl horizontalen und auch von vertikalen Zahlenstrahls (Abb. 8), die so einer eingeschränkten Sichtweise entgegenwirken können.

Abbildung 8 Horizontaler und vertikaler Zahlenstrahl bei Tiggly Addventure (Quelle: kidtellect Inc)

Beispiel 3: Fingu

Während bei den Rechentools von Tiggly eindeutig der kardinale Zahlaspekt im Vordergrund steht, ist die Gefahr bei der Nutzung der Finger, dass diese zählend eingesetzt werden. Das kann, muss aber nicht der Fall sein, denn grundsätzlich sind die Finger ein sehr gutes Arbeitsmittel (z.B. zeige mir *auf einmal* 7 Finger), gerade wenn es um die Förderung des kardinalen Zahlkonzepts sowie des Teil-Ganze-Konzepts geht. Entscheidend für die Förderung ist, dass die Finger nicht zählend, sondern simultan gezeigt werden. Hier beinhaltet die App Fingu (Image & Form International AB 2015) großes Potenzial, die Kinder weg vom Zählen hin zur simultanen und quasi-simultanen Zahldarstellung mit Fingern zu bewegen.

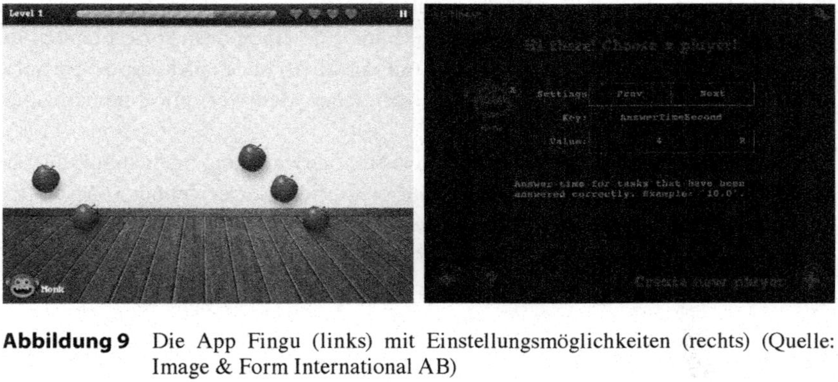

Abbildung 9 Die App Fingu (links) mit Einstellungsmöglichkeiten (rechts) (Quelle: Image & Form International AB)

Bei der App Fingu werden verschiedene Anzahlen von Obstsorten (z.B. Kirschen, Birnen, Erdbeeren) gezeigt (Abb. 9 links). Diese sind strukturiert angeordnet, so dass eine quasi-simultane Anzahlerfassung möglich ist, und bewegen sich über den Bildschirm. Aufgabe der Kinder ist es, die gezeigte Menge zu erfassen und mit ihren Fingern durch Berührung des Bildschirms darzustellen. Zunächst können die Kinder die Anzahlen zählend erfassen und auch zählend darstellen. Über die Einstellungen (Abb. 9 rechts) ist es jedoch möglich, die folgenden Anpassungen vorzunehmen:

- die Erscheinungsdauer der Objekte (ExposureTimeFirst),
- die Erscheinungsdauer der Objekte, die in einer Aufgabe davor bereits richtig gelöst wurden (ExposureTimeSecond),
- die Zeit eine Aufgabe zu bearbeiten (AnswerTimeFirst),
- die Zeit eine Aufgabe zu bearbeiten, die bereits richtig gelöst wurde (AnswerTimeSecond),
- die Distanz zwischen den Objektpäckchen (ObjectDistance),
- die Geschwindigkeit, in der sich die Objekte bewegen (ObjectSpeed),
- die Zeit zwischen Berühren des Bildschirms und Feedback (TouchInputLatency)
- etc.

So kann das Kind durch eine sukzessive Verkürzung der jeweiligen Zeiten üben, Objekte quasi-simultan zu erfassen sowie entsprechend darzustellen.

3.2 Vom Umgang mit virtuellen Materialien zum Physischen

Umgekehrt ist auch die physische Weiterverarbeitung von Materialien nach einer virtuellen Tätigkeit möglich und bedeutsam. So können zunächst die Vorteile digitaler Medien genutzt werden, um anschließend mit den physischen Materialien weiterzuarbeiten. Dies sei im Folgenden an der App Shapes 3D Geometrie Lernen (Setapp Sp. z.o.o 2015) näher erläutert.

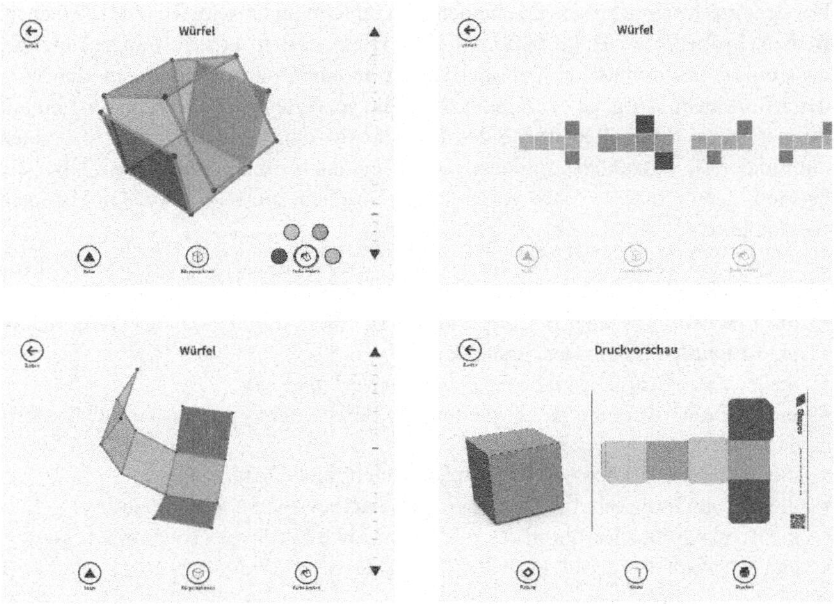

Abbildung 10 Die App Shapes 3D Geometrie Lernen (Quelle: Setapp Sp. z.o.o)

Gerade im Bereich der Geometrie wird im Unterricht ohne den Einsatz digitaler Medien von den Kindern sehr schnell ein räumliches Vorstellungsvermögen abverlangt, da entweder nicht genügend physische Materialien vorhanden sind oder bestimmte Handlungen mit diesen Materialien sehr zeit- und materialaufwändig sind. Das Potenzial virtueller Materialien besteht zum einen darin, dass Material „ohne Ende" zur Verfügung steht. So kann jedes einzelne Kind bei der App Shapes 3D Geometrie Lernen sämtliche verschiedene Körper erkunden. Durch die Flexibilität können beispielsweise verschiedene Seitenflächen schnell gefärbt (Abb. 10 links oben) oder das Körpernetz gewechselt werden (Abb. 10 rechts oben). Auch besteht die Möglichkeit, dass die Kinder selbst Würfelnetze erstellen. Über einen Schiebregler werden die Würfelnetze zusammengefügt oder aufgeklappt (Abb. 10 links unten). So überprüfen die Kinder, ob das von ihnen erstellte Netz in der Tat einen Würfel ergibt. Dieses einfache Aufklappen und Zusammenklappen der Netze unterstützt die Entwicklung des räumlichen Vorstellungsvermögens. Nun können Körpernetze auch sehr gut von den Kindern mit Papier gebastelt werden. Dabei geht unter Umständen viel Zeit auf das Ausschneiden und Zusammenkleben. Vorteil des virtuellen Materials ist, dass sich die Kinder ganz auf die mathematischen Kompetenzen konzentrieren können. Die Aufmerksamkeit der Kinder kann mithilfe der App ebenfalls schnell und einfach auf verschiedene Aspekte des Würfels gelenkt werden, wie z.B. die Seitenflächen, die Kanten oder die Ecken.

Bei Körpern ist es sehr wichtig, dass die Kinder Erfahrungen mit den physischen Gegenständen machen und beispielsweise die Ecke oder die Kante fühlen. Deshalb wird das nach speziellen Anforderungen virtuell erstellte Körpernetz im Folgenden ausgedruckt (Abb. 10 rechts unten) und zu dem physischen Körper zusammengeklebt.

3.3 „Duo of Artefact"

Bei einem Duo of Artefact geht es nicht darum, das physische Material durch ein virtuelles zu ersetzen. Sondern es geht darum, diese miteinander zu verbinden und so die Vorteile beider Materialien zum Lernen mathematischer Konzepte zu nutzen.

> *„The main ideas of a duo consist on, each artifact grows richer each other, and the duo brings conceptual tools for pupils. The digital artifact is designed after an epistemological and a cognitive analysis of the physical artifact and raises functionalities which refer to the physical tool and vice versa."*
>
> (Soury-Lavergne 2016)

Wird ein Duo aus digitalem und physischem Artefakt genutzt, so führt die digitale Technologie zu einem Mehrwert des physischen Werkzeugs und hilft dabei, Schwierigkeiten oder epistemologische Hindernisse zu überwinden. Das virtuelle Artefakt stellt demnach keine exakte Reproduktion des physischen dar. Ähnlichkeiten sind vorhanden, aber gerade die Unterschiede sind es, die einen Mehrwert bei der Erarbeitung mathematischer Konzepte mit sich bringen. Dies ist im Folgenden zunächst am Beispiel von Plättchen in der Stellenwerttafel erläutert.

Beispiel 1: Die Stellenwerttafel

Verschiebt ein Kind ein physisches Plättchen in der Stellenwerttafel, so ändert sich der Wert der Zahl (Abb. 11 oben). Im Beispiel wird aus der Zahl 527 die Zahl 437. Es findet also eine Änderung des Zahlenwerts um -90 statt. Mit den physischen Plättchen in der Stellenwerttafel kann somit sehr gut das Prinzip des Stellenwerts mit den Kindern erarbeitet werden.

Das digitale Pendant ist so programmiert, dass aus einem Plättchen, wenn es um eine Stelle nach rechts verschoben wird, zehn Plättchen werden. Hier findet demnach eine Entbündelung statt. Der Wert der Zahl bleibt gleich, aber die Darstellung ändert sich. Die hier stattfindende Verknüpfung des Prinzips des Stellenwerts mit dem Prinzip der Bündelung bildet die Grundlage für eine verständnisvolle Erarbeitung der schriftlichen und halbschriftlichen Rechenverfahren (Ladel und Kortenkamp 2016).

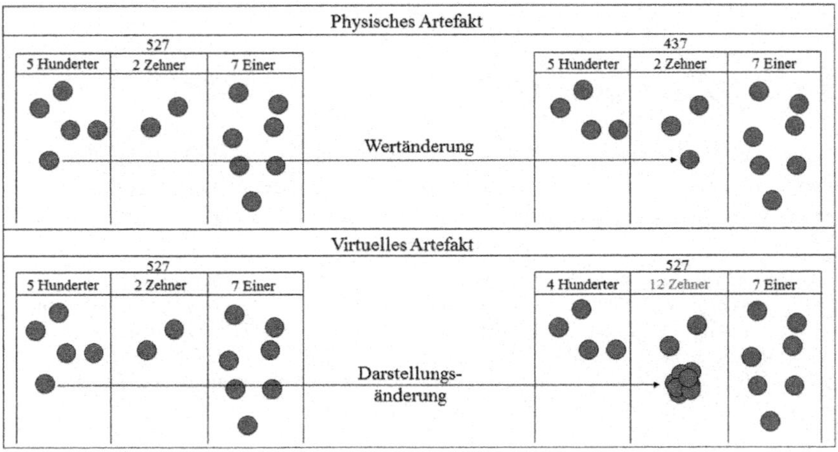

Abbildung 11 Duo of Artefact der Stellenwerttafel (Quelle: Ladel und Kortenkamp)

Dieses Duo of Artefact kann dazu eingesetzt und genutzt werden, die Entwicklung des flexiblen Stellenwertverständnisses der Kinder (Ladel und Kortenkamp 2016) zu unterstützen. Des Weiteren führen solche und weitere Duos of Artefact dazu, neu über das Design von (virtuellen) Materialien nachzudenken, was auch ohne digitales Artefakt nötig wäre. Die sinnvolle Kombination virtueller und physischer Materialien ermöglicht die Förderung mathematischer Lernprozesse unter dem Einbezug und der Nutzung von Potenzialen digitaler Medien.

Beispiel 2: Mehrsystemmaterial

Ein weiteres Beispiel für ein Duo of Artefact ist das Mehrsystemmaterial. Dieses ist zur Erarbeitung des Prinzips der Bündelung sehr gut geeignet. Es gibt Einer-Würfel, Zehner-Stangen, Hunderter-Platten und Tausender-Würfel. Hat ein Kind beispielsweise 13 Einer-Würfel (Abb. 12 oben), so kann es 10 Einer-Würfel gegen 1 Zehner-Stange tauschen (10E = 1Z). Kinder machen aber bereits sehr früh die Erfahrung, dass Tauschprozesse nicht immer fair, sprich gleichwertig, sind. So kann es durchaus vorkommen, dass ein Kind lieber zehn Objekte behalten möchte, statt nur eines zu haben – auch wenn dieses größer ist und in diesem Fall den gleichen Wert hat. Insofern sind auch Steckwürfel zur Erarbeitung des Prinzips der Bündelung einzusetzen und zu nutzen, da die Kinder hier tatsächlich zehn einzelne Steckwürfel zu einer Zehnerstange zusammenstecken können.

Das Math Learning Center bietet die Mehrsystemmaterial-App in zwei Versionen an: Number Pieces (The Math Learning Center 2017a), hier sind alle Teile zunächst gleichfarbig (gelb), und Number Pieces Basic (The Math Learning Center 2017b), hier sind die Einer zunächst gelb, die Zehner grün und die Hunderter rot gefärbt. Die Färbung hilft den Kindern beim Erkennen, dass es sich nun um ein anderes Bündel handelt. So fokussiert es nicht mehr die zehn einzelnen Bausteine der Zehnerstange, sondern den Zehner als ein Ganzes. Im Laufe der fortschreitenden Abstraktion ist die farbliche Unterscheidung später nicht mehr nötig. Die Einer in der Number Pieces Basic App (Abb. 12 unten) werden gebündelt, indem das Kind diese mit dem Finger umkreist. Per Klick auf ein Bündelungssymbol links unten wird automatisch in einen Zehner und drei Einer gebündelt. Die Kinder müssen die zehn nicht genau abzählen, das Programm bündelt automatisch. Das bedeutet, dass die Tatsache, dass wir in unserem Kulturkreis ein „Dezimal"-System haben und entsprechend immer zehn zu einem neuen Bündel bündeln, mit den Kindern bereits erarbeitet sein muss. Das ist jedoch auch beim physischen Artefakt der Fall, da auch hier die Bündelung in Zehner, Hunderter, etc. bereits vorgegeben ist.

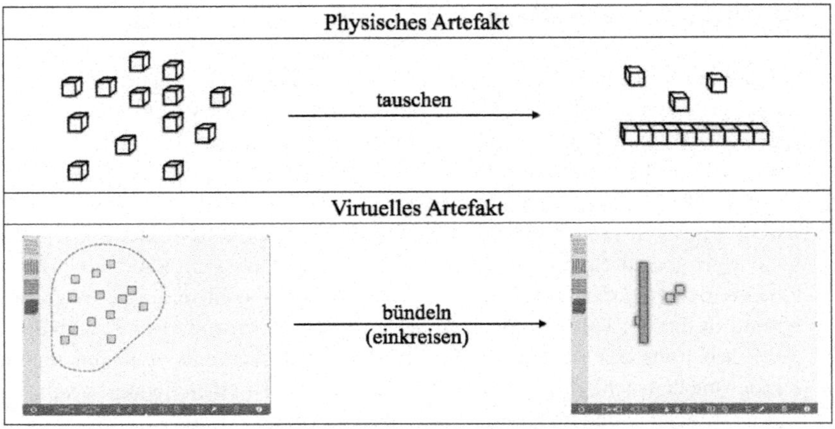

Abbildung 12 Duo of Artefact zum Mehrsystemmaterial (Quelle: Eigene Darstellung)

Das schnelle Bündeln und Entbündeln, die hohe Flexibilität z. B. beim Farbwechsel sowie der automatische Farbwechsel beim Bündeln/Entbündeln sorgen für einen Mehrwert des digitalen Artefakts beim kombinierten Einsatz mit dem physischen Material. Das Duo of Artefact des Mehrsystemmaterials zwingt Fachdidaktiker und Programmierer dazu, neu über das Prinzip der Bündelung, das Dezimalprinzip sowie den Abstraktionsprozess bei der Erarbeitung der Zahlen nachzudenken.

4 Potenziale digitaler Medien

Die Potenziale digitaler Medien liegen zusammengefasst u.a. in

- der leichten Veränderbarkeit,
- dem flexiblen Einsatz,
- der Dynamik und Interaktivität,
- dem sofortigen Feedback und
- der Verfügbarkeit (ungebrenzte Anzahl).

Darüber hinaus können sie mathematische Ideen und Prozesse in die bewusste Wahrnehmung bringen, sie ermutigen und erleichtern vollständige und präzise Erklärungen, unterstützen mentale Tätigkeiten mit Objekten und verknüpfen verschiedene Repräsentationsformen automatisch miteinander. Das „Mehr" liegt jedoch nicht in den digitalen Medien allein, sondern insbesondere in der sinnvollen Kombination des Virtuellen mit dem Physischen (Ladel 2017). Möglichkeiten, wie diese Kombination gestaltet sein kann, sind im Vorangegangenen mit ausgewählten Beispielen vorgestellt. Dabei wird vom Umgang mit physischen Objekten zum Virtuellen übergegangen, vom Umgang mit virtuellen Objekten zum Physischen oder im Sinne eines Duo of Artefact die Vorteile beider Materialien gleichzeitig und ergänzend genutzt, um die Kinder beim Erwerb mathematischer Konzepte zu unterstützen.

Literatur

Aebli, H. (2006). *Zwölf Grundformen des Lehrens. Eine Allgemeine Didaktik auf psychologischer Grundlage. Medien und Inhalte didaktischer Kommunikation, der Lernzyklus.* Stuttgart: Klett-Cotta.

Ainsworth, S. (1999). *Designing effective multirepresentational learningenvironments. ESRC Centre for Research in Development, Instruction and Training.* University of Nottingham.

Brown, M., McNeil, N., & Glenberg, A. (2009). Using concreteness in education: Real problems, potential solutions. *Child Development Perspectives* 3, 160–164.

Gravemeijer, K. P. E. (1991). An instruction-theoretical reflection on the use of manipulatives. In L. Streefland (Hrsg.), *Realistic mathematics education in primary school* (S. 57–76). Utrecht, Netherlands: Freudenthal Institute, Utrecht University.

Harrop, A. (1999). *ENCAL: a prototype computer-based learning environment for teaching calculator representations.* Extended Abstract Psychology of Programming (PPIG) 1999 11th Annual Workshop.

Kaminski, J. A., Sloutsky, V. M., & Heckler, A. (2009). Transfer of mathematical knowledge: The portability of generic instantiations. *Child Development Perspectives* 3, 151–155.

Ladel, S. (2009). *Multiple externe Repräsentationen (MERs) und deren Verknüpfung durch Computereinsatz. Zur Bedeutung für das Mathematiklernen im Anfangsunterricht.* Hamburg: Verlag Dr. Kovac.

Ladel, S., & Kortenkamp, U. (2016). Development of a flexible understanding of place value. In O. Helenius, M. Johansson, T. Lange, T. Meaney & A. Wernberg (Hrsg.), *Early Mathematics Learning. Selected Papers of the POEM 2014 Conference* (S. 289–307). New York: Springer Verlag.

Ladel, S. (2017). Ein Essay zu den Begriffen ‚sinnvoll' und ‚Mehrwert'. In S. Ladel, R. Rink & C. Schreiber (Hrsg.), *Digitale Medien in der Lehrerausbildung. Band 3 der Reihe Lernen, Lehren und Forschen mit digitalen Medien in der Primarstufe* (S. 171–180). Münster: WTM-Verlag.

Lembke, G., & Leipner, I. (2015). *Die Lüge der digitalen Bildung: Warum unsere Kinder das Lernen verlernen.* München: Redline Verlag.

McNeil, N. M., & Uttal, D. H. (2009). Rethinking the use of concrete materials in learning: Perspectives from development and education. *Child Development Perspectives* 3, 137–139.

Sarama, J., & Clements, D. H. (2009). „Concrete“ Compter Manipulatives in Mathematics Education. *Child Development Perspectives* 3, 145–150.

Thompson, P. W. (1992). Notations, conventions, and constraints: Contributions to effective use of concrete materials in elementary mathematics. *Journal for Research in Mathematics Education* 23, 123–147.

Soury-Lavergne, S. (2016). Duos of Artefacts, connecting technology and manipulatives to enhance mathematical learning. In GDM (Hrsg.), *Proceedings 13th International Congress on Mathematics Education*. ICME-13, Hamburg.

Spitzer, M. (2015). *Cyberkrank!: Wie das digitalisierte Leben unsere Gesundheit ruiniert*. München: Droemer Verlag.

Uttal, D., O'Doherty, K., Newland, R., Hand, L. L., & DeLoache, J. (2009). Dual representation and the linking of concrete and symbolic representations. *Child Development Perspectives* 3, 156– 159.

Yerushalmy, M. (2005). Functions of interactive visual representations in interactive mathematical textbooks. *International Journal of Computers for Mathematical Learning* 10, 217–249.

Apps

Image & Form International AB (2015). Fingu. https://itunes.apple.com/de/app/fingu/id449815506?mt=8. Zugegriffen: 07.03.2017.

kidtellect Inc. (2017). Tiggly Addventure. https://itunes.apple.com/us/app/tiggly-addventure-number-line-math-learning-game/id923545246?mt=8. Zugegriffen: 07.03.2017.

Oddrobo Software AG (2016). Mathekönig 2. https://itunes.apple.com/de/app/könig-der-mathematik-2/id941035814?mt=8. Zugegriffen: 07.03.2017.

Setapp Sp. z.o.o (2015). Shapes 3D Geometrie Lernen. https://itunes.apple.com/de/app/shapes-3d-geometrie-lernen/id501650786?mt=8. Zugegriffen: 07.03.2017.

Tangible Play Inc (2016). Tangram for Osmo. https://itunes.apple.com/de/app/tangram-for-osmo/id876510541?mt=8. Zugegriffen: 07.03.2017.

The Math Learning Center (2017a). Number Pieces. https://itunes.apple.com/de/app/number-pieces-by-math-learning/id605433778?mt=8. Zugegriffen: 09.03.2017.

The Math Learning Center (2017b). Number Pieces Basic. https://itunes.apple.com/de/app/number-pieces-basic-by-math/id611452042?mt=8. Zugegriffen: 09.03.2017.

Urff, C. (2013). Rechentablett. https://itunes.apple.com/de/app/rechentablett/id574825573?mt=8. Zugegriffen: 07.03.2017.

Bilderbuch-Apps im Kindergarten und in der Primarstufe

Potential für das literarische Lernen?!

Julia Knopf

1 Analog oder digital?

Um das literarische Lernen im Kindergarten und in der Primarstufe zu fördern, kommen nahezu täglich neue digitale Bilderbuch-Angebote auf den Markt. Die Wissenschaft diskutiert diese Angebote durchaus kontrovers, hat allerdings erst ansatzweise fundierte Erkenntnisse zum Potential von Bilderbuch-Apps für das literarische Lernen generiert. Während im wissenschaftlichen Diskurs beispielsweise noch die veränderten Anforderungen an junge Rezipienten diskutiert werden und pauschale – oft negative – Urteile über Bilderbuch-Apps gefällt werden, bringen immer mehr Verlage und Spielehersteller Angebote auf den Markt, die von Eltern und pädagogischen Fachkräften gekauft werden – ohne dass diese oft wissen, worauf bei diesen Angeboten zu achten ist oder wie man mit ihnen umgeht. Hier besteht dringender Forschungs- und Informationsbedarf, denn die Downloadzahlen steigen rasant (vgl. hierzu u.a. die Vorlesestudie der Stiftung Lesen seit 2007). Oft verleiten allein die animierten Illustrationen zum Download. Erst bei genauerem Hinsehen entdeckt man dann die großen Qualitätsunterschiede zwischen den Angeboten.

Ausgehend von den vorliegenden Ergebnissen aus Literaturwissenschaft und Literaturdidaktik zum Bilderbuch versucht dieser Artikel eine erste Einschätzung zum Potential von Bilderbuch-Apps für das literarische Lernen. So bedarf es, um Bilderbuch-Apps angemessen beurteilen zu können, zunächst Kriterien für qualitativ hochwertige Angebote, die auf literaturwissenschaftlichen Ergebnissen basieren. In den Fokus rückt dabei immer wieder die Frage nach dem Mehrwert, den digitale Bilderbuchangebote im Vergleich zu ihren gedruckten Pendants haben. Erste Beispiele lassen erahnen, dass Bilderbuch-Apps insbesondere durch die sinnvolle Nutzung technischer Funktionen einen wichtigen Beitrag zur Förderung literarischer Kompetenzen leisten können. Der Artikel zeigt erste Beispiele auf.

2 Was sind „Bilderbuch-Apps"?

Im Laufe der Entwicklungsgeschichte des Bilderbuchs wurden zahlreiche Typologisierungsversuche unternommen. Diese lassen sich grundsätzlich auch auf digitale Angebote übertragen: Eine der bis heute bekanntesten Kategorisierungen stammt von Thiele, der zwischen *erzählenden Bilderbüchern* (fiktionale Wirklichkeit) und *Sachbilderbüchern* (non-fiktionale Wirklichkeit) unterscheidet (Thiele 2005,.S. 237). Erzählende Bilderbücher untergliedert er wiederum in *fantastische* und *realistische Erzählbilderbücher*, Sachbilderbücher in *Bildersachbücher* und *Sachbilderbücher* (Thiele 2005, S. 237 und S. 672). Weiterhin entwickelt er eine Kategorie, die er als *gestalterische Sondertypen des Bilderbuchs* bezeichnet. Bilderbücher dieser Kategorie können sowohl erzählende Bilderbücher als auch Sachbilderbücher sein. Kennzeichnend für diesen Typ Bilderbuch ist, dass er von den Rezipienten ein gewisses Maß an Eigenaktivität einfordert: Solche Malbücher, Spielbücher, Bewegungsbilderbücher oder Pop-up-Bilderbücher enthalten Elemente zum Aufklappen, Ziehen oder Drehen und fordern den Rezipienten zur Mitgestaltung der Narration auf (Thiele 2005, S. 237).

Die Tendenzen der letzten Jahre zeigen, dass die Anzahl an Bilderbüchern, die sich diesen gestalterischen Sondertypen zuordnen lassen, wächst. Generell experimentieren immer mehr analoge Bilderbücher mit literarischen und gestalterischen Verfahren. Der Begriff der sog. *postmodernen Bilderbücher* hat sich in diesem Zusammenhang etabliert (Kümmerling-Meibauer 2011). Dabei werden verschiedene Genres gemischt, mediale Erzählweisen integriert oder auch die gewohnte Linearität – so weit das analoge Medium es zulässt – aufgehoben. Die Kinder brauchen für die Rezeption dieser Bilderbücher spezifische Kompetenzen (Sahr 2005; Kümmerling-Meibauer und Köbner 2010; Exner und Kümmerling-Meibauer 2012): So müssen sie neben literarischen Kompetenzen insbesondere auch eine *Visual Literacy* entwickeln, also eine Fähigkeit „Symbole und Zeichen in Bildern zu verstehen" (Kümmerling-Meibauer 2012, S. 20). Das gilt noch einmal mehr für die Rezeption bewegter Bilder. Denn filmische Umsetzungen von Bilderbüchern, also *bilderbuchartig angelegte Filme* und *verfilmte Bilderbuchgeschichten*, sind ebenfalls wichtige ästhetische Produkte beim Umgang mit Bilderbuchangeboten (Saar 2005, S. 165).[1]

Bereits 2005 forderte Sahr, der Literaturunterricht müsse die veränderten Rezeptionsbedingungen von Kinderliteratur berücksichtigen und Buch und Film als gleichberechtigte ästhetische Produkte betrachten. Apps hatte er damals zwar noch nicht im Blick, aber seine Schlussfolgerungen lassen sich darauf übertragen (vgl. u.a. die Ausführungen bei Knopf und Abraham 2014): Auch Bilderbuch-Apps sind eine Möglichkeit oder ein weiteres ästhetisches Produkt, das zur Rezeption von Bilderbüchern motivieren und literarische Kompetenzen fördern kann. Allerdings mit erweiterten technischen Möglichkeiten. Ritter definiert:

> „Bilderbuch-Apps sind digitale Bild-Text-Erzählungen […] für Mobilgeräte, wobei idealtypisch eine dominante und explizite Erzählung erkennbar ist. Damit folgen sie grundsätzlich dem Erzählkonzept analoger Bilderbücher. Die digitale Verarbeitung verändert jedoch nicht nur die technologische Präsentation des Bilderbuchs, sondern damit einhergehend auch die Konstruktionsmöglichkeiten der literarischen Substanz und die Interaktionsmöglichkeiten auf der Rezeptionsebene.“
>
> (Ritter 2013, S. 4)

Entscheidend ist laut dieser Definition, dass durch das veränderte Medium und damit die technischen Optionen *neue Konstruktionsmöglichkeiten des literarischen Textes* und *neue Interaktionsmöglichkeiten mit den Rezipienten*, also den Kindern, entstehen. Werden diese sinnvoll genutzt, können Bilderbuch-Apps sogar einen *Mehrwert* im Vergleich zu ihren gedruckten Pendants entfalten und die Ziele des Literaturunterrichts einfacher (z.B. die Schulung der Imaginationsfähigkeit oder die Empathie mit Figuren). Einschlägige Studien stehen hier zwar noch aus. Klar ist aber, dass dazu ein Umdenken erforderlich ist. Dies fordert Gralley bereits 2006:

> „Let digital be digital. Let the digital medium create stories that can´t be told as well on paper – or told on paper at all. Imagine a story progressing not by page turns but by proceeding up, down, to the right, or even to the left. Imagine words and pictures appearing, receding, and gliding into place. Envision stories that might proceed by unfolding like a flower, or sinking as if into a black hole space.“
>
> (Gralley 2006, S. 36f.)

1 Der Bilderbuchkanal pikcha.tv (auch als App verfügbar) reagiert darauf und bietet zahlreiche Bilderbuchfilme zum Download.

Bilderbuch-Apps sollten also keine Kopien analoger Bilderbücher sein, sondern die Möglichkeiten des neuen Mediums aufgreifen. Gralley (2006) schlägt u.a. vor, sich von der Linearität analoger Bilderbuchgeschichten zu lösen oder durch besondere Animationen die Aufmerksamkeit auf bestimmte Inhalte zu lenken. Kinder machen auf diese Weise vielfältige literarisch-mediale Rezeptionserfahrungen, welche wiederum literarische Lernprozesse anstoßen und weiterentwickeln können.

Vor dem Hintergrund bisheriger Ausführungen lassen sich Bilderbuch-Apps wie folgt charakterisieren:

- Bilderbuch-Apps können – so wie analoge Bilderbücher – nach erzählenden Bilderbuch-Apps (fiktional: fantastisch oder realistisch) und Sachbilderbuch-Apps kategorisiert werden.
- Zahlreiche Bilderbuch-Apps experimentieren im Sinne postmoderner Bilderbücher mit literarischen, gestalterischen und technischen Möglichkeiten. Demzufolge reicht die Bandbreite an Bilderbuch-Apps von eher statischen Apps mit einzelnen Animationen bis hin zu kurzfilmartigen Bilderbuch-Apps.
- Neben einer literarischen und einer visuellen Kompetenz erfordern Bilderbuch-Apps von den Kindern fundierte Medienkompetenzen.
- Die Möglichkeiten des Mediums führen zu neuen Konstruktionsmöglichkeiten des literarischen Textes und zu neuen Interaktionsmöglichkeiten mit den Rezipienten. Durch eine sinnvolle Nutzung dieser Möglichkeiten können Bilderbuch-Apps einen Mehrwert gegenüber analogen Bilderbuchangeboten entfalten, um zentrale Ziele des Literaturunterrichts zu erreichen. Zu nennen wären hier beispielsweise die Förderung der Imaginationsfähigkeit durch animierte Bilder, die Förderung von Lesekompetenz durch die Vorlesefunktion usw.

Dass erst ein geringer Teil der digitalen Bilderbuchangebote die tatsächlichen Möglichkeiten ausschöpft, wurde an anderer Stelle bereits gezeigt (Knopf 2016; Knopf und Abraham 2016; Knopf und Spinner 2016). Ein großer Teil der auf dem Markt vorhandenen Bilderbuch-Apps sind im Moment mehr oder weniger gescannte Bilderbücher mit einzelnen, nicht selten unstimmigen Animationen, die eher von der Narration ablenken als ein literarisches Verstehen zu fördern. Allerdings gibt es auch erste Angebote, an denen man die Potentiale von Bilderbuch-Apps für das literarisch-mediale Lernen erkennen kann.

3 Welches Potential haben „Bilderbuch-Apps"?

3.1 Sprache und Typographie

Prinzipiell müssen Bilderbuch-Apps hinsichtlich ihrer *Sprache und Typographie* den gleichen Anforderungen gerecht werden wie analoge Bilderbücher. So sind z. B. eine angemessene Wortwahl oder die Verwendung einer geeigneten Schriftgröße wichtige Kriterien (Hollstein und Sonnenmoser 2010, S. 44). Aus typographischer Sicht sind eine übersichtliche Gliederung des Textes und die Verwendung von Flattersatz[2] zentral (Hollstein und Sonnenmoser 2010, S. 47ff.). Der geschriebene Text sollte sich schließlich auf neutralem Hintergrund befinden, damit die Kinder nicht durch Farben oder Muster beim Dekodieren des Textes abgelenkt werden.

Bilderbuch-Apps bieten aber durch die technischen Möglichkeiten eine Vielzahl an Besonderheiten, die sich positiv auf die Entwicklung der Lesekompetenz und der literarischen Kompetenz auswirken können (vgl. hierzu Tab.1):

2 Wenn Texte im Flattersatz stehen, beginnen die Zeilen am linken Rand bündig und laufen am rechten Rand in unterschiedlicher Länge aus. Im Vergleich zum Blocksatz ist der Flattersatz lesefreundlicher und entspricht am ehesten den Lesegewohnheiten. Für Leseanfänger ist zudem jede Zeile in sich sinnvoll abgeschlossen, was das sinnentnehmende Lesen für Kinder erleichtert.

Tabelle 1 Technische Möglichkeiten von Bilderbuch-Apps

Vorlesefunktion	Die meisten Bilderbuch-Apps verfügen über eine Vorlesefunktion, die nach Belieben aktiviert oder deaktiviert werden kann. Insbesondere eher leseschwache Kinder können davon profitieren. Die Qualität der Vorlesestimme ist zentral, insbesondere eine deutliche Aussprache, eine korrekte Intonation und ein angemessenes Vortragstempo. Computerstimmen haben sich selten als gute Alternativen erwiesen, weshalb viele Apps auf renommierte Sprecher zurückgreifen.
Mehrsprachigkeit	Viele Bilderbuch-Apps lassen sich in unterschiedlichen Sprachen rezipieren. Wenn es die Apps z.B. in Englisch oder Französisch gibt, sind diese gut für den frühen Fremdsprachenunterricht geeignet. Sprachen wie Türkisch oder Russisch unterstützen Kinder mit Deutsch als Zweitsprache. In beiden Fällen sind Apps im Vorteil gegenüber gedruckten Ausgaben, die es entweder nur ein- oder maximal zweisprachig gibt. Der Wechsel zwischen den Sprachen ist einfach, manchmal lassen sich sogar für geschriebenen und gesprochenen Text verschiedene Sprachen eingestellt werden.
Variationen	In Bilderbuch-Apps können einzelne Texte/Textteile nach Belieben ein- und ausgeblendet werden: Blendet man den verschriftlichten Text bspw. aus, betrachten die Kinder einzelne Abbildungen genauer. Vergrößert man einzelne Bildelemente durch Zoombewegungen, kann jedes noch so kleine Detail zur Gesprächsgrundlage werden. In manchen Bilderbuch-Apps lassen sich auch die Einstellungen so verändern, dass der Text sukzessive eingeblendet wird. Sobald der Vorleser ein Wort/einen Satz liest, erscheint dieser auf dem Display. Manchmal wechseln die Wörter, die gerade vorgelesen werden, auch ihre Farbe, so dass die Kinder den Text mitlesen können. Hier gilt es in den einzelnen Apps zu prüfen, inwieweit die eingestellte Geschwindigkeit den individuellen Lesekompetenzen der Kinder entspricht. Wörter, Sätze oder Texte können während des Vorleseprozesses nicht nur sukzessive ein- oder wieder ausgeblendet werden. Es ist auch möglich, Farben oder Schriftarten während des Rezeptionsprozesses zu verändern, in Fett- oder Kursivdruck zu wechseln und die Position des Schrifttextes innerhalb eines Szenenbilds zu verändern. Wird mit diesen Möglichkeiten sinnvoll umgegangen, kann dies den literarischen Verstehensprozess durchaus unterstützen und den Fokus auf sprachliche und/oder inhaltliche Besonderheiten lenken.

Zu Lasten der Sprache kann in manchen Bilderbuch-Apps eine ungünstige Kombination aus nicht-animiertem Bild, animiertem Bild, Schrifttext, vorgelesenem Text und Hintergrundgeräuschen gehen. So überlagern in manchen Bilderbuch-Apps z.B. Hintergrundgeräusche oder Animationen die Vorleserstimme; in einigen Beispielen lassen sich Animationen durch die Nutzer bereits während des Vorlesens/

Selbstlesens auslösen, was wiederum die Rezeption negativ beeinflusst. Der Fokus liegt dann nicht mehr auf dem gesprochenen oder schriftlich fixierten Text, die Rezipienten sind oft nur noch damit beschäftigt, Animationen auszulösen und von einer Seite auf die nächste zu wischen. Bei der Auseinandersetzung mit Bilderbuch-Apps sollte daher besonders auf eine sinnvolle, harmonische „Choreographie“ der unterschiedlichen Elemente geachtet werden.

3.2 Künstlerische Gestaltung

Die künstlerische Gestaltung der Bilderbuch-Apps kann das literarische Lernen in besonderer Weise fördern und die Kinder zum genauen Wahrnehmen motivieren (vgl. u.a. Oetken 2014). Immer mehr Apps legen einen besonderen Wert auf die künstlerische Gestaltung und so werden zunehmend renommierte Künstler mit ihren je eigenen zeichnerischen Ausdrucksmöglichkeiten engagiert (vgl. hierzu genauer Oetken 2014). Eine Herausforderung ist der Umgang mit Animationen und – zukünftig – auch die sinnvolle Integration von 3D-Illustrationen. Die Animationsmöglichkeiten sind nahezu unbegrenzt und reichen von farblichen Hervorhebungen oder einfachen Bewegungen bis hin zu interagierenden Figuren. Die Vorteile animierter Illustrationen liegen auf der Hand: Sie können Kinder beim literarischen Lernen auf vielfältige Weise unterstützen, so z.B. beim Füllen von Leerstellen. Und gerade animierte Figuren wirken authentischer und erleichtern es den Kindern, sich in sie hineinzuversetzen. Allerdings muss auch darauf geachtet werden, dass die jungen Nutzer nicht durch unstimmige oder zu viele Animationen von der Handlung abgelenkt werden. In guten Apps sind die Animationen daher bewusst auf wesentliche Elemente reduziert oder lassen sich erst durch entsprechendes Antippen (zum Teil auch erst nach der vollständigen Rezeption des Textes) auslösen.

3.3 Technische Funktionen

Tablets verfügen über zahlreiche technische Funktionen, die auch in Bilderbuch-Apps sinnvoll genutzt werden können (vgl. hierzu Tab. 2).

Tabelle 2 Sinnvolle technische Funktionen für Bilderbuch-Apps

Touchscreen	Der Touchscreen ermöglicht ein eigenständiges Ausprobieren der tablet-typischen Umgangsweisen wie Tippen, Wischen oder Ziehen. Dies sollte jedoch in einem sinnvollen Zusammenhang mit der Narration stehen und nicht dazu führen, dass die Kinder durch unreflektiertes Wischen oder Tippen nur noch Teile der Hndlung wahrnehmen. Die Befürchtung, dass digitale Bilderbuch-Anwendungen statt eines genauen Betrachtens nur ein flüchtiges Wahrnehmen fördern, kann technisch dadurch gelöst werden, dass sich die Anzeigedauer der einzelnen Szenenbilder manuell regeln oder die Animation erst nach der Rezeption des Textes aktivieren lassen. Dies verhindert, dass die Heranwachsenden zu schnell auf die nachfolgende Seite „blättern" oder unreflektiert Animationen auslösen.
Kamera- und Mikrofonfunktion	Die beiden Funktionen können ein nachhaltiges Lernen mit der Bilderbuch-App unterstützen. Durch die Kamera lassen sich z.B. Fotos von Szenen einfügen, die die Kinder selbst entwickelt haben. Mithilfe des Mikrofons können z.B. vertraute Personen den Text einsprechen. In einzelnen Apps nehmen die Rezipienten sogar ihre eigene Narration auf und integrieren fotografierte oder gemalte Szenen. Meist handelt es sich bei diesen Alternativen zum Handlungsverlauf um kleine Nebenhandlungen, damit die globale Kohärenzbildung nicht gestört wird.
Geräusche und Musik	Nahezu alle Bilderbuch-Apps werden durch Geräusche und Musik untermalt. Beides kann die Rezeption fördern, aber auch negativ beeinflussen. Dies gilt es im Einzelfall zu prüfen. Es gibt Anwendungen, in denen sich die Geräusche überlagern, oder in denen die Begleitmusik gar nicht zur Handlung passt. Idealerweise sollten daher sämtliche Geräusche und die musikalischen Untermalungen manuell abstellbar sein.

3.4 Anwenderfreundlichkeit und Sicherheit

Das Kriterium der Anwenderfreundlichkeit bezieht sich auf die intuitive Bedienbarkeit der Bilderbuch-App. Dies wird begünstigt durch eine *einfache Struktur* und eine *kindgerechte Navigation*. Beides hilft den Kindern, sich auch selbstständig in der Anwendung orientieren zu können. In einigen Bilderbuch-Apps werden die Kinder dabei durch einen Erzähler oder eine Figur aus der Geschichte unterstützt, die sie durch die Anwendung navigieren und visuelle und/oder auditive Impulse geben. Diese Hinweise erfolgen entweder automatisch (nach einer bestimmten Zeitspanne) oder nach dem Antippen eines bestimmten Symbols (z.B. ein Fragezeichen). Ein wichtiger Aspekt der Anwenderfreundlichkeit ist ein *Story-*

board, das alle Seiten des Bilderbuchs enthält. Innerhalb dieses Storyboards lassen sich einzelne Sequenzen gezielt ansteuern.

Ein gesonderter *Bereich für Erwachsene* ist für Bilderbuch-Apps unerlässlich. Dieser Bereich wird im Moment allerdings noch zu wenig genutzt. Oft finden sich in den Apps lediglich Hinweise auf die Webseite des Herstellers oder Kurzinformationen zum Autor. Sinnvoll wären aber z.B. auch Informationen über das Bilderbuch selbst (z.B. Deutungsperspektiven oder Hintergrundinformationen zum Autor) sowie Hinweise zum Umgang mit der Bilderbuch-App (z.B. über angemessene Nutzungszeiten, Vorlesetipps oder Impulse für sinnvolle Gesprächsanlässe).

Der Aspekt der *Sicherheit* im Hinblick auf Werbung, Datenschutz oder In-App-Käufe spielt eine immer wichtigere Rolle. So sollten die Rezipienten bei der Nutzung der Bilderbuch-App nicht von Werbeanzeigen abgelenkt werden, was insbesondere bei kostenlosen Angeboten oft der Fall ist. Eine Unterbindung von In-App-Käufen (z.B. von zusätzlichen Spielen oder sogar Abonnements) ist ebenfalls innerhalb der allgemeinen Einstellungen der Tablets möglich und sollte von den Erwachsenen dementsprechend vorgenommen werden. Dies gilt auch für den Umgang mit individuellen Daten (z.B. Kontakte oder Fotos) oder Ergebnissen der Kinder (z.B. eingesprochenen Texten oder selbst angefertigten Bildern zu Geschichten).

4 Eine Bilderbuch-App mit Potential: Wuwu & ihre Freunde

Bei der App „Wuwu & ihre Freunde“[3] handelt es sich um eine erzählende Bilderbuch-App. In einem Wald voller Tiere ist der Winter in diesem Jahr besonders kalt. Es ist sogar der kälteste Winter seit über 2000 Jahren. Der eisige Wind ertönt bereits kurz nach Öffnen der App. Auf Grund der Kälte geht es den Tieren des Waldes (die jedoch mehr an Fantasietiere als an tatsächlich existierende Lebewesen erinnern) schlecht. Fünf von ihnen suchen Hilfe im roten Haus, dem einzigen warmen und gemütlichen Ort im Wald: Wuwu, der Vogel, hat z.B. schon lange Zeit nichts mehr gegessen und der kleine Sturm benötigt Licht für seine Laternen, da er und seine Familie Angst im Dunkeln haben. Um den Tieren zu helfen, werden die Kinder Teil der Narration und lösen die Probleme in Form kleiner interaktiver Spiele. Die besondere 3D-Technik erlaubt es, einen Rund-um-Blick der gezeichneten Welt zu bekommen. Indem man sich mit dem Tablet im Kreis dreht, es hoch oder runter schwenkt, verändert sich die Perspektive und der Rezipient wird

3 https://itunes.apple.com/de/app/wuwu-co.-ein-magisches-bilderbuch/id950052386?mt=8 (Zugegriffen: 11. September 2016).

regelrecht in das Geschehen hineinversetzt. Auch das Mikrofon und die Kamera kommen zwischendurch zum Einsatz.

Die Narration der Bilderbuch-App „Wuwu & ihre Freunde“ beginnt im roten Haus, in dem die Waldbewohner Hilfe suchen. Nach einer Einführung, in der das Tablet waagrecht liegt (vgl. Abb. 1), werden die Kinder aufgefordert, dieses senkrecht zu halten, um sich im Wohnzimmer dieses Hauses umzusehen (vgl. Abb. 2). Die Einstellungen können so vorgenommen werden, dass die Geschichte entweder von einem männlichen Vorleser mit angenehmer Stimme vorgelesen wird („Ich lese“-Button mit dem Hinweis „Ich lese dir die Geschichte vor“) oder von den Kindern eigenständig gelesen wird („Du liest“-Button mit dem Hinweis „Du wirst die Geschichte selbst lesen.“). Während der Rezeption ertönen keine Hintergrundgeräusche und auch eine musikalische Untermalung ist nicht vorhanden. Auf diese Weise können sich die Kinder auf die Handlung konzentrieren. Erst nach der Rezeption des Textes ist es möglich, von einer Seite auf die nächste zu gelangen. Bei Bedarf weist der Vorleser nach kurzer Zeit mit einem verständlichen Impuls darauf hin. Wie in den Abb. 1 und 2 deutlich wird, sind die Seiten mit schriftlichem Text übersichtlich gestaltet. Auch die Textlänge ist für die Kinder angemessen. Der Text befindet sich auf neutralem Hintergrund, was sich ebenfalls positiv auf die Rezeption auswirkt.

Abbildung 1 und 2 Einführung in die App „Wuwu & ihre Freunde“ (Quelle: Step in Books)

Die Bilderbuch-App folgt nur zum Teil einer sequentiellen – an das analoge Bilderbuch angelehnten – Szenenlogik. Die Kinder setzen die Narration also nicht nur durch einfache Handbewegungen (das Wischen über den Bildschirm) fort. Die Abb. 1 und 2 verdeutlichen das. Während man von Abb. 1 zu Abb. 2 noch durch die Wischbewegung gelangt, werden die Kinder in Abb. 2 dazu aufgefordert, das Tablet in eine senkrechte Position zu heben. Durch die besondere Technik befinden sich die Kinder – sobald das Tablet senkrecht steht – im Wohnzimmer des roten Hauses und können sich darin in Ruhe umsehen (vgl. Abb. 3 und 4). Waren die App-Seiten vorher noch statisch und ohne Animation, können sich die Kinder mit dem Tablet nun im Kreis bewegen und das Wohnzimmer des roten Hauses nach Belieben erkunden. Damit einher verändern sich auch die Geräusche: Im Hintergrund klackert das Kaminfeuer, leise Salonmusik ertönt und die behagliche Atmosphäre überträgt sich unmittelbar auf den Rezipienten. Schon nach kurzer Zeit hören die Kinder im Hintergrund ein Klopfen und müssen erkunden, woher dieses Klopfen kommt. Sie entdecken eine blaue Tür, hinter der verschiedene Stimmen sie dazu auffordern, diese zu öffnen (vgl. Abb. 5). Das gestaltet sich als gar nicht so einfach und die Kinder müssen eigenständig ausprobieren, wie die Türe geöffnet werden kann. Dadurch werden sie zum Teil der Narration, denn erst, wenn sie das geschafft und den passenden Schlüssel gefunden haben, öffnet sich die Tür. Dahinter kommen die fünf Waldtiere zum Vorschein und betreten das Wohnzimmer des Hauses (vgl. Abb. 6). Jetzt erst wird die Narration fortgesetzt.

Diese Technik und vor allem der Wechsel zwischen den Szenen ist für die Rezipienten durchaus ungewohnt. Die Kinder benötigen entsprechende Kompetenzen, um sich weiterhin auf die Narration zu konzentrieren und den Inhalt der Geschichte nachzuvollziehen. Neben literarischen Kompetenzen sind zur Rezeption dieser Bilderbuch-App visuelle Kompetenzen notwendig: Neben statischen Illustrationen, verschriftlichtem Text und animierten Illustrationen müssen sich die Kinder insbesondere auf die durch die 3D-Technik entstehenden, filmartigen Szenen einlassen, deren Autoren sie selbst sind: Denn sie bestimmen, wie lange und wie oft sie sich im Kreis drehen, um sich im Wohnzimmer umzusehen. Dies hat durchaus didaktisches Potential, denn dadurch entstehen zahlreiche Differenzierungsmöglichkeiten, die insbesondere für schwächere Kinder sinnvoll genutzt werden können.

Abbildung 3 bis 6 Blick in das Wohnzimmer des roten Hauses (Quelle: Step in Books)

Die ästhetisch anspruchsvollen Illustrationen, die von der Danish Art Foundation gefördert wurden, erinnern an Kinderzeichnungen und sind äußerst phantasievoll gestaltet. Die Welt rund um das rote Haus ist aus schwarz-weißen, collage- und lithografieartigen Zeichnungen zusammengebaut. Die bunten Tiercharaktere oder auch das rote Haus stechen aus dieser Umgebung besonders hervor. Das erleichtert den Kindern auch die Navigation innerhalb der einzelnen Buchseiten und die Fokussierung zentraler Elemente (wie z.B. die Tür oder den Schlüssel).

Sobald die Kinder eines der Tiere fokussieren (vgl. z.B. in Abb. 7 das Tier „Aurora"), bittet das Tier um Unterstützung und fordert die Kinder auf, das Tablet in eine waagerechte Position zu bringen. Sodann wird die Kurzgeschichte zur jeweiligen Figur vorgelesen (bzw. selbst gelesen) und erklärt, welches Problem das Tier lösen muss (vgl. Abb. 8). Die Lösung des Problems erfolgt gemeinsam mit den Rezipienten in kleinen interaktiven Spielen. Hierzu muss das Tablet wiederum senkrecht gestellt werden („Heb `das Buch hoch und sieh nach, ob du Aurora helfen kannst.") und prompt befindet man sich in einer neuen Szenerie, die in 3D-Technik gestaltet ist. Innerhalb dieser Spiele werden die Kinder von den Tieren in Form von Kommentaren begleitet. Allerdings müssen die Kinder selbst nachdenken und durch verschiedene Techniken die Lösung erarbeiten. Dadurch erproben sie unterschiedliche tablet-typische Umgangsweisen wie Wischen oder Ziehen. Der zeitliche Umfang der Spiele ist angemessen, so dass die Kinder nicht zu sehr von der eigentlichen Narration abgelenkt werden. Der Vogel Aurora beispielsweise muss seine Brüder und Schwestern dringend aufwecken, damit sie sich gemeinsam auf den Weg Richtung Afrika machen, um dem kalten Winter zu entgehen. Aber das ist gar nicht so einfach und Aurora ist vom vielen Rufen schon ganz heiser. Die Kinder müssen ihr nun helfen, die Geschwister aufzuwecken. Mit einem Korb fahren sie in den Baum und können – via Mikrofonfunktion – unterschiedliche Rufe absenden, auf die die Geschwister zum Teil auch reagieren. Letztendlich sind die Kinder es, die Auroras Geschwister aufwecken und vor dem kalten Winter retten.

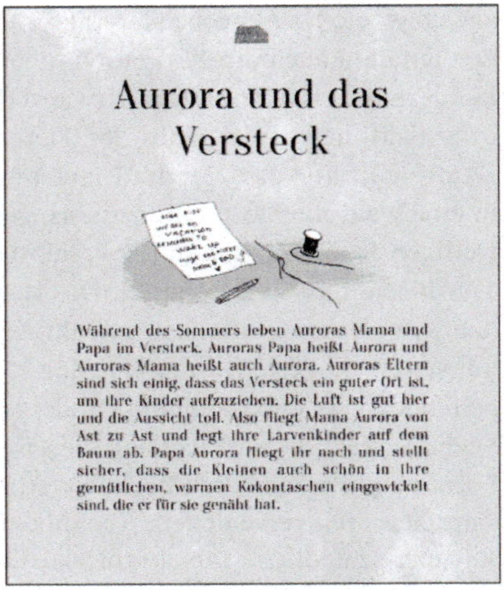

Abbildung 7 und 8 Blick in das Wohnzimmer des roten Hauses (Quelle: Step in Books)

Trotz der zahlreichen unterschiedlichen Bestandteile der App und der innovativen technischen Raffinessen fühlt sich der Rezipient nicht gehetzt. Im Gegenteil. Die sorgfältig aufeinander abgestimmten Elemente fordern immer wieder zum genauen Hinsehen und Hinhören auf. Gleichzeitig werden nicht nur die Lese- und literarischen Kompetenzen der Kinder geschult, sondern auch technische Fähigkeiten. Die App bietet daher auch viel Potential für den Deutschunterricht. Denkbar sind z.B. folgende Anschlussaufgaben:

- Die Kinder können weitere Tiere erfinden, die wie Aurora und die anderen Tiere Probleme im kalten Winder haben. Diese Ideen schreiben sie in Form ähnlicher Geschichten auf (auch digital) und diskutieren die Produkte mit ihrem Partner.
- Die Kinder beschreiben das Innere des roten Hauses in Form eines kurzen Textes. Der Ton wird dabei ausgeschalten, damit die Kinder nicht durch die Aufforderungen der Tiere von der Betrachtung abgelenkt werden. Durch das genaue Hinsehen werden sie auf die Details der wunderbaren Illustrationen aufmerksam und können ihre Beobachtungen auch in Form einer Beschreibung notieren.
- Die Kinder sind eigenaktiv an den kleinen Spielen beteiligt, innerhalb derer sie das Problem der Kinder lösen. Die Handlung dieser Spiele wird in der App nicht schriftlich festgehalten. Die Kinder könnten im Anschluss an das Spiel kurze Texte verfassen und die Narration ergänzen.

- Die Kinder nutzen die Variationsmöglichkeiten der App, z.B. lesen sie eine Geschichte selbst und eine weitere lassen sie sich vorlesen. Im Anschluss diskutieren sie über unterschiedliche Wirkungen und begründen ihre Präferenzen.

5 Herausforderungen für Wissenschaft und Praxis

Auf den ersten Blick gibt es im Moment eine Vielzahl an Bilderbuch-Apps. Bei genauem Hinsehen fallen jedoch die großen Qualitätsunterschiede ins Auge. Viele Anwendungen zielen im Moment eher auf eine effekthaschende Wirkung als auf eine echte Förderung literarischen Lernens. Ein Grund hierfür liegt sicherlich darin, dass wissenschaftliche Erkenntnisse bislang kaum Eingang in die Entwicklung von Bilderbuch-Apps finden, da es schlichtweg kaum Kooperationen zwischen Wissenschaft und Unternehmen gibt. Hinzu kommt, dass die Entwicklung digitaler Angebote nicht nur zeitlich aufwändig, sondern auch mit hohen Kosten verbunden ist. Gerade die aus didaktischer Perspektive oft sinnvollen Animationen oder Interaktionen sind meist mit so hohen Entwicklungskosten verbunden, dass deren Realisierung scheitert.

Die Vielzahl an Angeboten und die Qualitätsunterschiede der Bilderbuch-Apps erfordern wiederum hohe literarische Kompetenzen seitens der Erwachsenen, um die Angebote kriterienbasiert zu beurteilen. Dies ist insofern problematisch, als dass es im Moment noch kaum Orientierung z.B. in Form von Kriterien oder App-Empfehlungen gibt. Hier ist es Aufgabe der Deutschdidaktik, empirische Untersuchungen zum Potential von Bilderbuch-Apps für das literarische Lernen durchzuführen und gleichzeitig sinnvolle Lehr-Lern-Arrangements für den Einsatz von Apps im Unterricht zu entwickeln. Dabei geht es nicht darum, das analoge Lesen zu ersetzen, sondern den Mehrwert der digitalen Anwendungen für bestimmte Lehr-Lern-Situationen herauszustellen. Nur wenn das alles gelingt, können weitere Bilderbuch-Apps zur Förderung literarischen Lernens entwickelt werden, die die analoge Rezeption von Literatur sinnvoll ergänzen. Die Möglichkeiten hierfür sind groß.

Literatur

Exner, C., & Kümmerling-Meibauer, B. (Hrsg.). (2012). *Von wilden Kerlen und wilden Hühnern. Perspekiven des modernen Kinderfilms.* Marburg: Schüren.

Gralley, J. (2006). Liftoff: When Books Leave the Page. *Horn Book Magazine 1*, 35–39.

Hollstein, G., & Sonnenmoser, M. (2010). *Werkstatt Bilderbuch. Allgemeine Grundlagen, Vorschläge und Materialien für den Unterricht in der Grundschule.* Baltmannsweiler: Schneider Verlag Hohengehren.

Knopf, J. (2016). Bilderbuch-Apps: Potential zur Förderung literarischen Lernens. In Julia Knopf und Ulf Abraham (Hrsg.), *Deutsch digital. 2 Bände: Theoretische Grundlagen und Implikationen für die Praxis/Praxisband* (S. 148–157). Baltmannsweiler: Schneider Verlag Hohengehren.

Knopf, J., & Abraham, U. (Hrsg.). (2014). *BilderBuch. 2 Bände: Theoretische Grundlagen und Implikationen für die Praxis*. Baltmannsweiler: Schneider Verlag Hohengehren.

Knopf, J., & Abraham, U. (Hrsg.). (2016). *Deutsch Digital. 2 Bände: Theoretische Grundlagen und Implikationen für die Praxis*. Baltmannsweiler: Schneider Verlag Hohengehren.

Knopf, J., & Spinner, K. (2016). Was bleibt? Literarisches Lernen im Medienverbund. Ein Dialog über den Nutzen von Bilderbuch-Apps. *JuLit: Wisch und Weg? Literarisches Lernen im medialen Wandel 2*, 7–15.

Kümmerling-Meibauer, B., & Koebner, T. (Hrsg.). (2010). *Filmgenres. Kinder- und Jugendfilm*. Stuttgart: Reclam.

Oetken, M. (2014). Achtung! Bildwechsel! Bilderbücher im Kontext angrenzender Wissenschaften, Künste und Medien. In Julia Knopf und Ulf Abraham (Hrsg.), *BilderBücher. 2 Bände: Theoretische Grundlagen und Implikationen für die Praxis/Theorieband* (S. 24–33). Baltmannsweiler: Schneider Verlag Hohengehren.

Ritter, M. (2013). Innovative Grenzgänge oder oberflächliche Effekthascherei? Tendenzen der Transformation literarischer Welten in Kinderbuch-Apps. *Zeitschrift Ästhetische Bildung* 5.*zaeb.net/index.php/zaeb/article/download/70/65. Zugegriffen: 11. September 2016.*

Sahr, M. (2005). Vom Bilderbuch zum Film. Medienorientierter Umgang mit Bilderbüchern in der Schule. In Kurt Franz & Günter Lange (Hrsg.), *Bilderbuch und Illustration in der Kinder- und Jugendliteratur* (S. 159–174). Baltmannsweiler: Schneider Verlag Hohengehren.

Stiftung Lesen, Deutsche Bahn, & Die ZEIT (Hrsg.). (seit 2007): *Vorlesestudie*. https://www.stiftunglesen.de/institut-fuer-lese-und-medienforschung/forschungsprojekte/vorlesestudie. Zugegriffen: 6. Februar 2016.

Step in Books (2016). *Wuwu und Co.- Ein magisches Bilderbuch*. https://itunes.apple.com/de/app/wuwu-co.-ein-magisches-bilderbuch/id950052386?mt=8. Zugegriffen: 11. September 2016.

Thiele, J. (2016). Das Bilderbuch. In Günther Lange (Hrsg.), *Taschenbuch der Kinder- und Jugendliteratur* (S. 228–245). Baltmannsweiler: Schneider Verlag Hohengehren.

Grundschulbildung in der digitalen Welt

Grundlagen und Herausforderungen

Thomas Irion, Carina Ruber und Maja Schneider

1 Bildung in der digitalen Welt

Die Prozesse der Digitalisierung und die damit verbundenen Veränderungen von Kindheit und Lernen führen derzeit zu bildungspolitischen Überlegungen, wie Heranwachsende an die veränderten Informations- und Kommunikationszusammenhänge heranzuführen sind. So hat die Kultusministerkonferenz im Dezember 2016 die Strategie „Bildung in der digitalen Welt" beschlossen[1]. Für die Bestimmung der Aufgabe, die der Grundschule bei der Förderung dieser Kompetenzen zukommt, wird im Folgenden der Frage nachgegangen, wie eine Bildung für die digitale Welt in der Grundschule in den medienpädagogischen Diskurs eingebettet werden kann. Im weiteren Verlauf des Beitrags wird diskutiert welche Besonderheiten die Einführung von digitalen Informationskompetenzen im Gegensatz zur Einführung in zu traditionelle Kulturtechniken wie Lesen, Schreiben und Rechnen aufweist.

1 Download unter: https://www.kmk.org/aktuelles/thema-2016-bildung-in-der-digitalen-welt.html. Zugegriffen: 13. März 2017.

2 Bildung von Kindern im Zeitalter digitaler Transformationen

Kinder wachsen heutzutage in einer Gesellschaft auf, die wesentlich durch die Digitalisierung und deren Folgen geprägt ist. Angesichts der rasanten Entwicklung von überall verfügbaren digitalen und vernetzten Informations- und Kommunikationssystemen und deren Folgen für Kultur, Wirtschaft und Gesellschaft ist dabei die Bestimmung der Bildungsaufgaben der Grundschule nicht nur für aktuelle, sondern auch für künftige Bildungsprozesse von Heranwachsenden relevant.

Die Bedeutsamkeit von Medien für Bildungsprozesse war schon vor der Digitalisierung unumstritten. Da viele Erfahrungen nicht in Originalbegegnungen durch die Kinder selbst realisiert werden können, ist Bildung immer auch auf die Vermittlung von Erfahrungen angewiesen. (Digitale) Medien können Kindern helfen, eigene Erfahrungen und subjektive Sichtweisen zu überwinden. Auf diese Weise eröffnen zeitgleiche und zeitversetzte Kommunikationsprozesse über Medien erweiterte Möglichkeiten, um so neue Perspektiven auf die Welt zu erlangen. Die Erweiterung der kindlichen Perspektive ist ein wichtiges Fundament von Grundschulbildung (Duncker 2007). Kinder besuchen die Grundschule, um ihre eigenen subjektiven Sichtweisen zu erweitern und ihre Deutungen in Richtung Sachlichkeit zu entwickeln. Der gezielte Einbezug fremder, die eigene Wahrnehmung ergänzender Perspektiven und Erfahrungen unterstützt Kinder dabei sich auf den „Weg zu reflexiven Wirklichkeitskonstrukten“ (Kahlert 2009, S. 68) zu machen, bei denen die eigenen Weltdeutungen zum Gegenstand der Reflexion werden können. Medien sind ein unverzichtbares Element solcher Perspektiverweiterungen.

Die durch die digitalen Medien entstehenden Potenziale der Erfahrungs- und Perspektiverweiterung gilt es für den Grundschulunterricht nutzbar zu machen (Lernen mit digitalen Medien). Gleichwohl sind die Besonderheiten von (digitalen, aber nicht nur von diesen) Medien für den Lernprozess vor allem mit zunehmendem Alter der Kinder immer stärker auch zum Gegenstand der Reflexion zu machen (Lernen über Medien) (Gervé und Peschel 2013).

Schon immer verlaufen schulische und außerschulische Bildungsprozesse zu großen Teilen in Repräsentationssystemen wie Schriftsprache, mündliche Sprache, Bild, Bewegtbild, Musik und deren Mischformen. Standen jahrhundertelang orale Vermittlungsformen im Mittelpunkt des Lehrens und Lernens, wurden 1658 durch das bebilderte Lehrbuch *orbis sensualium pictus* von Johann Amos Comenius neue didaktische Möglichkeiten erschlossen. Nun war es möglich, Naturerscheinungen und kulturelle Phänomene auch bildhaft in den Klassenraum zu holen und didaktisch zu behandeln. Dabei konnte die Behandlung der Themen immer wieder auf den selben Darstellungen basieren, was die Planung des Lehrgeschehens erleichterte und eine wichtige Grundlage für weitere didaktische Entwicklungen und die Entstehung der didaktischen Theorie der Neuzeit darstellte.

Medien dienen allerdings nicht nur der Wissensvermittlung und der Erschließung anderer Perspektiven, sondern können auch zur Reorganisation und Neuformulierung von Wissensrepräsentationen dienen und somit einerseits Lernprozesse unterstützen, andererseits aber auch als Werkzeuge zur Umgestaltung der Wissensdarstellungen dienen und damit auch zur Weiterentwicklung des Wissens beitragen. So kann die eigenständige Organisation angeeigneten Wissens in Form von Präsentationen oder schriftlichen Ausarbeitungen einen wesentlichen Beitrag zur Durchdringung von Lerninhalten leisten. Die Lehr-Lernforschung betont hier insbesondere den Aspekt der Verarbeitungstiefe oder levels-of-processings (Craik und Lockhart 1972), der durch die Reorganisation von Wissensbeständen erreicht werden kann.

Die Digitalisierung der Gesellschaft führt nicht zu einer Ersetzung von traditionellen Repräsentationssystemen und Originalbegegnungen, wie von Kritikern teilweise polemisch behauptet wird, sondern vielmehr zu einer Erweiterung um digitale Kommunikations- und Interaktionssysteme und zu Verschiebungen im Gebrauch der Repräsentations- und Verarbeitungssysteme.

Diese Entwicklungen geschehen derzeit weitgehend auch ohne Zutun der Bildungssysteme. So ist beispielsweise durch die mit der Digitalisierung einhergehende kostengünstige und zeitnahe Distribution von Videos eine deutliche Veränderung von Informationsprozessen beobachtbar, die abseits der Bildungssysteme das Lern- und Informationsverhalten von jungen Menschen prägt. So googlen viele Schüler bspw. Antworten auf ihre Fragen schon nicht mehr, sondern suchen für die Erklärung von Sachverhalten gleich ein Video auf einer Videoplattform wie YouTube.[2] Doch nicht nur die Repräsentationssysteme verändern sich, sondern auch die Verarbeitung der Information. So sind derzeit auch Tendenzen zur Entgrenzung der räumlichen Trennung von individuellen und sozialen Lernprozessen zu beobachten. Links zu Videos werden geteilt, kommentiert und diskutiert, Hausaufgaben werden über WhatsApp verbreitet und kooperativ gelöst bzw. Lösungen anderen zur Verfügung gestellt. Die Digitalisierung revolutioniert die Weise, wie Informationen aufgenommen und aufbereitet werden.

2 Betreiber von YouTube-Kanälen werden dabei zunehmend zu kindlichen Helden, denen nachgeeifert wird. Dabei spielen nicht nur Unterhaltungselemente, sondern auch Lern- und Informationsinhalte eine Rolle.

3 Grundschulbildung im digitalen Zeitalter

Digitales Lernen eröffnet allerdings nicht nur Bildungspotenziale für ganz unterschiedliche Inhaltsbereiche schulischen Lernens, sondern bedingt eben auch die Frage nach der Notwendigkeit der Förderung digitaler Informationskompetenzen zur Nutzung dieser Potenziale. Im Unterschied zu anderen wichtigen Kompetenzbereichen (z.B. naturwissenschaftliche, sozialwissenschaftliche, ästhetische oder motorische Bereiche) sind digitale Informationskompetenzen nicht nur auf einen einzelnen Domänenbereich ausgerichtet, sondern durchziehen wie Lesen, Schreiben und Rechnen nahezu alle Domänen der Bildung.

Mit der Vermittlung der Kulturtechniken Lesen, Schreiben und Rechnen sollen Kinder in der Grundschulzeit die wesentlichen Kompetenzen zur Erschließung weiterer Inhalte erwerben. Die Verortung der Kulturtechniken in der Grundschulzeit hat sich bewährt, da Kinder dieser Altersstufe die motorischen, kognitiven, motivationalen und volitionalen Voraussetzungen für den Erwerb dieser Kulturtechniken mitbringen. Die Bedeutung der Nutzung dieses Entwicklungszeitraums von Heranwachsenden und die Bedeutung digitaler Medien im Grundschulalter (vgl. etwa MPFS 2014) begründen dann auch die Bedeutung der Überlegungen, ob und wie die Förderung digitaler Kompetenzen im Grundschulalter die Einführung in die Kulturtechniken Lesen, Schreiben und Rechnen ergänzen sollte.

Angesichts des hochdynamischen und hochkomplexen Feldes der Digitalisierung und der mit ihr verbundenen gesellschaftlichen Folgen ist die Forderung nach digitaler Kompetenzförderung allerdings nicht hinreichend. Der grundschulpädagogische Diskurs darf sich bei der Diskussion um die Förderung digitaler Informationskompetenzen nicht darauf beschränken, ob Grundschulbildung diese Tendenzen aufgreifen muss, um Heranwachsenden die Potenziale digitaler Medien für aktuelle Bildungsprozesse zu erschließen und die Grundlagen für künftige Bildungsprozesse mit digitalen Medien zu schaffen. Zu klären ist vielmehr die nicht triviale Frage, wie eine Grundschulbildung für eine zunehmend digitalisierte Gesellschaft aussehen kann und soll. Hierfür wird im Folgenden zunächst der Diskurs der wissenschaftlichen Subdisziplin Medienpädagogik dargelegt. Im Anschluss werden spezifische Problemfelder bei der Förderung digitaler Informationskompetenzen beleuchtet, indem die Förderung digitaler Informationskompetenzen mit traditionellen Kulturtechniken verglichen wird.

4 Medienpädagogische Anforderungen an eine Grundschulbildung für die digitale Welt

4.1 Die Big Five plus One der Medienbildung im Zeitalter der Digitalisierung

Tulodziecki (2011) benennt fünf zentrale Begriffe des medienpädagogischen Diskurses: Medienpädagogik, Medienerziehung, Mediendidaktik, Medienkompetenz und Medienbildung.

Da sich Medienbildungsprozesse nicht nur in medienpädagogischen Settings vollziehen, sondern gerade im Feld digitaler Medienbildung viele relevante Kompetenzen auch außerhalb dieser gewonnen werden, wird in der folgenden Darstellung zu den „Big Five" der Medienpädagogik noch die Mediensozialisation ergänzt.

Die Nutzung dieser Begriffe und der begleitenden Konstrukte für die digitale Medienbildung wird dadurch erschwert, dass sich der medienpädagogische Diskurs auf kein eindeutiges Begriffsgefüge verständigt hat. Vielmehr wird derzeit beispielsweise noch diskutiert, ob Medienbildung oder Medienkompetenz als zentraler Begriff der Medienpädagogik zu verstehen sind. Dabei wurde jüngst sogar überlegt, den Begriff der Medienkompetenz durch den Begriff der Medienbildung abzulösen (Aufenanger 2009), was in der Medienpädagogik selbst zu nicht geringer Unruhe geführt hat. So forderte etwa Schorb (2009) den „müßigen Streit" um die Verwendung dieser Begriffe aufzugeben. Auf der anderen Seite betont Spanhel (2011) die Bedeutung der begrifflichen Klärung eben dieser Begriffe, da diese nicht nur zu einer Präzisierung der mit den Begriffen einhergehenden Konstrukte führt, sondern auch die Zielrichtung der Medienpädagogik zwischen Kompetenzförderung und Bildungsanspruch präzisiert.

Für eine Nutzung der medienpädagogischen Grundlagen zur Bestimmung einer für praktische Kontexte relevanten digitalen Medienbildung sind Festlegungen erforderlich. Zur Erhöhung der Relevanz der wissenschaftlichen Disziplin der Medienpädagogik für medienpädagogische Akteure und in Anwendungsfeldern agierenden Bezugsdisziplinen (z.B. Fachdidaktiken oder Stufendidaktiken) sind klare definierte Begrifflichkeiten erforderlich. Nur auf der Grundlage klar bestimmter und voneinander abgegrenzter Begrifflichkeiten können Erkenntnisse der Medienpädagogik in wissenschaftlichen Bezugsdisziplinen und praktischen Handlungsfeldern nicht nur von einzelnen Experten, sondern in der Breite genutzt werden. So profitieren nicht nur Handlungsplanungen, sondern auch Reflexionen medienpädagogischer Handlungen von einer Festschreibung der Begriffe.

Die folgende Zusammenfassung der Big Five der Medienbildung dient somit weniger als weiterer Diskussionsbeitrag, sondern vielmehr als Versuch, die Begriffe und damit verbundenen Konstrukte in ihrer aktuellen Verwendung im Rahmen der Medienpädagogik zusammenzufassen und für Handlungskontexte und Bezugsdisziplinen nutzbar zu machen.

4.2 Big Five – 1: Medienbildung

Medienbildung ist der komplexeste Begriff in den Big Five der Medienpädagogik, da Medienbildung in zweierlei Dimensionen verstanden werden kann:
Medienbildung ist sowohl

1. die Zieldimension medienpädagogischer Bemühungen als auch
2. der Prozess zur Erreichung dieses Ziels.

Durch den Prozess der Medienbildung sollen Heranwachsende somit Medienbildung erwerben.

Im Folgenden wird der medienpädagogische Diskurs zu dieser Doppelfunktion zusammengefasst.

Medienbildung als Zielvorstellung

Die Praxis einer verkürzten Rezeption des ursprünglich anspruchsvolleren Konstrukts Medienkompetenz auf reine Hantierungsfähigkeiten (z.B. zur Bedienung von Computern) hat im medienpädagogischen Diskurs zur Forderung geführt, den Begriff der Medienkompetenz als Zieldimension medienpädagogischen Handelns durch den Begriff der Medienbildung abzulösen (Aufenanger 1999), da dieser stärker mit einem auf Persönlichkeitsentwicklung abzielenden Bildungsbegriff korrespondiert und somit anspruchsvollere medienpädagogische Konzepte begünstigen könnte. Auch Spanhel (2014, S. 587) plädiert für die Ausrichtung pädagogischer Bemühungen auf eine Zieldimension Medienbildung und betont, dass Medienbildung „als Aspekt der Persönlichkeitsbildung zu verstehen [ist], als lebenslanger Prozess der Vermittlung von Welt und Selbst durch eine kritisch-reflexive Aneignung Medien und Medienangebote im Rahmen praktischer Medienangebote“. Auch in dem im Jahr 2012 verabschiedeten Beschluss der Kultusministerkonferenz ‚Medienbildung in der Schule' wird Medienbildung als Zielvorstellung beschrieben. So wird in diesem Beschluss gefordert, „Medienbildung als Pflichtaufgabe schulischer Bildung nachhaltig zu verankern sowie den Schulen und Lehrkräften Orientierung für die Medienbildung in Erziehung und Unterricht zu geben“ (Ständige Konferenz der Kultusminister der Länder in der Bundesrepublik Deutschland 2012, S. 3).

Ob der Begriff der Medienbildung eher als Beschreibung von Prozessen der Aneignung von Medienkompetenzen oder als Zieldimension von Bildungsprozessen zu verstehen ist, wird in der Medienpädagogik allerdings kontrovers diskutiert, da auch der Begriff der Medienkompetenz, basierend auf kommunikativen Kompetenzverständnissen (Baacke 1973), weit über die Vermittlung von Hantierungsfähigkeit hinausgeht und eine eingeschränkte praktische Verwendung nicht nur den Beschränkungen des Konstrukts, sondern hauptsächlich seiner eingeschränkten Verwendung in der Praxis anzulasten sind (Irion 2016). Auch hinsichtlich der vielstimmigen Ausarbeitungen zur Dimensionalisierung des Konstrukts Medienkompetenz (vgl. im Überblick bei Gapski 2001, 2006) und einer möglichen Anbindung an schulpädagogische Entwicklungen hin zur Kompetenzorientierung wäre es ausgesprochen bedauerlich, den Begriff der Medienkompetenz einfach zu ersetzen. Vielmehr muss überlegt werden, wie der Begriff der Medienkompetenz und die mit ihm verbundenen Zielvorstellungen in eine Zieldimension Medienbildung eingebettet werden können (vgl. auch Spanhel 2007).

Die Diskussion um die Ersetzung des Begriffs Medienkompetenz durch Medienbildung wird in diesem Beitrag somit dergestalt aufgegriffen, dass auch Medienkompetenz immer in anspruchsvolle Bildungsvorstellungen einzubetten ist und somit als Teilaspekt der Medienbildung verstanden wird. Damit bleibt der Begriff Medienkompetenz als Zieldimension von Bildungsbestrebungen zwar erhalten, doch wird eine Beschränkung auf Medienkompetenz unter Vernachlässigung von Persönlichkeitsentwicklungsaspekten vermieden. Auf diese Weise können die theoretischen Überlegungen zu Medienkompetenz und deren Förderung einfließen und eine Anbindung an schulpädagogische Kompetenzverständnisse bleibt ebenfalls möglich, ohne dass mit dem Konstrukt einhergehende mögliche oder faktische Limitationen aus dem Auge verloren werden. Medienbildung fungiert damit als bildungstheoretische Einbindung des Konstrukts Medienkompetenz.

Medienbildung als Prozess

Neben dem oben dargestellten Verständnis von Medienbildung als Aufgabe wird Medienbildung auch als Prozess verstanden. So ist für die Kultusministerkonferenz Medienbildung auch ein „dauerhafter, pädagogisch strukturierter und begleiteter Prozess der konstruktiven und kritischen Auseinandersetzung mit der Medienwelt“ (Ständige Konferenz der Kultusminister der Länder in der Bundesrepublik Deutschland 2012, S. 3). Auch Spanhel (2007, S. 48) betont neben der Zielvorstellung Medienbildung den Prozesscharakter der Medienbildung: „Medienbildung ist ein Prozess, in dem der Heranwachsende und der Erwachsene sein ganzes Leben hindurch eine kritische Distanz zu den Medien und ihren Weiterentwicklungen aufbaut und eine Verantwortung gegenüber den Medien und im Umgang mit ihnen aufnimmt." In Erweiterung des Konstrukts der Medienpädagogik werden Medienbildungsprozesse sowohl in intentional ausgerichteten als auch in nicht-intentionalen Situationen erworben und enden nicht mit der Auflösung des Educand_innen-Pädagog_innen-Verhältnisses. Mit diesem Verständnis der Medienbildung als lebenslange Aufgabe wird einerseits dem Umstand Rechnung getragen, dass auch erwachsene Menschen ihre Medienkompetenz in außerinstitutionellen Situationen ohne medienpädagogische Begleitung weiterentwickeln als auch die Anforderung an Schulen postuliert, lebenslanges Lernen mit und über Medien grundzulegen, um außerinstitutionelle Medienbildungsprozesse zu unterstützen.

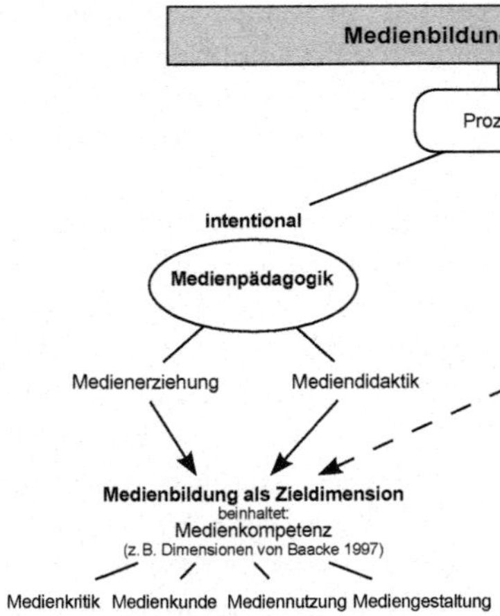

Abbildung 1 Die Big Five plus One der Medienbildung (Quelle: eigene Darstellung)

4.3 Big Five plus one: Mediensozialisation

Medienbildung und Medienkompetenzerwerb vollziehen sich nicht nur im Rahmen institutionell verankerter, intentionaler Prozesse, sondern auch in Form von nicht-intentionalen Prozessen der Mediensozialisation und Medienenkulturation. Allerdings ist nicht zwangsläufig jede Form von Mediensozialisation bildungswirksam. Medienpädagogik steht vielmehr vor der Aufgabe, auf die lebenslangen Sozialisations-/und -enkulturationsprozesse „präventiv, helfend oder korrigierend eingreifen, wenn diese Prozesse misslingen, in eine unerwünschte Richtung gehen oder die Persönlichkeit gefährdende oder schädigende Wirkungen erkennen lassen" (Spanhel 2007, S. 42). Angesichts einer Kulturtechnik Medienbildung gilt es sicherlich die eher als bedrohlich dargestellten Aspekte der Mediensozialisation zu revidieren, da Kinder eben in der Mediensozialisation auch Medienkompetenzen erwerben, die für schulische Medienbildungsprozesse genutzt werden können. Der Blick auf die Mediensozialisation macht allerdings auch deutlich, dass intentionale und nicht intentionale Medienerlebnisse nicht immer intendierte Effekte auf geplante Medienhandlungen und ungeplantes Medienverhalten haben müssen. So kann beispielsweise übermoralisierende Medienerziehung bei Kindern zu Protesthaltungen führen oder die Nutzung digitaler Lernmedien in der Schule kann ein übertriebenes Mediennutzungsverhalten begünstigen. Medienpädagogik muss vor diesem Hintergrund nicht nur Effekte der Mediensozialisation, sondern auch Effekte des eigenen Wirkens auf Lernhaltungen, Strategiewissen, Vorstellungen, motivationale Orientierungen, volitionale Fähigkeiten, Intentionen und Gewohnheiten und Routinen im Blick behalten.

4.4 Big Five 2: Medienpädagogik

Der Oberbegriff Medienpädagogik umfasst alle Fragen der Pädagogik mit Medienbezug. Handlungsfelder (und zugleich Teilgebiete) sind die Mediendidaktik und die Medienerziehung. In verschiedenen Nutzungsbereichen werden potentiell handlungsanleitende pädagogische Situationen mit Medienbezug untersucht und reflektiert. Als Grundlage dienen der Medienpädagogik empirische Forschungsergebnisse der Medienkunde, der Medienforschung, der Lehr- und Lerntheorie, sowie Grundlagen der Soziologie, der Erziehungswissenschaft und der Bildungstheorie (Tulodziecki 2011).

4.5 Big Five 3: Medienerziehung

Der Begriff Medienerziehung wird sowohl für die Praxis, also bei medienerzieherischen Aktivitäten, als auch für die Wissenschaft und ihre Lehre von medienbezogenen Erziehungsaufgaben verwendet (Tulodziecki 2011).

Die Medienerziehung kann als zentraler Begriff der Medienpädagogik bezeichnet werden, da hier Medienkompetenzen und Medienbildung als Zielvorstellung am zielgerichtetsten angestrebt wird. Medienerziehung beschäftigt sich mit medienerzieherischen Aktivitäten und orientiert sich an einem lebenslangen Bildungsprozess (Spanhel 2006; Tulodziecki 2011). Medienerzieherische Aktivitäten waren zu Beginn eher bewahrpädagogisch ausgerichtet, d.h. sie zielten darauf ab, negative Medienbegegnungen der Kinder und Jugendlichen zu verhindern. In der modernen Medienerziehung spielt der Leitgedanke der Mündigkeit eine große Rolle. Eine selbstbestimmte Rezeption, eigene Produktionen von und mit Medien und die Anregung und Anleitung zum sinnvollen Gebrauch werden angestrebt. Weitere Ziele der Medienerziehung sind Reflexion und kritische Auseinandersetzung mit Medien und Medieninhalten (Tulodziecki 2011).

Die Erschließung der Lern- und Bildungspotenziale der Medien und die Nutzung dieser für die Gestaltung des eigenen Bildungsprozesses sind für Spanhel Ziele der Medienerziehung in der Grundschule. Medien sollen dazu in den Unterricht und in den Schulalltag integriert werden, als Unterrichtsgegenstand eingesetzt werden und die Lernkultur bereichern (Spanhel 2014). Angesichts der möglichen Gefahren der Medienwelten muss Medienerziehung auch Hilfestellungen geben und mögliche Risiken aufzeigen (Gervé und Peschel 2013). Verläuft die Mediensozialisation problematisch, kann die Medienerziehung eingreifen und die Prozesse der Mediensozialisation bewerten (Spanhel 2006).

4.6 Big Five 4: Mediendidaktik

Mediendidaktik ist als Bereich der allgemeinen Didaktik und Teilgebiet der Medienpädagogik an einer disziplinären Schnittstelle angesiedelt. Angesichts der gestiegenen gesellschaftlichen Bedeutung digitaler Lern-, Informations- und Arbeitsprozesse in einer von digitalen Medien geprägten Gesellschaft gehört die Reflexion über die Verwendung digitaler Medien in Lehr- und Lernprozessen zu den zentralen bildungsrelevanten Zielen. Mit der zunehmenden Bedeutung konstruktivistischer Lerntheorien und der Weiterentwicklung der Möglichkeiten digitaler Medien für die Gestaltung von Lernumgebungen werden in der Mediendidaktik verstärkt konstruktivistische Lernsettings fokussiert. Für die Grundschuldidaktik von besonderer Bedeutung ist die Erweiterung der zunächst fokussierten E-Learning-Ansätze um Blended-Learning-Ansätze, bei denen Elemente des digitalen Lernens in traditionelle Lehr-Lern-Settings integriert werden. Digitale Medien können dabei sowohl als Instrumente, aber auch als Gegenstand betrachtet werden. Medienkompetenz ist eine Voraussetzung und eine mögliche Folge der Mediendidaktik, wobei eine medienerzieherisch unreflektierte Nutzung von Medien für Lernprozesse durchaus auch negative Folgen für die Entwicklung von Medienkompetenz haben kann, wenn beispielsweise der mediengestützte Zugang dauerhaft nicht hinterfragt wird und als selbstverständlich angenommen wird.

4.7 Big Five 5: Medienkompetenz

Medienkompetenz ist eine zentrale Zieldimension der Medienpädagogik. Für Baacke ist Medienkompetenz die Fähigkeit, mit Medien in Kommunikations- und Handlungssituationen einzusetzen und sich den Umgang aktiv anzueignen. In diesem handlungstheoretisch-pädagogischen Medienkompetenzverständnis unterscheidet er vier Bereiche von Medienkompetenz. Diese sind Medien-Kritik, Medien-Kunde, Medien-Nutzung und Medien-Gestaltung. (Baacke 1997). Medienkompetenz ist zunächst als vorauszusetzendes Vermögen und die Motivation und Bereitschaft zum Handeln in Medienzusammenhängen. Sie bezeichnet „Kenntnisse, Fähigkeiten und Bereitschaften bzw. Wissen, Können und Einstellungen (einschließlich von Wertorientierungen), die als Dispositionen für selbständiges Urteilen und Handeln in Medienzusammenhängen gelten." (Tulodziecki 2011, S. 23) Als Ziel steht der sachgerechte, selbstbestimmte, sozial verantwortliche und kreative Umgang in Medienzusammenhängen. Die gezielte Förderung von Medienkompetenz kann als Grundlage für Medienbildung verstanden werden (Spanhel 2014). Da Medienkompetenzen nicht nur in institutionellen Settings erworben werden, muss beim medienpädagogischen Handeln der jeweilige Stand der kindlichen Auseinandersetzung mit Medien berücksichtigt werden (Irion 2016). In einer von Medien geprägten Gesellschaft haben die Zielüberlegungen deutliche Bezüge zur allgemeinen Bildungsdiskussion (Tulodziecki 2011).

Die häufig verkürzte Verwendung des Begriffs Medienkompetenz in pädagogischen Handlungsfeldern (z.B. als Medienkompetenz zur Bedienung einer Anwendungssoftware) macht deutlich, dass der jahrelange medienpädagogische Medienkompetenzdiskurs (vgl. u.a. Gapski 2001, 2006) nicht umfassend in der medienpädagogischen Praxis aufgenommen wurde.

4.8 Konsequenzen für die Förderung digitaler Informationskompetenzen

Die Förderung digitaler Informationskompetenzen in der Schule darf den anspruchsvollen Medienkompetenz- und Medienbildungsdiskurs der Medienpädagogik nicht auf die Einführung in Hantierungsfähigkeit verkürzen, so dass die Beherrschung einzelner Medienbedientechniken zum Selbstzweck der medienbildnerischen Bemühungen verkommt. Natürlich muss schulische Bildung darauf abzielen, Heranwachsenden Lösungshilfen für konkrete Lebenssituationen zu bieten. Doch dürfen diese Lösungshilfen nicht auf reine Hantierungsfähigkeit abzielen, sondern müssen eben auch bildungsrelevante Elemente aufweisen, die darüber hinausgehen, Heranwachsende lediglich an die bestehende Medienwelt anzupassen. So wird in der Medienpädagogik immer wieder der Aspekt betont, dass neben der Schulung von Nutzungskompetenzen auch Kompetenzen zum kritischen Hinterfragen der Medienkommunikationsangebote und zur Nutzung von Medien für eine Teilhabe an Gesellschaft und Persönlichkeitsentwicklung im Auge zu behalten sind. Heranwachsende müssen auch in die Lage versetzt werden, gestaltend auf die Mediengesellschaft einzuwirken, um sich der Folgen ihrer Medienhandlungen für die gesellschaftliche und individuelle Entwicklung bewusst zu werden. Mit dem letztgenannten Anspruch wird deutlich, dass eine Förderung digitaler Informationskompetenzen vor dem Hintergrund des medienpädagogischen Diskurses nicht auf eine reine Vermittlung von Medientechniken abzielen darf, sondern immer auch die bildungstheoretische Einbettung im Auge behalten muss.

4.9 Die defizitäre Praxisrelevanz des medienpädagogischen Diskurses

Aktuelle schulische Ansätze zur Förderung von Medienkompetenzen (Medien-, Internetführerscheine etc.) verbleiben weitgehend nur lose mit dem medienpädagogischen Kompetenzdiskurs verbunden. Zwar fließen die medienpädagogischen Diskurse bei der Gestaltung von Bildungsvorgaben immer wieder mit ein (wie etwa 2012 beim KMK-Beschluss Medienbildung in der Schule), doch je stärker sich die Vorgaben den konkreten Umsetzungen annähern (z.B. in Form der Bildungsstandards in den Bundesländern und der diese begleitenden Instrumente wie Schulbücher etc.), umso loser sind diese mit den im medienpädagogischen Diskurs diskutierten Zielvorstellungen verbunden[3]. Auch fachdidaktische Diskurse orientieren sich häufig nur wenig an den auf Bildungsrelevanz abzielenden medienpädagogischen Vorgaben und entwickeln häufig eigene fachspezifische Vorstellungen von Zieldimensionen digitaler Bildungsmaßnahmen.

Aus grundschulpädagogischer Sicht ist dieses Vorgehen zumindest nachvollziehbar, wenn die Bildungsbemühungen immerhin orientiert an zentralen Aufgaben der Grundschulbildung und des Sachunterrichts (vgl. etwa Kahlert 2009) zumindest darauf abzielen, Kindern bei der Erschließung ihrer Lebenswelt, in die-

3 So kritisiert die medienpädagogische Initiative „Keine Bildung ohne Medien" auch die erste Entwurfsfassung des Strategiepapiers der Kultusministerkonferenz aufgrund seines weitgehend auf Informationsprozesse beschränkten Verständnisses von Medienbildung http://www.keine-bildung-ohne-medien.de/publications/stellungnahme-zum-kmk-strategiepapier-bildung-in-der-digitalen-welt/. Zugegriffen: 13. März 2017.

sem Fall der digitalen Welt unterstützen und auf künftige Bildungsaufgaben vorbereiten. Doch auch dieser Anspruch wird nur in Ansätzen erfüllt, da die Einführung in Anwendungssoftware (z.B. durch das Erlernen von Befehlen zur Bedienung von Textprogrammen) in vernetzten Computerräumen und mit aktuellen Büroanwendungen häufig nicht die mobile und digitale Lebenswelt der Kinder abbildet und somit nur begrenzt zur Erschließung derselben genutzt werden kann. Dies ist für die Schaffung von Grundlagen für aktuelle und künftige digitale Bildungsprozesse nicht hinreichend, da nicht nur die schulischen und außerschulischen Kontexte der Mediennutzung häufig sehr unterschiedlich sind, sondern zudem die digitale Welt starken Veränderungen unterliegt. Eine Förderung digitaler Informationskompetenzen sollte auf die gezielte und operationalisierte Förderung von Grundkompetenzen abzielen, die nicht bei einzelnen Erscheinungsformen (z.B. Bürosoftware) stehen bleiben, sondern auf eine Vielzahl von Informationsprozessen im betroffenen Symbolsystem übertragbar sind.

Durch einen Vergleich mit den traditionellen Kulturtechniken Lesen, Schreiben und Rechnen soll im Folgenden das Augenmerk auf spezifische Problemfelder gerichtet werden, die mit einer digitalen Grundbildung für aktuelle und künftige Lern- und Informationsprozesse einhergehen und spezifische Maßnahmen zur Förderung digitaler Informationskompetenzen bedingen.

5 Problemfelder bei der Förderung digitaler Informationskompetenzen in der Grundschule

Bei der Förderung digitaler Informationskompetenzen in der Grundschule gilt es verschiedene spezifische Problemfelder des Kompetenzbereichs digitale Information/digitale Bildung in den Blick zu nehmen, die sich aus den Besonderheiten der digitalen Informationswelten ergeben.

1. **Grundsätzliche Probleme der Metapher „digitale Alphabetisierung“:** Bei den Kulturtechniken Lesen, Schreiben und Rechnen können die sich aus Buchstaben und Zahlen ergebenden Symbolsysteme ohne intentional gesteuerte Bildungsprozesse kaum erschlossen werden. Hier ist das Erlernen der Symbolsysteme untrennbar mit den Kulturtechniken verbunden. Im Bereich der digitalen Informationskompetenzen ist eine Bestimmung der unabdingbar mit der Digitalisierung verbundenen Grundfertigkeiten (digitales Alphabet) hingegen nicht ohne weiteres möglich. Zwar unterliegen digitalen Prozessen bestimmte Grundprinzipien der Schaltlogik und der Informatik, doch ist eine rudimentäre Bedienung für viele auch ohne eine Alphabetisierung möglich. Manche

Menschen bringen es bei der Nutzung digitaler Medien sogar zu einer erstaunlichen Expertise, ohne dass sie jemals einen Programmcode geschrieben oder die Funktionen Boolescher Operatoren vermittelt bekommen haben. Andererseits bleiben viele Menschen auf einem niedrigen Niveau der Nutzung digitaler Medien und sind beispielsweise nicht in der Lage, Apps und Programme auf die eigenen Bedürfnisse anzupassen oder verschiedene Dateiformate zielführend zu verwenden oder weiterzuleiten. Es zeigt sich, dass beileibe nicht alle Schüler gleichermaßen digitale Kompetenzen erwerben, beispielsweise sind ca. 30% der Achtklässler als Problemfälle zu bezeichnen (Bos et al. 2013). Die prinzipielle Erlernbarkeit digitaler Informationskompetenzen außerhalb institutioneller Settings führt nicht zur Konsequenz, dass Schulen mit einem Allgemeinbildungsanspruch darauf verzichten können, diese Kompetenzen zu fördern.

2. **Fehlende Bestimmung der für eine Kulturtechnik oder eine Alphabetisierung erforderlichen Kompetenzen:** Die digitale Welt unterliegt einer hohen Dynamik: Wurde in den 1990er Jahren noch diskutiert, ob Kinder in das Betriebssystem MS-DOS einzuführen sind und wie ihnen die Bezeichnungen für verschiedene Systemkomponenten eines Rechners beigebracht werden können, entstehen durch aktuelle Entwicklungen, wie mobile Technologien und Wearables (tragbare Computersysteme, die sich analog zu Kleidung in die Lebensabläufe des Tragenden einschmiegen) völlig neue Anforderungen und es ist noch nicht abzusehen, welche Entwicklungen noch anstehen. Selbstverständlich darf eine Bestimmung künftiger Kompetenzen nicht von spekulativen Vorhersagen zur Entwicklung der digitalen Welt geprägt sein. Die hohe Komplexität zur Bestimmung konstitutiver überdauernder Kompetenzanforderungen darf aber auch nicht dazu führen, dass der Blick lediglich auf aktuelle Herausforderungen der digitalen Welt gerichtet bleibt. Vielmehr gilt es neben historischem Wissen zur Entwicklung der digitalen Welt und ihrer gesellschaftlichen und schulischen Nutzung (vgl. etwa Mitzlaff 2010 oder Schäffer 2016) auch Analysen der aktuellen Verwendung und deren Begleiterscheinungen (vgl. etwa Schröder 2016) zu berücksichtigen und für die Entwicklung von aktuellen Kompetenzbeschreibungen zu nutzen.
3. **Fehlende Konzepte zur Förderung von Kompetenzen für digitale Informationsprozesse in variierenden Anwendungskontexten:** Begriffe wie Kulturtechniken und Alphabetisierung gehen davon aus, dass die schulisch erlernten Kompetenzen vergleichsweise souverän in unterschiedlichen Anwendungsszenarien genutzt werden können. So kann nach Erlernen der Schriftsprache sowohl in der Schule als auch in der Bibliothek oder zu Hause gelesen werden oder der Dreisatz kann zumindest prinzipiell auf unterschiedlichste

Lebenssituationen angewandt werden.[4] Während traditionelle Kulturtechniken also zumindest grundsätzlich übertragbar sind, muss bei digitalen Kompetenzen aufgrund der stark variierenden Kontexte und der hohen Dynamik der technologischen und gesellschaftlichen Entwicklung doch bezweifelt werden, inwieweit erlernte Strategien auf abweichende Kontexte (abweichendes Endgerät, abweichendes Betriebssystem, abweichende Software/App) übertragen werden können. Die Voraussetzungen für digitales Lernen sind derzeit in verschiedenen Lebenssituationen sehr unterschiedlich. Während zu Hause inzwischen eher mobile Technologien zum Einsatz kommen, werden in der Schule vielfach Kompetenzen erworben, die auf diese Lernsituationen nicht einfach übertragbar sind. Zumindest in Deutschland zeichnet sich für die Grundschule bislang nicht ab, dass Kinder persönliche digitale Geräte nutzen können, die erlauben, die erworbenen Medienkompetenzen ohne größere Transferleistungen gleichermaßen zu Hause und in der Schule nutzen zu können. Auf der anderen Seite wird der Einübung von Transferhandlungen in schulischen Ansätzen zur Förderung digitaler Kompetenzen häufig ebenso wenig Rechnung getragen wie der Untersuchung der für Transferhandlungen erforderlichen Kompetenzen auf wissenschaftlicher Seite. Dabei wird insbesondere die Förderung von Selbstlernstrategien viel zu wenig berücksichtigt. Ausgehend von der Annahme, dass Kinder in den aktuellen Umgang mit digitalen Medien einzuführen sind, beschränkt sich die aktuelle Einführung häufig auf anwendungsbezogene Kompetenzen, anstatt konzeptuelle Kompetenzen zu fokussieren, indem beispielsweise Selbstlernstrategien an exemplarisch ausgewählten Inhalten gefördert werden. Strategien zum Übertrag der gelernten Konzepte auf andere Anwendungsgebiete wären hier ebenfalls anzustreben. Eine Einführung in ein Textverarbeitungsprogramm sollte somit weniger die Beherrschung des Programms fokussieren, als die Beherrschung fundamentaler Konzepte von Anwendungssoftware (z.B. Dateiverwaltung, selbständige Orientierung in Menü- und Symbolleiste, Widerrufen und Wiederholen von Aktionen...). Internetführerscheine beschränken sich hingegen häufig darauf, in die Bedienung von Computern einzuführen, statt die Lernenden in problemorientierten Lehr-Lernszenarios auf die Erweiterung ihrer Problemlösestrategien vorzubereiten. Angesichts der raschen Weiterentwicklung und der hohen Komplexität digitaler Informations-

4 Auch bei diesen Kulturtechniken kann es allerdings zu Anwendungsproblemen kommen. So betont etwa Renkl (2010), dass in schulischen Lernsituationen häufig träges Wissen erworben wird, das in Lebenssituationen dann nicht zur Anwendung kommen kann, da Lernende häufig übersehen, dass die schulisch erworbene Kompetenz in der realen Situation anwendbar wäre oder nicht in der Lage sind, die erworbenen Strategien zu übertragen.

und Kommunikationstechnologien müssen die Heranwachsenden in die Lage versetzt werden, institutionell erworbenes deklaratives Faktenwissen und prozedurales Handlungswissen selbstständig weiterzuentwickeln. Dabei sind insbesondere konditionale Strategieelemente, die es erlauben, die erlernten Strategien auf neue Kontexte zu adaptieren, von besonderer Bedeutung. In einer qualitativen Studie zeigte sich, dass Grundschulkinder durchaus in der Lage sind, konditionale Strategien zu entwickeln, die sie in die Lage versetzen genau zu prüfen, wann ihre erlernten prozeduralen Strategien zum Einsatz kommen sollten. Bei dieser Untersuchung wurde auch deutlich, dass bereits im Grundschulalter Recherchetätigkeiten von konditionalem Strategiewissen profitieren können (Irion 2008).

4. **Fehlende Grundlagendisziplin zur Bestimmung von Kompetenzen und zur Entwicklung didaktischer Konzepte:** Die Vermittlung von digitalen Informationskompetenzen in der Grundschule ist eine vergleichsweise neue Aufgabe, die derzeit noch nicht auf spezialisierte fachdidaktische und grundlagenorientierte Theoriegebäude und empirische Erkenntnisse zurückgreifen kann. Konzepte werden vielfach von einzelnen Grundschullehrkräften entwickelt, dabei allerdings vielfach nicht theoretisch fundiert, reflektiert oder empirisch evaluiert. Zudem sind viele Best Practice Beispiele nur schwer auf andere Kontexte übertragbar.[5] Angesichts der oben dargelegten Probleme bei Bestimmung und Förderung von digitalen Informationskompetenzen wäre aber eine praxisorientierte wissenschaftliche Disziplin an der Schnittstelle zwischen Grundlagendisziplinen und Fachdidaktiken dringend erforderlich.
5. **Defizitäre digitale Informationskompetenzen bei politischen und pädagogischen Akteuren:** Eine besondere Schwierigkeit bei der Einführung einer Kulturtechnik digitales Lernen stellt der Umstand dar, dass Lehrkräfte, bildungspolitische Entscheidungsträger, aber auch viele Akteure in der Wissenschaft selbst nicht über jene digitalen Kompetenzen verfügen, die für die ihnen übertragenen Aufgaben (Fällen bildungspolitischer, hochschul- oder unterrichtsrelevanter Entscheidungen im Themenfeld „Digitalisierung") erforderlich wären. Vor diesem Hintergrund überrascht beispielsweise die unsystematische Verankerung der digitalen Medien in Studien- und Prüfungsordnungen an Hochschulen derzeit kaum. Viele Entscheidungsträger beschränken sich auf das Erlernen von Anwendungsprogrammen. Eine Vorstellung von konzeptuel-

5 Ein spezifisches Problem ist hierbei auch, dass viele Best Practice Beispiele von technisch affinen Personen mit viel Engagement entwickelt werden, die so vielfach nicht ohne weiteres von Lehrpersonen mit geringer technischer Affinität und/oder anderer didaktischer Schwerpunktsetzung übernommen werden können.

lem Grundwissen im Themenfeld digitaler Kompetenzen ist bei ihnen nur in geringem Maß vorhanden. Dies bedingt wiederum, dass eine Behebung dieses Problems nicht in Aussicht steht, was (Kammerl und Ostermann 2010) hinsichtlich der Kompetenzentwicklung von Lehrkräften als Teufelskreis der Medienbildung bezeichnen.

Die genannten Problemfelder machen deutlich, dass in der Grundschule existierende Erfahrungen zur Einführung in traditionelle Kulturtechniken nicht einfach auf diesen neuen Bereich übertragen werden können. Vielmehr gilt es bei der Entwicklung von Unterrichtskonzepten für die Förderung digitaler Informationskompetenzen diese Problemfelder im Blick zu behalten und passende Lösungsansätze zu entwickeln und zu erproben.

6 Konsequenzen für die Grundschulbildung für die digitale Welt

Die genannten Problemfelder und Herausforderungen sollen die Bedeutung digitaler Kompetenzen nicht in Frage stellen. Es wird allerdings deutlich, dass eine Grundlegung von Bemühungen zur Förderung digitaler Informationskompetenzen vor einer deutlich weiter ausgearbeiteten theoretischen Grundlage erfolgen muss. Dabei sind angesichts der vielfältigen Anwendungskontexte und der dynamischen Weiterentwicklungen der Technologien, Fragen der Transferierbarkeit erworbener Kompetenzen deutlich klarer herauszuarbeiten als dies bislang der Fall ist. Es gilt somit eine didaktische Disziplin für die Förderung digitaler Informationskompetenzen zu entwickeln oder zumindest interdisziplinäre Expertenkreise zu bilden, die im Rahmen ihrer Theoriebildung auch Antworten auf die genannten Problemfelder entwickeln. Dabei ist die Einbettung der Förderung digitaler Informationskompetenzen in anspruchsvolle Medienbildungsaufgaben ebenso drängend wie die Entwicklung von Lösungsansätzen für die in diesem Abschnitt genannten Problemfelder. So muss bei der Bestimmung von informatischen Kompetenzen von anwendungsorientierten Ansätzen zur Einführung in spezifische Programme zu konzeptuellen Ansätzen übergegangen werden, die darauf abzielen, grundlegende und überdauernde Kompetenzen an für die Kinder aktuell relevanten Phänomen exemplarisch zu fördern. Angesichts der hohen Dynamik digitaler Informations- und Kommunikationssysteme sind dabei insbesondere Fragen der Entwicklung von Transfer- und Selbstlernkompetenzen zu beantworten. Die Grundschule steht insbesondere vor der Aufgabe, diese Prozesse grundzulegen. Grundschule darf somit nicht einfach veraltete Computerkurssysteme aus den weiterführenden Schulen stark vereinfachend übernehmen, sondern muss eine eigene Didaktik des digitalen Lernens entwickeln, die eingebettet in Medienbildungsansätze entwicklungstheoretisch und lerntheoretisch geeignete Lernumgebungen gestaltet, die Kinder an lebensweltlich relevanten Phänomenen unterstützt, Kompetenzen zur Entwicklung von Problemlösestrategien aufzubauen.

Ein Verzicht auf die Bestimmung von konzeptuellen grundschulgerechten Kompetenzen und auf die Berücksichtigung einer medienpädagogischen Einbettung birgt die Gefahr eines digitalen Bildungsaktionismus', der kaum geeignet scheint, nachhaltige Konzepte digitaler Bildung zu etablieren und den Anspruch zu erfüllen, Heranwachsende für aktuelle und künftige Bildungsaufgaben rund um digitale Medien bildungswirksam fit zu machen.

Literatur

Aufenanger, S. (1999). Medienkompetenz oder Medienbildung? *Bertelsmann Briefe 1999 142*, 21–24.

Baacke, D. (1973). *Kommunikation und Kompetenz*. München: Juventa.

Baacke, D. (1997). *Medienpädagogik*. Tübingen: Niemeyer.

Bos, W., Eickelmann, B., Gerick, J., Goldhammer, F., Schaumburg, H., Schwippert, K., Senkbeil, M., Schulz-Zander, R., & Wendt, H. (2014). *ICILS 2013. Computer- und informationsbezogene Kompetenzen von Schülerinnen und Schülern in der 8. Jahrgangsstufe im internationalen Vergleich*. Münster u.a. : Waxmann.

Craik, F. I., & Lockhart, R. S. (1972). Levels of Processing: A Framework for Memory Research. *Journal of Verbal Learning and Verbal Behavior 11*. 671–684.

Comenius, J. A. (1991). *Orbis Sensualium Pictus. Noribergae 1658*. Dortmund: Harenberg Kommunikation.

Duncker, L. (2007). *Die Grundschule. Schultheoretische Zugänge und didaktische Horizonte*. Weinheim, München: Juventa.

Gapski, H. (2001). *Medienkompetenz. Eine Bestandsaufnahme und Vorüberlegungen zu einem systemtheoretischen Rahmenkonzept*. Wiesbaden: Westdeutscher Verlag.

Gapski, H. (2006). Medienkompetenzen messen? Eine Annäherung über verwandte Kompetenzfelder. In H. Gapski (Hrsg.), *Medienkompetenzen messen? Verfahren und Reflexionen zur Erfassung von Schlüsselkompetenzen*. München: kopaed.

Gervé, F. & Peschel, M. (2013). Medien. In E. Gläser & G. Schönknecht (Hrsg.), *Sachunterricht in der Grundschule* (S. 58–79). Frankfurt a.M.: Grundschulverband.

Gruber, H., Mandl, H., & Renkl, A. (1999). *Was lernen wir in Schule und Hochschule: Träges Wissen?* München: Ludwig-Maximilians-Universität, Lehrstuhl für Empirische Pädagogik und Pädagogische Psychologie.

Irion, T. (2008). *Hypermedia-Recherche im Grundschulalter. Eine qualitative Videostudie zu Vorerfahrungen und Recherchekompetenzen*. Baltmannsweiler: Schneider Verlag Hohengehren.

Irion, T. (2016). Digitale Medienbildung in der Grundschule. Primarstufenspezifische und medienpädagogische Anforderungen. In M. Peschel & T. Irion (Hrsg.), *Neue Medien in der Grundschule 2.0. Grundlagen – Konzepte – Perspektiven* (S. 16–32). Frankfurt a. M.: Grundschulverband.

Kahlert, J. (2009). *Der Sachunterricht und seine Didaktik*. Bad Heilbrunn: Klinkhardt/UTB.

Kammerl, R., & Ostermann, S. (2010). *Medienbildung – (k)ein Unterrichtsfach? Eine Expertise zum Stellenwert der Medienkompetenzförderung in Schulen*. Hamburg: Medienanstalt Hamburg/Schleswig-Holstein.

Kerres, M. (2016). Lernprogramm, Lernraum oder Ökosystem? Metaphern in der Mediendidaktik. In K. Mayrberger, J. Fromme, P. Grell & T. Hug (Hrsg.), *Jahrbuch Medienpädagogik 13: Vernetzt und entgrenzt – Gestaltung von Lernumgebungen mit digitalen Medien* (S. 15–28). Wiesbaden: Springer Fachmedien Wiesbaden.

Mitzlaff, H. (2010). ICT in der Grundschule und im Sachunterricht. Gestern – heute – morgen. Ein Blick zurück und nach vorne. In M. Peschel (Hrsg.), *Neue Medien (ICT) im Sachunterricht* (S. 7–29). Baltmannsweiler: Schneider Verlag Hohengehren.

Renkl, A. (2010). Träges Wissen. In D. H. Rost (Hrsg.), *Handwörterbuch Pädagogische Psychologie* (S. 854–858). Weinheim: Beltz Verlag.

Schäffer, K. (2016). Computereinsatz in der Grundschule – gestern und heute im Vergleich. In M. Peschel & T. Irion (Hrsg.), *Neue Medien in der Grundschule 2.0. Grundlagen – Konzepte – Perspektiven* (S. 193–201). Frankfurt a. M.: Grundschulverband.

Schorb, B. (2009). Gebildet und kompetent. Medienbildung statt Medienkompetenz? *merz, Medien + Erziehung 05*, 50–56.

Schröder, C. (2016). Mediale Verantwortung 2.0. In M. Peschel & T. Irion (Hrsg.), *Neue Medien in der Grundschule 2.0. Grundlagen – Konzepte – Perspektiven* (S. 202–211). Frankfurt a. M.: Grundschulverband.

Spanhel, D. (2007). Zur Standortbestimmung der Medienpädagogik aus anthropologischer und bildungswissenschaftlicher Sicht. In W. Sesink, M. Kerres & H. Moser (Hrsg.), *Jahrbuch Medienpädagogik 6. Medienpädagogik – Standortbestimmung einer erziehungswissenschaftlichen Disziplin* (S. 74–100). Wiesbaden: Verlag für Sozialwissenschaften.

Spanhel, D. (2011). Medienbildung als Grundbegriff der Medienpädagogik. Begriffliche Grundlagen für eine Theorie der Medienpädagogik. *MedienPädagogik: Zeitschrift für Theorie und Praxis der Medienbildung 20*, 26.

Ständige Konferenz der Kultusminister der Länder in der Bundesrepublik Deutschland. (2012). Medienbildung in der Schule. Beschluss der Kultusministerkonferenz vom 8. März 2012. URL.

Tulodziecki, G. (2011). Zur Entstehung und Entwicklung zentraler Begriffe bei der pädagogischen Auseinandersetzung mit Medien. *MedienPädagogik: Zeitschrift für Theorie und Praxis der Medienbildung 20*, 29.

Dynamische Mathematik und computergestützte Tests: GeoGebra in TAO

Yves Kreis, Carole Dording, Ulrich Keller,
Vincent Porro und Raynald Jadoul

1 Technologie im Bildungsbereich

Fortschritte bei den pädagogischen Praktiken – beim Lernen und/oder bei der Bewertung – zusammen mit dem technischen Fortschritt bieten neue Möglichkeiten, die leistungsfähigen klassischen fachdidaktischen Arbeitsmittel, die sich im Alltag der Klassenzimmer bewährt haben, zu ihren „virtuellen" Pendants zu übertragen. In dieser Perspektive wurden viele Versuche unternommen, Geometrie- und Algebra-Übungen, die traditionell mit Papier und Bleistift gelöst werden, auf den Computer zu übertragen (Mously et al. 2003).

Hinsichtlich dieser Versuche verlangt das Verfahren zwei Überlegungen, um den unterschiedlichen Anwendungskontexten in Bezug auf Verwendungszweck und pädagogischem Ziel gerecht zu werden. Erstens sollte die Unterstützung dieser sehr flexiblen Hilfsmittel leicht an die Lern- und Bewertungsanforderungen angepasst werden können. Zweitens ist eine angemessene Berufsausbildung bzw. -weiterbildung erforderlich, damit die Lehrerinnen und Lehrer ihre Schüler bei der Verwendung der digitalen Werkzeuge begleiten können (J. Hohenwarter et al. 2009). Diese zwei wesentlichen Voraussetzungen für die Annahme von Technologie im Bildungsbereich können erfüllt werden, werfen aber folgende Frage auf: Bietet diese Kombination von leistungsfähigen und flexiblen Anwendungen, unter der Betreuung von ausgebildeten Lehrkräften, den Schülerinnen und Schülern die gleiche Chance ein zufriedenstellendes Kompetenzniveau zu erreichen wie bei einem klassischen computerfreien Unterricht?

Indem wir die Analyse auf den Kompetenzbewertungsprozess ausdehnen, drängt sich eine weitere Frage auf: Hebt eine computergestützte Bewertung, mit den während der Lernphase eingesetzten digitalen Werkzeugen die Kompetenzerhöhung wirklich hervor?

Unserer Ansicht nach erlaubt nur eine positive Beantwortung dieser beiden Fragen, dass wir uns sicher sein können, dass die Kombination von Anwendungen wie GeoGebra und TAO, einerseits die Entwicklung der Kompetenzen der Schülerinnen und Schüler nicht behindert und andererseits tatsächlich neue Lern- und Bewertungsmöglichkeiten geschaffen werden.

Daher wird, wie im Abschnitt 3 beschrieben, der Versuch GeoGebraPrim mit 59 Schülerinnen und Schülern in 4 luxemburgischen Klassen durchgeführt. Die von uns eingesetzte computerbasierte Plattform stützt sich auf die Programme GeoGebra und TAO und ist im Abschnitt 2 beschrieben.

Diese Kombination der beiden Programme stellt einen innovativen neuen Ansatz dar, insbesondere da verschiedene Technologien – Flash® mit ActionScript und Java™ – im Browser XML Nachrichten mit Hilfe von JavaScript™ austauschen, ohne den Server zu nutzen. Inzwischen vereinfacht sich dieser Vorgang mit der Verbreitung von HTML5 und dem damit einhergehenden Ersatz von Flash® und Java™ durch JavaScript™.

2 GeoGebra und TAO

In diesem Abschnitt beschreiben wir zunächst die Dynamische-Mathematik-Software GeoGebra und unterstreichen ihre Stärken. Dann geben wir einen Überblick über die TAO-Plattform, ein Instrument zur Unterstützung aller üblichen Aufgaben des Assessments im Bildungswesen. Beide Systeme sind computergestützt und dienen bereits alleine dem Bereich Bildung. Schließlich erklären wir, wie TAO reibungslos leistungsfähige pädagogische Werkzeuge wie GeoGebra unterstützt und wie diese Art von Synergie wahrscheinlich neue Möglichkeiten für das Lernen und die Bewertung schaffen wird.

2.1 GeoGebra

Die Dynamische-Mathematik-Software (DMS) GeoGebra (M. Hohenwarter et al. 2009) ist ein anpassungsfähiges Programm, das die Benutzerfreundlichkeit einer

Dynamischen-Geometrie-Software (DGS) mit den leistungsstarken Funktionen eines Computeralgebrasystems (CAS) und den organisatorischen Fähigkeiten einer Tabellenkalkulation verbindet. Es bietet beispiellose Chancen für den Mathematikunterricht (Haftendorn 2005; Sangwin 2007) und ist sowohl in der Schule als auch zu Hause uneingeschränkt verfügbar, da eine nicht kommerzielle Nutzung kostenlos ist.

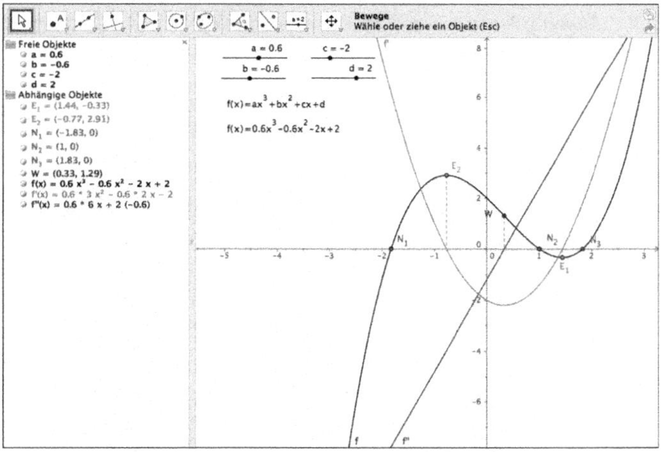

Abbildung 1 Algebra- und Grafikfenster in GeoGebra (Quelle: Screenshot GeoGebra)

Zwar gibt es über GeoGebra nur begrenzte Forschungsergebnisse, aber die Forschung über andere DGS Pakete – z.B. Cabri® von CABRILOG SAS – legt nahe, dass solche Programme effizient in den Mathematikunterricht integriert werden können und die Möglichkeit bieten, schülerzentriertes und aktiv-entdeckendes Lernen zu fördern (Laborde 2002; Sträßer 2002; Kreis 2004). Der Zug-Modus ermöglicht eine interaktive Erforschung der dargestellten mathematischen Situation (vgl. Schieberegler in Abb. 1 zur Veränderung der Variablen) und eine dynamische Transformation der abgebildeten mathematischen Objekte weit über die Möglichkeiten der Papier-und-Bleistift-Geometrie hinaus (Arzarello et al. 2002; Erez und Yerushalmy 2006).

Die Kombination von DGS und CAS in einem einzigen Softwarepaket wurde von den Forschern regelmäßig erwünscht und diskutiert, damit die Verbindung zwischen den Gebieten der Geometrie und der Algebra erhalten bleibt und die verschiedenen Schülerkonstrukte – wegen der unterschiedlichen Operationsmöglichkeiten in DGS und CAS – ermöglicht werden (Schumann 1991; Schumann und Green 2000; Oldenburg 2005). GeoGebra bietet seit jeher zusätzliche algebraische (oder numerische) Darstellungen (Koordinaten, Länge, Flächeninhalt, Gleichung, usw.) mit einer bidirektionalen Verknüpfung zu den graphischen Darstellungen (Punkt, Strecke, Quadrat, Gerade, usw.) derselben mathematischen Objekten (Hohenwarter und Fuchs 2005). Darüber hinaus akzeptiert es Funktionen und boolesche Ausdrücke als Eingabe und bietet seit Version 4.2 Zugriff auf das CAS durch eine weitere Ansicht. Dennoch sind keine fortgeschrittenen Computerkenntnisse erforderlich und seine Verwendung ist intuitiv für ein breites Spektrum von Klassenstufen (Hohenwarter 2006).

2.2 Computergestütztes Testen

Mit dem Aufkommen und der Ausbreitung der Informations- und Kommunikationstechnik (IKT) haben sich die allgemeinen Grundsätze der traditionellen pädagogischen Papier-und-Bleistift Bewertung – Kognition, Beobachtung und Interpretation (Pellegrino et al. 2001) – entwickelt, um zusätzliche technische Dimensionen und Einschränkungen zu integrieren, wie z. B. Verfügbarkeit, Sicherheit und Qualität der Messinstrumente.

Obwohl die Komplexität dieser neuen Dimensionen nicht trivial ist, betonen AL-Smadi und Gütl (2008) den zunehmenden Bedarf an technologiebasierter Bewertung für moderne Umgebungen im Bildungsbereich. Die TAO-Plattform ist einer der Kandidaten angesichts dieses Bedarfs (Plichart et al. 2004; Martin et al. 2005).

2.3 TAO

TAO ist eine nachhaltige generische Open-Source Plattform, die die verschiedenen Phasen des technologiebasierten Assessments (TBA) unterstützt. Dieses innovative Programm entstand aus der Zusammenarbeit der Universität Luxemburg und des CRP Henri Tudor (Latour und Martin 2007) – heute LIST – und wird aktuell von der Firma OAT weiterentwickelt.

In den ersten sieben Jahren hat TAO bereits die notwendige Flexibilität erlangt, um die Anforderungen zu erfüllen, die sich aus verschiedenen Kontexten ergeben. Somit wird von den einfachsten Fällen (z. B. die Bewertung des Lernens der Schüler von einem bestimmten Konzept) bis hin zu den größten und äußerst komplexen Fällen (z. B. die computergestützten kognitiven Beurteilungen des OECD Programms) alles abgedeckt. Es unterstützt alle Aktivitäten des Beurteilungsprozesses durch eine Reihe von Modulen, die für die Verwaltung von Einzel- oder Gruppen von Probanden (d. h. die Testteilnehmer), von Items (d. h. die Aufgaben), von Tests – einer Menge von Items – und von Resultaten der Tests durch die Probanden zuständig sind. Einige der Eigenschaften, die TAO von vielen anderen Assessment Plattformen abhebt, sind der semantische Motor als Kern, die natürlichen mehrsprachigen Fähigkeiten (die Unterstützung von Sprachen so verschieden wie Englisch, Russisch, Chinesisch, Japanisch, Arabisch, Hebräisch, usw.), die auf dem Netz verteilten und verketteten Module sowie die Vertriebspolitik.

Obwohl sich das System wegen seiner nachhaltigen Architektur früh in vielen Anwendungsbereichen erfolgreich bewährt hat, sind die Technologien und Bewertungsmöglichkeiten tagtäglich optimiert worden. Die Plattform hat dank ihrer Multimedia-Fähigkeiten und ihrer Bereicherung durch „semantisch orientierte“ Dienste, die die nächste Evolution des Netz-Ansatzes bilden werden (Web 3.0), neue Forschungsrichtungen in der formativen Evaluation eröffnet und Partnerschaften durch umfangreiche Integration mit leistungsstarken Drittanbieterlösungen gesichert. Mit Blick auf diese neuen Möglichkeiten und dem Willen, die Begrenzung geschlossener Aufgabenformate aufzubrechen, zielt die TAO-Plattform darauf ab, die Möglichkeit einzubinden, um automatisch verschiedene Arten offener Fragen zu bewerten. Das TAO-GeoGebra Projekt bettet sich in diese Bemühungen ein. Die TAO-Plattform stützt sich auf GeoGebra als hoch interaktiven Stimulus. Alle Interaktionen einer Schülerin oder eines Schülers mit GeoGebra werden aufgezeichnet. Diese Datensätze sind in Form von „Ereignissen“ strukturiert. Eine Schülerin oder ein Schüler erzeugt somit, während der Arbeit an einem Item eines Tests, eine große Menge an Ereignissen, die von der TAO-Plattform als „Werdegang“ der Aktivitäten des Probanden gesammelt werden. GeoGebra ist als eigenständige Anwendung in der Lage, präzise Bestätigungen aufgrund der Handlungen des Testteilnehmers zu geben. Seit der Einführung von GeoGebraBuch gibt es zwar die Möglichkeit eine Sequenz von Items zu veröffentlichen, dennoch bleibt GeoGebra unfähig, die verschiedenen Dimensionen eines Tests (z. B. die Authentifizierung und Testzuweisung) sowie die komplexe Analyse basierend auf Mustererkennung in dem Verlauf der erzeugten Ereignisse durchzuführen. An diesem Punkt vervollständigt die TAO-Plattform die Leistungsfähigkeit von GeoGebra.

Die TAO-Plattform bietet, um eine solche Zusammenarbeit zu ermöglichen und zu erleichtern, eine umfangreiche Kommunikationsschnittstelle, in der ihre Dienste (Ereignisprotokollierung, Kontextrekonstruktion, usw.) GeoGebra einfach zugänglich sind. Auf der anderen Seite des Kommunikationskanals gestattet GeoGebra einen klar definierten Zugang zu seinem internen Motor.

Diese Zusammenarbeit öffnet somit die Welt des Assessments für GeoGebra, das meist im Lernbereich verwendet wird. Die Wiederverwendung der gleichen

Anwendung während der Lern- und der Bewertungsphase kann jedoch einige Vorteile bringen, wie im nächsten Abschnitt erörtert.

3 GeoGebraPrim

In diesem Abschnitt beschreiben wir zunächst das Forschungsprojekt GeoGebraPrim und betonen die Methodologie der Studie, die Hauptforschungsfrage sowie den geförderten Lehrstil. Anschließend veranschaulichen wir den entwickelten TAO-Test mit den GeoGebra Items und erklären seine Durchführung in den Klassen zusammen mit den begegneten Einschränkungen und Problemen. Schließlich präsentieren wir die gesammelten Daten und deren Auswertung: statistisch auf der einen Seite und deskriptiv – basierend auf dem TAO-Werdegang der Schüleraktivitäten – auf der anderen Seite.

3.1 Projekt

Das Forschungsprojekt GeoGebraPrim begann 2007 und wurde von der Universität Luxemburg für drei Jahre finanziert. Schwerpunkte waren der Einsatz von GeoGebra in den luxemburgischen Grundschulen und dessen Integration in TAO.

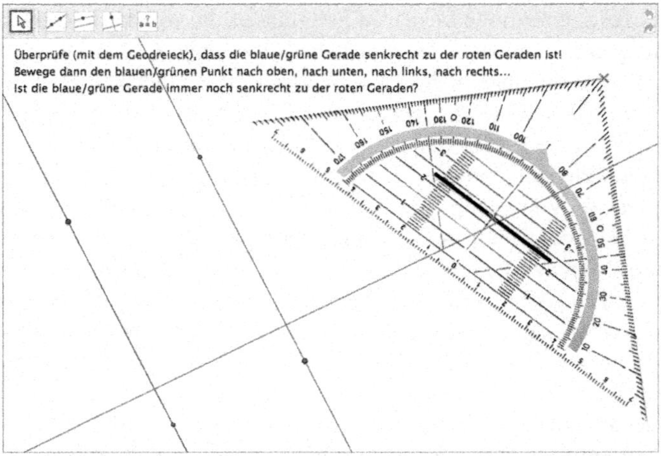

Abbildung 2 Erforschung der mathematischen Eigenschaft „senkrecht“ (Quelle: Screenshot GeoGebra)

Zunächst wurden die benötigten Änderungen mit Hilfe von mehreren Kindern identifiziert, indem sie die Dynamische-Mathematik-Software (DMS) manipulierten. Die Veränderungen beschränkten sich letztlich auf eine Anpassung der Benutzeroberfläche (vgl. Abb. 2), indem unnötige Eigenschaften (Algebra-Ansicht, Eingabezeile, Achsen) deaktiviert, verfügbare Werkzeuge (Bewege, Gerade, Parallele Gerade, Senkrechte Gerade, Beziehung) eingeschränkt und nebeneinander (keine Dropdown-Liste) angezeigt sowie eine größere Schriftart und größere bzw. dickere Objektdarstellungen verwendet wurden. Allerdings blieben alle Werkzeuge über das Menu verfügbar und so konnten interessierte Kinder immer noch auf unbekannte Eigenschaften zugreifen und sie ausprobieren.

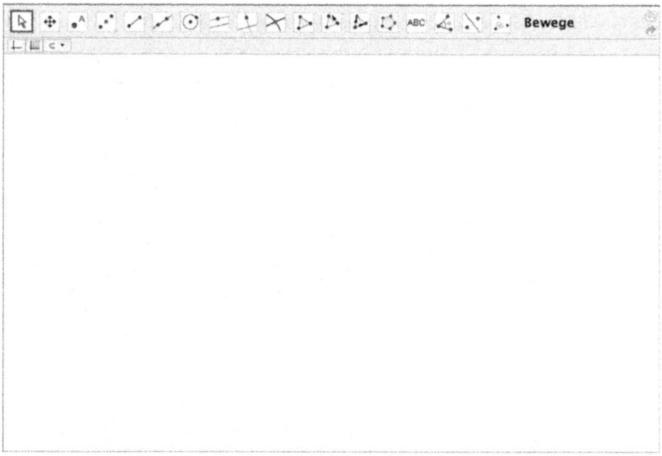

Abbildung 3 GeoGebra 4.0.41 in der Perspektive GeoGebraPrim (Quelle: Screenshot GeoGebra)

Die Beobachtungen der beteiligten Kinder wurden während des gesamten Projektes fortgesetzt. Die Anpassungen der Benutzeroberfläche wurden bestätigt und so implementierte Michael Borcherds – Hauptentwickler von GeoGebra – in der Version 4.0 eine Perspektive GeoGebraPrim (vgl. Abb. 3; Borcherds 2011), die, neben den beschriebenen Änderungen, einen größeren Trefferbereich für die einzelnen Objekte enthielt. Diese Perspektive wurde in Version 4.4 leider wieder abgeschafft; die erhöhte Trefferquote wurde aber verallgemeinert, vor allem wegen den berührungsempfindlichen Bildschirmen.

3.1.1 Studie

Die kleine Studie bestand aus einem Pre-/Post-Szenario, kombiniert mit Beobachtungen von besonders interessanten Kindern: 59[1] Kinder der 4. Klasse (mindestens 9 Jahre alt), verteilt auf vier Klassen in zwei Schulen in Luxemburg, nahmen an dem Versuch teil; 30 von ihnen absolvierten ausschließlich einen traditionellen Papier-und-Bleistift-Geometrie-Kurs, während die restlichen 29 zusätzlich mit GeoGebra arbeiteten.

Diese gemischten Erfahrungen für die Versuchsgruppe waren wichtig, da es wahrscheinlich ist, dass ein DMS keine in sich geschlossene Umgebung bereitstellen kann, sondern andere Werkzeuge und Umgebungen in Bezug zum DMS verwendet und untersucht werden müssen (Arzarello et al. 2002). Die Schulen wurden zufällig ausgewählt – die einzige Voraussetzung war eine ausreichende Anzahl an Computern – und in jeder Schule gab es immer mindestens eine Versuchsklasse und eine Kontrollklasse, um für beide Gruppen einen vergleichbaren sozio-kulturellen Kontext zu gewährleisten.

3.1.2 Ziele

Der Zug-Modus in einem DMS erlaubt es Zeichnungen zu erforschen, indem man sie bewegt, um so herauszufinden, wann sie ihre Form verändern (oder eben nicht) und ihre invarianten Eigenschaften zu entdecken (Arzarello et al. 2002). Deshalb nahmen wir an, dass die Benutzung von GeoGebra das Verständnis der Kinder der grundlegenden geometrischen Konzepte (wie Parallelität und Orthogonalität) verbessern wird.

Darstellung und Visualisierung bilden den Kern des Verständnisses in der Mathematik (Duval 1999). Ferner zeigen verschiedene und fortwährende Beobachtungen auf eine grundlegende Anforderung hin, die für jeden Fortschritt beim Mathematiklernen spezifisch ist: die Koordination zwischen den Registern der Darstellung (Duval 1999). Zusätzlich erfordert die Visualisierung, dass man vom ganzen Graphen zu einigen visuellen Werten gehen muss, die auf die charakteristischen Merkmale des dargestellten Phänomens hinweisen oder die einer Art Gleichung und einigen charakteristischen Werten innerhalb der Gleichung entsprechen (Duval 1999). Folglich verwendeten wir die algebraischen und graphischen Dar-

1 Anfänglich waren 200 Kinder geplant; leider konnte eine Schule nicht teilnehmen und eine Versuchsklasse verließ die Studie (und somit wurde die ganze Schule fallengelassen, um einen vergleichbaren sozio-kulturellen Kontext für beide Gruppen aufrecht zu erhalten).

stellungen der mathematischen Objekte in GeoGebra, um eine tiefere Einsicht der Kinder in die Zusammenhänge zwischen Geometrie und Algebra zu entwickeln.

Dies führt uns zu der Hauptforschungsfrage:
Gibt es einen signifikanten Unterschied zwischen der Versuchsgruppe und der Kontrollgruppe beim Vergleich des Pre-Tests mit dem Post-Test (z. B. einen Messfortschritt)?

3.1.3 Lehren

Wir förderten einen Lehrstil, der das Kind zu einem verantwortlichen Lerner mit großer Autonomie in seinem Lernprozess machte und seine Motivation weckte. Alle Lernobjekte wurden gemäß diesem Paradigma entwickelt; dennoch hatten wir nur einen marginalen Einfluss auf den Lehrstil in den verschiedenen Klassen. Trotzdem erstellten wir detaillierte Anweisungen, die hoffentlich befolgt wurden. Verschiedene Szenarien der Zusammenarbeit der Kinder sind denkbar. Unsere Erfahrungen bei Kindern dieses Alters tendierten zu Gunsten von Dyaden. Weitere Details finden Sie in Kreis und Dording (2010).

Unglücklicherweise manipulieren Lernanfänger auf dem Gebiet der dynamischen Mathematik Objekte nicht intuitiv durch Ziehen. Bevor sie damit beginnen, müssen sie erst lernen Dinge zu bewegen (Arzarello et al. 2002). Deshalb verlangten wir es explizit von den Kindern in mehreren Lernobjekten (vgl. Abb. 2).

3.2 GeoGebra in TAO

Tests werden von der TAO-Plattform als Pakete ausgeliefert. Ein solches Paket ist eine Sammlung von Dateien, die die verschiedenen Items aus dem Test beschreiben. Das Paket enthält auch die Medien (z. B. Bilder oder DMS-Dateien), die für die vollständige graphische Darstellung und die Funktionsweise des Tests erforderlich sind. Die Items können auf verschiedenen Vorlagen oder Typen (z B. Multiple-Choice-Fragen oder GeoGebra) basieren.

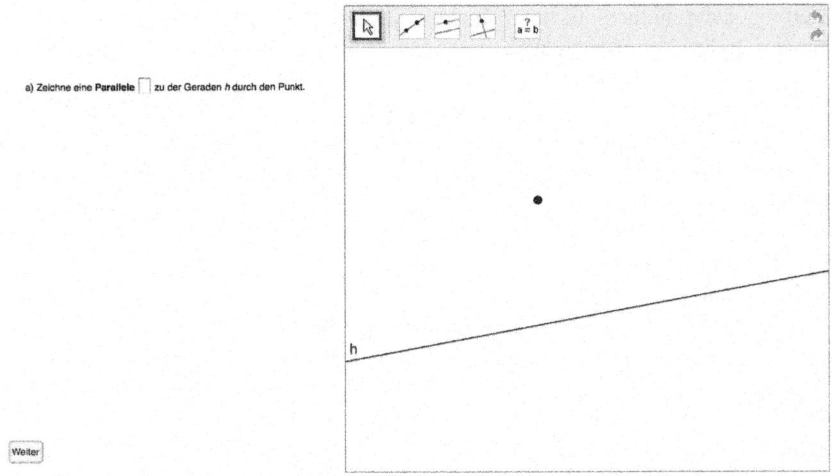

Abbildung 4 Item mit mehreren Fragen (Teil a) (Quelle: Screenshot GeoGebra in TAO)

Ein Item vom Typ GeoGebra ist grundsätzlich eine Multiple-Choice-Frage, bei der der Stimulus aus einer DMS-Datei besteht, die in GeoGebra angezeigt wird. Neben dem Stimulus enthält das Item eine oder mehrere Fragen, die nach ihren eigenen Bewertungsregeln ausgewertet und dann zur globalen Benotung des Items verrechnet werden. Zusätzlich kann ein spezielles Feld den Namen eines GeoGebra-Objektes sammeln (vgl. Abb. 4) und ihn so den Bewertungsregeln (z. B. „[toreplace] || a"), die in dem Fall von GeoGebra ausgewertet werden, zugänglich machen. Somit besteht die Möglichkeit, mit einem spezifischen Stimulus zu beginnen und vom Testteilnehmer zu verlangen, diesen schrittweise (d. h. eine Frage nach der anderen) in eine ständig komplexere geometrische Konfiguration zu überführen (vgl. Abb. 4, Abb. 5, Abb. 6, Abb. 7 und Abb. 11). Da jede Frage einzeln ausgewertet wird und einen Teil der globalen Benotung des Items ausmacht (entsprechend den angegebenen Regeln), wird der Fortschritt des Testteilnehmers zu einer wertvollen Informationsquelle, wenn die Fragen sorgfältig entworfen werden.

3.3 Testen

Allgemein gibt es drei Möglichkeiten einen TBA-Test durchzuführen:

1. benutzen einer bootfähigen CD-ROM mit einem kompletten Betriebssystem (und dem Test),
2. benutzen eines transportierbaren Computerlabors mit einer geeigneten vorkonfigurierten Umgebung,
3. benutzen der lokal verfügbaren Computer.

Alle drei Optionen haben ihre Vor- und Nachteile. Das Booten von CD-ROM ist nicht überall erlaubt, während es eine einfache Methode ist, alle benötigten Anwendungen in der korrekten Version zur Verfügung zu haben. Ein transportierbares Computerlabor hat die gleichen Vorteile bei geringerem Aufwand, aber es ist nur eine Option für lokal durchgeführte Umfragen, während es schwierig sein kann Zugang zum Intranet zu erhalten. Die lokalen Computer sind in der Regel problemlos zugänglich, aber die Verfügbarkeit der benötigten Anwendungen bzw. die korrekte Version derselben kann ein Problem darstellen.

Wir testeten die Optionen 2 und 3 mit vergleichbaren Ergebnissen; die organisatorischen Anstrengungen – Zugang zum lokalen Netzwerk zu erlangen vs. Verfügbarkeit der korrekten Anwendungen zu organisieren – waren analog.

Jedoch traten bei dem Feldversuch drei Hauptprobleme auf:

1. Speicherbeschränkungen von Flash®, die eine Aktion vom Testteilnehmer erforderten,
2. Aufbau der Verbindung zwischen TAO und GeoGebra benötigte Zeit,
3. Schaltfläche „Zurück" fehlte, vor allem wenn mehrere Fragen in einem Item zusammengefasst waren.

Das erste Problem betraf die lokale (Zwischen-)Speicherung von Flash®. Wenn der Testteilnehmer der Speichererhöhung nicht zustimmte, konnten Teile der Antworten verloren gehen. Dieser Nachteil kann in Zukunft über ein leeres erstes Testobjekt gelöst werden, das genügend lokalen Speicher beantragt und dies solange wiederholt, bis die Speichererhöhung vom Testteilnehmer akzeptiert wurde.

Die zweite Schwierigkeit erforderte vor allem Geduld vom Testteilnehmer und trat gewöhnlich auf älteren Computern auf, die mehr Zeit zum Starten und Initialisieren von Flash® und Java™ benötigten. Eine potentielle Lösung ist erneut ein leeres erstes Testobjekt, das Flash® und Java™ ohne jegliche Interaktion vom Testteilnehmer startet und initialisiert.

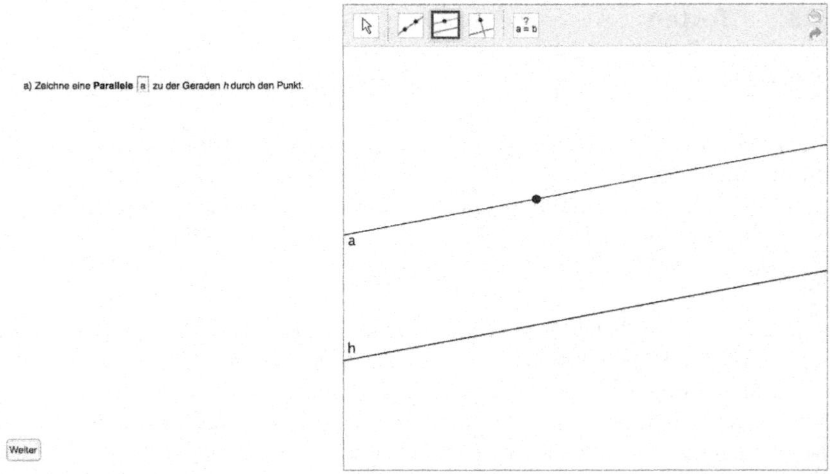

Abbildung 5 Item mit mehreren Fragen (Teil a gelöst) (Quelle: Screenshot GeoGebra in TAO)

Das dritte Problem trat meistens bei Items auf, die aus mehreren Fragen bestanden. Zuerst wurde den Kindern eine erste Frage gestellt (vgl. Abb. 4). Wenn sie dann die geforderte parallele Gerade konstruierten, wurde ihr Name (hier *a*) automatisch in das passende Eingabefeld eingetragen (vgl. Abb. 5).

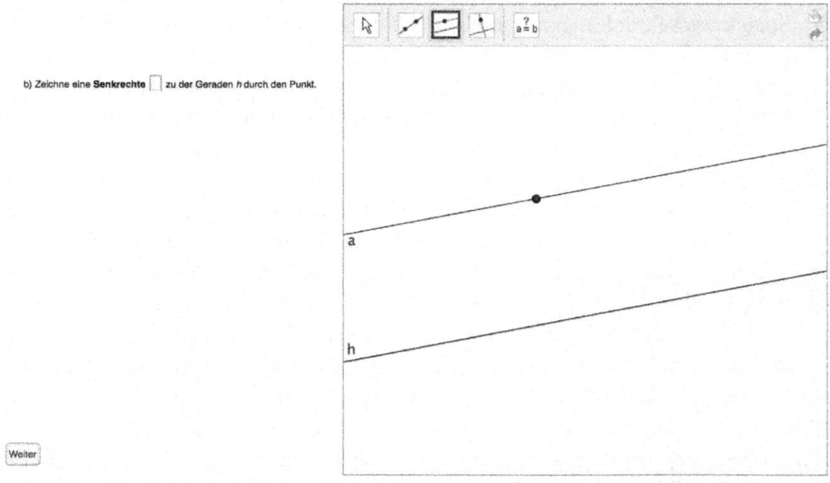

Abbildung 6 Item mit mehreren Fragen (Teil b) (Quelle: Screenshot GeoGebra in TAO)

Nachdem die Schülerinnen und Schüler die Frage beantworteten, setzten sie den Test fort, indem sie auf die Schaltfläche „Weiter“ klickten. In dieser konkreten Situation wurden die Kinder mit einer neuen Frage konfrontiert – weil das Item drei Fragen zusammenfasste – und der Stimulus blieb unverändert (vgl. Abb. 6). Allerdings waren die Unterschiede nicht leicht zu erkennen (vgl. Abb. 5 und Abb. 6). Einige der Schülerinnen und Schüler, die die Veränderungen nicht wahrnahmen, klickten erneut auf die Schaltfläche „Weiter“, weil sie dachten, dass sie sie vorhin verfehlt hatten.

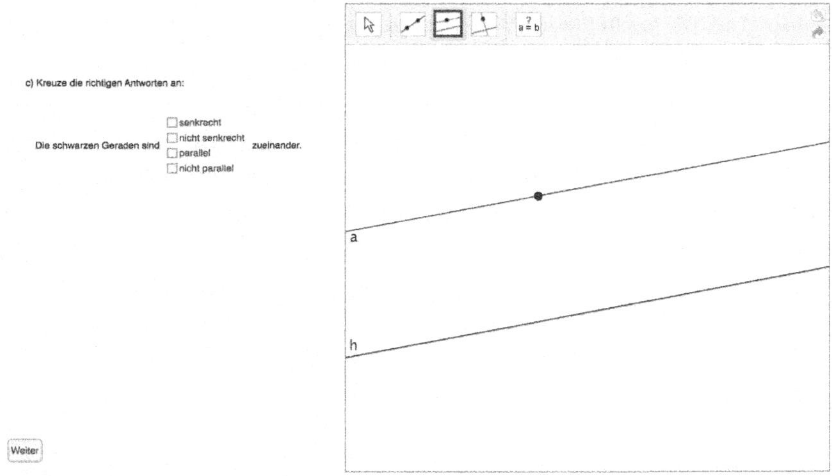

Abbildung 7 Item mit mehreren Fragen (Teil c unlösbar) (Quelle: Screenshot GeoGebra in TAO)

Somit wurde die zweite Frage des Items nicht beantwortet und die Kinder waren in einer Sackgasse angelangt, da die dritte Frage nun nicht mehr beantwortet werden konnte (vgl. Abb. 7). Die einzige Lösung für dieses Dilemma – abgesehen davon, dass man die Kinder auf das Problem aufmerksam macht – ist eine Schaltfläche „Zurück“. Dies erfordert jedoch die Wiederherstellung der vorherigen Antworten und – wenn der Rückschritt zum vorherigen Item erfolgt – des Kontextes des Stimulus.

Die neue Version der TAO-Plattform und die Verfügbarkeit von GeoGebra Math Apps (vorher GeoGebraWeb und anfangs GeoGebraMobile), die beide auf HTML5 aufbauen, zusammen mit einer überarbeiteten zweiten Version des Item Typs GeoGebra erlauben alle diese Nachteile zu überwinden. Außerdem kann ein

TAO-Test, der ein GeoGebra Item enthält, nun auch auf mobilen Geräten (z. B. Tablets) angezeigt werden.

3.4 Gesammelte Daten

Alle Kinder sollten Grundkenntnisse über Parallelität und Orthogonalität sowie Quadrate und Rechtecke haben, da diese Themen in der 3. Klasse behandelt werden (sollten). Deshalb wurde der Pre-Test auf diese geometrischen Konzepte aufgebaut. Das Wissen in diesem Bereich schien, auf Grundlage der Ergebnisse, sehr gering zu sein (Kreis & Dording 2010).

Am Schluss vom Feldversuch wurden mehrere Post-Tests durchgeführt. Alle Klassen absolvierten am Ende vom Schuljahr einen Papier-und-Bleistift-Test (Post-Test 1). Die Versuchsgruppe absolvierte zusätzlich einen vergleichbaren computergestützten Test (TBA-Test). Hierbei konnten die Verfahren der Kinder aufgezeichnet und später analysiert werden. Nach den Sommerferien wurde der gleiche Papier-und-Bleistift-Test (Post-Test 2) wiederholt.

3.4.1 Vergleich der verschiedenen Tests

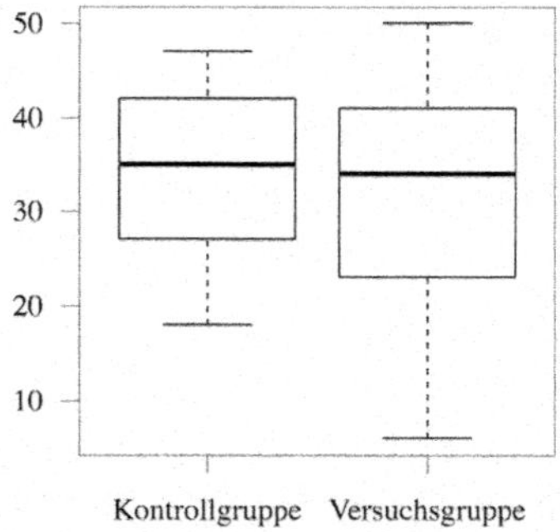

Abbildung 8 Boxplot für den Pre-Test (Quelle: Eigene Darstellung)

Kreis et. al (2010) haben gezeigt (vgl. Abb. 8), dass sich beide Gruppen bezüglich der Ergebnisse des Pre-Tests (maximale Punktzahl 50) nicht signifikant unterschieden (t[57] = -0,44; p = 0,66; d = -0,12).

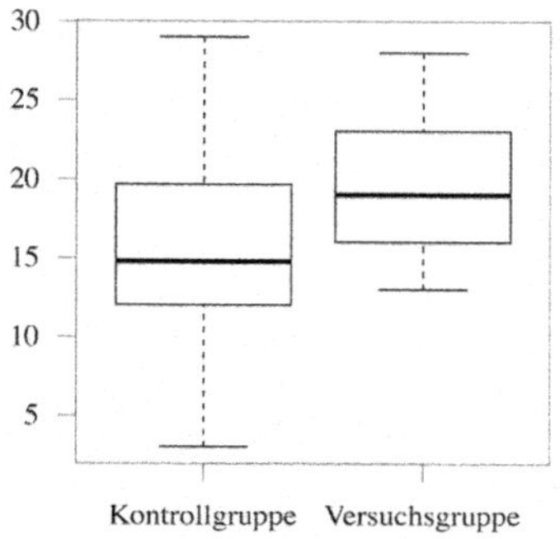

Abbildung 9 Boxplot für den Post-Test 1 (Quelle: Eigene Darstellung)

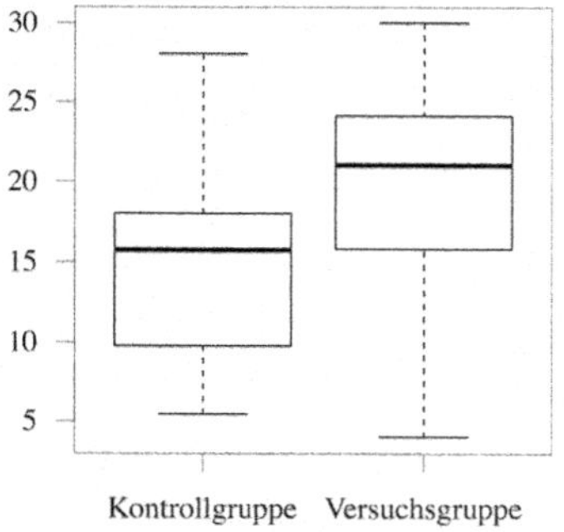

Abbildung 10 Boxplot für den Post-Test 2 (Quelle: Eigene Darstellung)

Auf der anderen Seite unterschieden sich die Ergebnisse der beiden Gruppen beim Post-Test 1 (vgl. Abb. 9), mit den Mittelwerten 15,25 (Kontrollgruppe) und 19,76 (Versuchsgruppe), signifikant (t[57] = 3,16; p = 0,002) und in inhaltlich bedeutsamen Ausmaß, denn, basierend auf den von Cohen (1988) vorgeschlagenen Richtwerten, lag ein starker Effekt (d = 0,84) vor. Die Ergebnisse der beiden Gruppen beim identischen Post-Test 2 (vgl. Abb. 10) entsprachen denen des Post-Test 1 (t[57] = 3,01; p = 0,003; d = 0,81; Mittelwerte: 14,85 vs. 19,78). Die fehlenden Daten – kranker Kinder – wurden in beiden Fällen mit dem Programm Amelia II von Honaker et al. (2010) zehnfach imputiert.

Wir können also schlussfolgern, dass die Versuchsgruppe eine bessere Leistung zeigte als die Kontrollgruppe und dies sowohl vor als auch nach den Sommerferien. Unsere Beobachtungen zeigten hingegen, dass der Bildungserfolg hauptsächlich von den beteiligten Lehrerinnen und Lehrer abhing (Arzarello et al. 2002; Krauthausen 2005). Die Lehrerausbildung sowie die kontinuierliche berufsbegleitende Weiterbildung sind somit zentral, um einen qualitativ hochwertigen Einsatz von Computern in der Schule zu fördern (Mously et al. 2003; Lawless und Pellegrino 2007; J. Hohenwarter et. al 2009).

Um die Ergebnisse des TBA-Tests mit denjenigen des Post-Tests 1 oder 2 zu vergleichen, mussten wir, wegen dem Problem bei Items die mehrere Fragen zusammenfassen (vgl. Abschnitt 3.3), zwei Fälle unterscheiden. Wir erhielten eine maximale Punktzahl von 23, wenn wir alle Fragen betrachteten, und von 17, wenn wir jeweils nur die erste Frage eines Items berücksichtigten. Vor allem im zweiten Fall waren die Ergebnisse mit denen der anderen Post-Tests vergleichbar. Folglich behauptete sich die Versuchsgruppe nicht nur im Papier-und-Bleistift-Test, sondern erzielte auch im computergestützten Test erstklassige Resultate.

3.4.2 Detaillierte Analyse

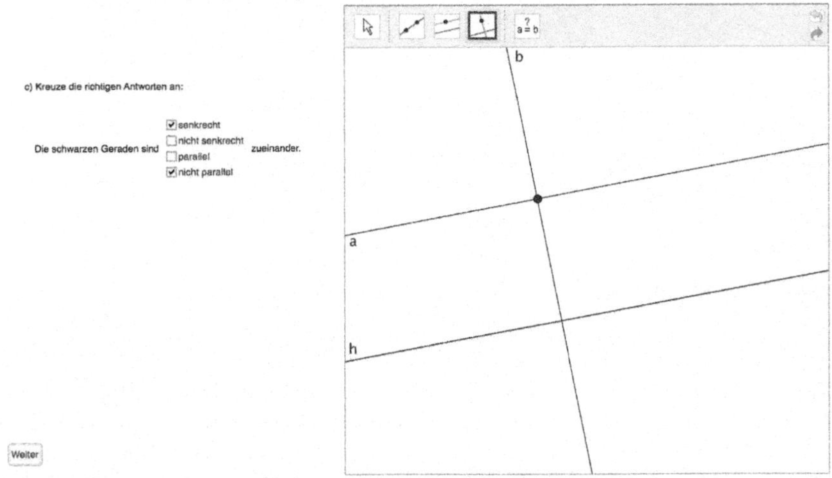

Abbildung 11 Item mit mehreren Fragen (Teil c gelöst) (Quelle: Screenshot GeoGebra in TAO)

In den gesammelten Daten des TBA-Tests waren weitere Informationen enthalten. Vor jedem Item-Wechsel wurde jeweils ein Schnappschuss des Stimulus gespeichert, der wertvolle und dennoch leicht verwertbare Daten enthielt. Hinsichtlich der in Abb. 11 erwähnten Fragen, könnte eine parallele bzw. senkrechte Gerade gezeichnet worden sein, die jedoch nicht wie gefordert durch den Punkt geht, oder die Gerade(n) könnte(n) durch den Punkt gehen, aber nicht wie verlangt parallel bzw. senkrecht zur vorgegebenen Gerade sein, oder die Ausdrücke parallel und senkrecht sind „nur" vertauscht worden. Diese Möglichkeiten u. a. beeinflussen, welche Antworten bei der Frage c) dieses Items richtig bzw. falsch waren und mussten daher für eine genaue Bewertung, die derzeit kaum automatisch durchgeführt werden kann, in Betracht gezogen werden.

Außerdem war ein detaillierter Werdegang der vom Testteilnehmer erzeugten Ereignisse verfügbar. Da diese mit einem Zeitstempel versehen waren, konnte daraus ein realistischer Film erstellt werden, der die meisten Handlungen wiedergab. Dieser Film wurde – kombiniert mit Video-Aufzeichnungen – verwendet, um das exakte Verhalten des Kindes beim Lösen der Aufgabe ausführlich zu analysieren.

3.4.2.1 Virtuelles Geodreieck

Die ersten vier Fragen boten die Möglichkeit, ein virtuelles Geodreieck (vgl. Abb. 2) zu verwenden. Die Kinder waren gewohnt die Papier-und-Bleistift Aufgaben mit einem Geodreieck zu lösen. In den computergestützten Aufgaben wurde es allerdings nicht benötigt, da die verfügbaren Werkzeuge (Senkrechte Gerade, Parallele Gerade und Beziehung zweier Objekte) erlaubten, die Frage direkt zu beantworten.

Dennoch bewegten 28 von 29 Kinder das virtuelle Geodreieck zumindest einmal, während 17 – also mehr als die Hälfte – von 29 Kinder dies in jeder der vier Aufgaben machten. Insgesamt wurde es in 82% der gelösten Fragen bewegt. Offenbar versuchten die Kinder einigermaßen den gleichen Ansatz zu benutzen, unabhängig davon ob sie mit Papier und Bleistift oder auf dem Computer arbeiteten.

3.4.2.2 Werkzeuge

Die vier Fragen, die anhand der Werkzeuge Senkrechte Gerade und Parallele Gerade direkt gelöst werden konnten, wurden in zwei Gruppen mit jeweils zwei Fragen eingeteilt, je nachdem, ob das virtuelle Geodreieck zur Verfügung stand oder nicht. Eine erste interessante Feststellung war, dass alle Kinder, die das virtuelle Geodreieck nicht verschoben hatten (vgl. Abschnitt 3.4.2.1), ein Werkzeug zur Lösung verwendet hatten.

Überdies unterschied sich die Verwendung der in GeoGebra integrierten Werkzeuge zwischen beiden Gruppen. Die Benutzung war erwartungsgemäß höher, sobald das virtuelle Geodreieck nicht zur Verfügung stand: die Quote stieg von 48% auf 68% der beantworteten Fragen. Insgesamt benutzten 19 von 28 Kinder mindestens einmal ein Werkzeug, um eine Frage zu beantworten. Offenbar versuchten die Kinder ihre gewohnte Strategie auf dem Computer wiederzuverwenden anstatt den neuen mächtigen Ansatz der vordefinierten Werkzeuge anzunehmen.

3.4.2.3 Dynamik

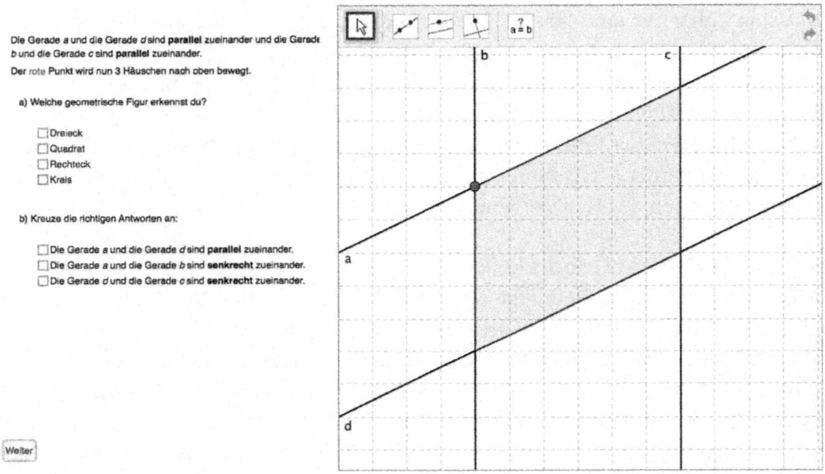

Abbildung 12 Dynamik suggeriert in der Beschreibung des Items (Quelle: Screenshot GeoGebra in TAO)

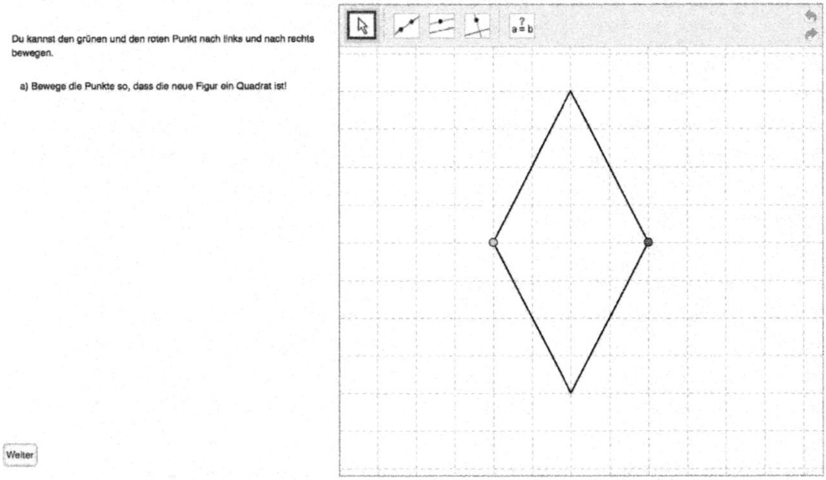

Abbildung 13 Dynamik vorgeschrieben in der Beschreibung des Items (Quelle: Screenshot GeoGebra in TAO)

Die letzten beiden Fragen beinhalteten eine gewisse Dynamik. Den Kindern wurde gesagt „Der rote Punkt wird nun 3 Häuschen nach oben bewegt." (vgl. Abb. 12) und „Bewege die Punkte so, dass die neue Figur ein Quadrat ist!" (vgl. Abb. 13). Der erste Satz beschrieb die Bewegung eines Punktes, während der zweite Satz eine konkrete Handlung – „Bewege die Punkte …" – von den Kindern verlangte.

Natürlich hatte dieser Unterschied in der Formulierung einen Einfluss auf die Handlungen der Kinder. Bei der ersten Aufgabe nutzten 20 von 28 Kinder die Vorteile des dynamischen Systems aus und bewegten den Punkt, während bei der zweiten Aufgabe alle Kinder der direkten Aufforderung nachkamen. Trotzdem betrug die Anzahl der korrekten Bewegungen in beiden Fällen 18 und keine weiteren Zusammenhänge konnten festgestellt werden.

Erstaunlich ist, dass im Gegensatz zu den vordefinierten Werkzeugen – das virtuelle Geodreieck wurde benutzt, sobald es verfügbar war – die Dynamik – eine Handlung wurde ausgeführt, sobald sie nur angedeutet wurde – von den Kindern größtenteils angenommen wurde, obwohl sie auf Papier undenkbar ist und nur in der Vorstellung ausgeführt werden kann.

4 Schlussfolgerungen

Vorgestellt wurden GeoGebra, eine leistungsstarke Dynamische-Mathematik-Software (DMS), und die TAO-Plattform, die alle Operationen im Zusammenhang mit Assessment erleichtert. Die Kombination dieser beiden Anwendungen wird offensichtlich den Herausforderungen einer modernen Bildung gerecht, denn wir haben in unserer kleinen Studie mit 9-jährigen Kindern erfolgreich gezeigt, dass die Versuchsgruppe, die während der Lernphase auch den Computer benutzt hat, in beiden Papier-und-Bleistift Post-Tests signifikant besser abgeschnitten hat als die Kontrollgruppe, jedoch beide Gruppen vergleichbare Fähigkeiten in dem Pre-Test gezeigt haben. Ferner erzielte die Versuchsgruppe vergleichbare Resultate in der computergestützten Bewertung. Außerdem scheinen unsere Beobachtungen zu zeigen, dass der Erfolg der Bildung hauptsächlich von den beteiligten Lehrerinnen und Lehrern abhängt.

Ein weiteres interessantes Ergebnis der GeoGebraPrim-Studie betrifft die Vielfalt an Informationen, die von der TAO-Plattform zu jedem Zeitpunkt gespeichert werden. Diese gesammelten Daten werden in der Regel unterschätzt, obwohl sie die Voraussetzung für eine tiefere Analyse darstellen, weil sie nicht nur die Antwort des Testteilnehmers zeigen, sondern durch die erfassten Handlungen auch die Lösungsstrategie offenlegen. Dementsprechend können ebenfalls Hindernisse beim Kompetenzerwerb identifiziert werden. So konnten wir zeigen, dass die

Kinder dazu tendieren, die gleiche Arbeitsweise in einem DMS zu nutzen, wie auf Papier, vor allem, wenn dieselben virtuellen Werkzeuge zur Verfügung stehen. Andererseits nutzen sie die Dynamik eines DMS, sobald eine Bewegung suggeriert wird.

Die vielfältigen und wertvollen Informationen, die durch die TAO-Plattform erhoben werden, können im tagtäglichen Unterricht genutzt werden und nicht erst im Test am Ende des Lernprozesses. In dem Fall wird die TAO-Plattform als (adaptive) E-Learning-Plattform eingesetzt. Infolgedessen kann die (formative) technologiegestützte Bewertung das Lehren, Lernen und Testen in einer Weise erleichtern, wie es Papier und Bleistift nicht können (Bennett 2002).

Literatur

AL-Smadi, M., & Gütl, C. (2008). Past, present and future of e-assessment: Towards a flexible e-assessment system. International Computer Aided Learning, Villach, Österreich. http://www.scribd.com/doc/6947351/Past-Present-and-Future-of-EAssessmentTowards-a-Flexible-EAssessment-System. Zugegriffen: 19. Oktober 2016.

Arzarello, F., Olivero, F., Paola, D., & Robutti, O. (2002). A cognitive analysis of dragging practises in Cabri environments. *The International Journal on Mathematics Education*. doi:10.1007/BF02655708

Bennett, R. E. (2002). Inexorable and Inevitable: The Continuing Story of Technology and Assessment. *The Journal of Technology, Learning, and Assessment 1*.

Borcherds, M., Hohenwarter, M., & Kreis, Y. (2011). GeoGebra 4.0.41.0 (GeoGebraPrim). http://download.geogebra.org/installers/4.0/?C=M;O=D. Zugegriffen: 19. Oktober 2016.

Cohen, J. (1988). *Statistical Power Analysis for the Behavioral Sciences*. Hillsdale: Lawrence Erlbaum Associates.

Duval, R. (1999). Representation, Vision and Visualization: Cognitive Functions in Mathematical Thinking. Basic Issues for Learning. In PME-NA (Hrsg.), *Proceedings of the Annual Meeting of the North American Chapter of the International Group for the Psychology of Mathematics Education* (S. 3–26). PME Proceedings, Cuernavaca, Morelos, Mexico.

Erez, M. M., & Yerushalmy, M. (2006). "If You Can Turn a Rectangle into a Square, You Can Turn a Square into a Rectangle ..." Young Students Experience the Dragging Tool. *International Journal of Computers for Mathematical Learning* . doi:10.1007/s10758–006-9106–7

Haftendorn, D. (2005). Dynamische Geometrie – Bewegung beflügelt Verstehen. In G. Graumann (Hrsg.), *Beiträge zum Mathematikunterricht 2005* (S. 235–238). Bielefeld: Franzbecker.

Hohenwarter, J., Hohenwarter, M., & Lavicza, Z. (2009). Introducing Dynamic Mathematics Software to Secondary School Teachers: The Case of GeoGebra. *Journal of Computers in Mathematics and Science Teaching 28*, 135–146.

Hohenwarter, M. (2006). *GeoGebra – didaktische Materialien und Anwendungen für den Mathematikunterricht*. Salzburg: Paris-Lodron-Universität Salzburg.

Hohenwarter, M., & Fuchs, K. (2005). Combination of dynamic geometry, algebra and calculus in the software system GeoGebra. In C. Sárvári (Hrsg.), *Computer algebra systems and dynamic geometry systems in mathematics teaching* (S. 128–133). Pécs: University of Pécs Pollack Mihály Faculty of Engineering.

Hohenwarter, M., Borcherds, M., & Kreis, Y. (2009). GeoGebra 3.2.47.0. http://download.geogebra.org/installers/3.2/?C=M;O=D. Zugegriffen: 19. Oktober 2016.

Honaker, J., King, G., & Blackwell, M. (2010). *Amelia II: A Program for Missing Data*. http://gking.harvard.edu/amelia/. Zugegriffen: 19. Oktober 2016.

Krauthausen, G. (2005). Computer im Mathematikunterricht der Grundschule – Ernüchterung eingekehrt? In G. Graumann (Hrsg.), *Beiträge zum Mathematikunterricht 2005* (S. 25–32). Bielefeld: Franzbecker.

Kreis, Y. (2004). *Mathé mat TIC: Intégration de l'outil informatique dans le cours de mathématiques de la classe de 4e*. Luxembourg: Ministère de l'Éducation nationale et de la Formation professionnelle.

Kreis, Y., & Dording, C. (2010). GeoGebraPrim – GeoGebra for Primary School. In C. Bardini, P. Fortin, A. Oldknow & D. Vagost (Hrsg.), *Proceedings of the 9th International Conference on Technology in Mathematics Teaching* (S. xx-xx). Metz.

Kreis, Y., Dording, C., & Keller, U. (2010). GeoGebraPrim – GeoGebra in der Grundschule. In A. Lindmeier & S. Ufer (Hrsg.), *Beiträge zum Mathematikunterricht 2010* (S. 513–516). München: WTM-Verlag.

Laborde, C. (2002). Integration of technology in the design of geometry tasks with Cabri-géomètre. *International Journal of Computers for Mathematical Learning*. doi:10.1023/A:1013309728825

Latour, T., & Martin, R. (2007). TAO, An Open and Versatile Computer-Based Assessment Platform Based on Semantic Web Technology. *ECRIM News 71*, 32–33.

Lawless, K. A., & Pellegrino, J. W. (2007). Professional Development in Integrating Technology Into Teaching and Learning: Knowns, Unknowns, and Ways to Pursue Better Questions and Answers. *Review of Educational Research*. doi:10.3102/0034654307309921

Martin, R., Latour, T., Burton, R., Busana, G., & Vandenabeele, L. (2005). Covering Different Levels of Evaluation Needs by an Internet-Based Computer-Assisted Testing Framework for Collaborative Distributed Test Development and Delivery. World Conference on Educational Multimedia, Hypermedia & Telecommunications, Montréal, Canada. https://www.researchgate.net/profile/Thibaud_Latour/publication/262259236_Covering_Different_Levels_of_Evaluation_Needs_by_an_Internet-Based_Computer-Assisted_Testing_Framework_for_Collaborative_Distributed_Test_Development_and_Delivery/links/54a3c1be0cf256bf8bb0f93f.pdf. Zugegriffen: 19. Oktober 2016.

Mously, J., Lambdin, D., & Koc, Y. (2003). Mathematics teacher education and technology. In A. J. Bishop, M. A. Clements, C. Keitel, J. Kilpatrick & F. K. S. Leung (Hrsg.), *Second International Handbook of Mathematics Education* (S. 395–432). Dordrecht: Kluwer Academic Publishers.

Oldenburg, R. (2005). Bidirektionale Verknüpfung von CAS und DGS – Analysen und Perspektiven. In G. Graumann (Hrsg.), *Beiträge zum Mathematikunterricht 2005* (S. 424–427). Bielefeld: Franzbecker.

Pellegrino, J. W., Chudowsky, N., & Glaser, R. (Hrsg.).(2001). *Knowing What Students Know: The Science and Design of Educational Assessment*. Washington, DC: The National Academic Press.

Plichart, P., Jadoul, R., Vandenabeele, L., &Latour, T. (2004). TAO, A Collective Distributed Computer-Based Assessment Framework Built on Semantic Web Standards. International Conference on Advances in Intelligent Systems – Theory and Application, Luxembourg, Luxembourg. https://www.researchgate.net/profile/Thibaud_Latour/publication/262211501_TAO_a_collaborative_distributed_computer-based_assessment_framework_built_on_Semantic_Web_standards/links/54d336e30cf28e069727c5d8.pdf. Zugegriffen: 19. Oktober 2016.

Sangwin, C. J. (2007). A brief review of GeoGebra: dynamic mathematics. *MSOR Connections 7*, 36–38.

Schumann, H. (1991). *Schulgeometrisches Konstruieren mit dem Computer: Beiträge zur Didaktik des interaktiven Konstruierens*. Stuttgart: Metzler und Teubner.

Schumann, H., & Green, D. (2000). New protocols for solving geometric calculation problems incorporating dynamic geometry and computer algebra software. *International Journal of Mathematical Education in Science and Technology 31*, 319–339.

Sträßer, R. (2002). Cabri-géomètre: Does Dynamic Geometry Software (DGS) Change Geometry and its Teaching and Learning? *International Journal of Computers for Mathematical Learning*. doi:10.1023/A:1013361712895

Digitale Bildungslandschaften

Arbeiten und Lernen als zwei Seiten der Medaille in modernen Wissensgesellschaften

August-Wilhelm Scheer und Christian Wachter

Allein schon unser Alltag lässt uns keine Wahl: Eingebunden in sich permanent verändernde Prozesse entsteht das Bedürfnis nach dem kontinuierlichen Erwerb immer neuen Wissens. Lernen wird zur alltäglichen Notwendigkeit. Der Austausch mit anderen, das Vergleichen von Sichtweisen, das Ziehen von Parallelen und das Infragestellen von Behauptungen lassen es in uns köcheln, inspirieren uns und bringen uns dazu, immer wieder neue Ideen hervorzubringen. Interessanter als die Frage danach, ob wir lernen – denn das tun wir alle ständig – ist deshalb die Frage nach dem „Wie?", sprich nach der Qualität und den Möglichkeiten eines modernen Lernens, das den Erfordernissen aktueller und künftiger Arbeits- und Gesellschaftskontexte gerecht wird.

1 Herausforderungen für den Bereich Learning & Development

Arbeit als Teil einer modernen Wissensgesellschaft hebt den Stellenwert kontinuierlichen, lebenslangen Lernens auf ein noch höheres Niveau als es noch vor ein oder zwei Jahrzehnten der Fall war. Längst lernen wir nicht nur in institutionell organisierten Weiterbildungen, sondern auch am Arbeitsplatz, während des Austauschs mit Kunden, Lieferanten und Partnern, durch eigene Recherche im Netz oder das Anschauen von Online-Tutorials auf YouTube, Vimeo oder anderen Video-Plattformen. Das Wissen in den Köpfen einzelner Mitarbeiter und innerhalb ganzer Organisationen ist die Währung, mit der nicht nur die Karrieren Einzelner stehen und fallen, sondern auch der Erfolg von Unternehmen, Organisationen, Institutionen, wenn nicht gar ganzer Volkswirtschaften. Aus diesem Grund ist es unerlässlich, dass alle Akteure zu Gestaltern der Wissensgesellschaft von morgen werden. Je offener und aufmerksamer sich Lerner, Weiterbildungsverantwortliche, Anbieter von Weiterbildungslösungen, Bildungspolitiker sowie Trainer, Lehrer und Dozenten schon jetzt im Hinblick auf dieses wichtige Thema sowie die zahlreichen damit verbundenen Fragestellungen austauschen, desto nachhaltiger kann sich unsere Wissensgesellschaft für die Zukunft positionieren. Eine wesentliche Herausforderung für den Aufbau dieser neuen Wissensgesellschaft liegt, getrieben durch die 4. industrielle Revolution, in der Schaffung einer reibungslosen Kommunikation zwischen Mensch, Maschine und Produkt. Denn mit moderner Kommunikationstechnologie ausgestattete Produktionseinheiten verstehen schon seit einigen Jahren, was ihnen „gesagt wird". Produktionsstraßen kennen ihre eigenen Prozesse und „Smart Products" wissen selbst am besten über ihre Eigenschaften Bescheid. Die Menschen, die an der Schnittstelle zur intelligenten Produktionsumgebung ihre täglichen Aufgaben verrichten, stellt dies vor die Herausforderung, ein möglichst effizientes Kommunizieren und Interagieren mit der Maschine zu erlernen. Brauchen wir künftig komplementäre Kompetenzen, um in diesem Kontext zu bestehen und Prozesse effektiv gestalten zu können? Derartige einschneidende Veränderungen moderner Arbeitskontexte deuten auf die Notwendigkeit hin, das spezifische Know-how, das nicht nur im Bereich der Produktion notwendig ist, aufzubauen und auf dem neusten Stand zu halten. Ebenso ergibt sich durch die immer digitaler werdenden Lebens- und Arbeitswelten die Notwendigkeit, neben den Grundkompetenzen Lesen, Schreiben und Rechnen, insbesondere den Umgang mit digitalen Medien bereits in der Grundschule zu vermitteln. So wie die Digitalisierung die Art und Weise prägt, wie sich Individuen informieren und kommunizieren, hat sie auch einen maßgeblichen Einfluss darauf, wie heute gelernt wird, wie künftig gelernt werden wird und welchen Anspruch insbesondere junge Lerner an ein zeitgemäßes Lernen haben. Neben den inzwischen überdehnten und mitunter abgenutzten Begriff „E-Learning", der vom bloßen Einstellen von PowerPoint Präsentationen in ein Lernportal bis hin zu komplexen web-basierten Lernspielen unzählige Ansätze umfasst, treten heute umfassende und bis ins kleinste Detail durchdachte Lernkonzepte, die auf ein nachhaltiges Funktionieren guter Weiterbildung abzielen. Mit dem Begriff „Funktionieren" ist damit nicht zuletzt gemeint, Lerner durch ansprechende, sachgerechte und didaktisch stimmige Lerninhalte zu überzeugen und zu begeistern. Das Thema Game-based Learning, mit dem sich auch ein Beitrag dieses Sammelbandes eingehend auseinandersetzt, ist ein Beispiel für ein Konzept, bei dem Didaktik und Technologie ineinandergreifen und eben solche hochansprechenden Lernformate hervorbringen. Hier entsteht ein echter Mehrwert durch die Möglichkeit, einen realen Arbeitsplatz virtuell abzubilden und mit einem bewährten didaktischen Konzept zu verknüpfen. Ein solches Konzept kann beispielsweise darin bestehen, den Lerner Schritt für Schritt aufeinander aufbauende Aufgaben lösen zu lassen, durch die dieser am Ende eine bestimmte Kompetenz erlangt. Dabei ist es besonders wichtig, dass die dargestellten Lerninhalte themen- und zielgruppenorientiert auf die Bedürfnisse der Lerner antworten. Es wäre daher wenig sinnvoll, Lagermitarbeiter im Supermarkt ohne direkten Kundenkontakt Lernmodule durcharbeiten zu lassen, bei denen es um das erfolgreiche Führen von Kundengesprächen geht oder die obligatorischen Sicherheitstrainings ohne jegliche praktische Unterweisung lediglich in Form von Online-Multiple Choice Tests anzubieten. Um gute digitale Weiterbildungsangebote zu entwickeln, reicht es also nicht aus, irgendwelche Inhalte beliebig zu digitalisieren, sondern es muss ein harmonisches Zusammenspiel zwischen Lernerbedürfnissen, zu vermittelnden Inhalten und der eingesetzten Technologie entstehen. Immer wichtiger wird es darüber hinaus werden, Lernenden sofort dann, wenn ein Weiterbildungsbedarf entsteht, kleine beziehungsweise kleinste Lerneinheiten für genau diesen Bedarf ebenso wie verlässliche und anerkannte Zertifikate bereitzustellen. Ein solches Aufbrechen größerer Inhalte in kleinere Lernhäppchen bietet den Vorteil, dass Lerner mit einer weitaus höheren Wahrscheinlichkeit genau den Inhalt durcharbeiten, der für sie wirklich relevant ist. Selbstverständlich ist dies wesentlich effizienter, als Mitarbeiter mehrstündige Trainings absolvieren zu lassen, von denen sie größere Teile nie werden anwenden können. Zudem lassen sich die Mini-Trainings weitaus besser erinnern als mehrstündige Online- oder Präsenzseminare, womit den Lernern nicht zuletzt der Transfer in die Praxis leichter von der Hand geht. Daran, wieviel des Gelernten Mitarbeiter bei ihren täglichen Aufgaben wirklich zu Gute kommt, misst sich schon heute der Erfolg von Weiterbildungsabteilungen in Unternehmen und wird sich auch künftig verstärkt daran messen. Ziel eines erfolgreichen Weiterbildungsmanagements – sei es in Unternehmen oder anderen Organisationen – sollte es deshalb neben der zeitnahen Produktion und Bereitstellung kurzer Lerneinheiten sein, diese möglichst bewusst an die richtigen Zielgruppen zu verteilen, das heißt, möglichst personalisierte Lernangebote zu schaffen. Diese Notwendigkeit leuchtet ein, wenn man sich vor Augen führt, wie viele verschiedene Rollen es gerade in mittelständischen und großen Unternehmen gibt und welche Vielzahl von Lernbedarfen daran hängen. Die zentrale Frage dabei ist, für wen ein bestimmter Inhalt einen echten Mehrwert bietet und welche Lernergruppen dieser Inhalt im Alltag entlastet beziehungsweise unterstützt. Hinzu kommt, dass insbesondere hochqualifizierte Lerner von Weiterbildungsformaten und denen, die sie bereitstellen, erwarten, sie für immer anspruchsvollere und hochkarätigere Positionen zu qualifizieren und sie damit gezielt in der Weiterentwicklung ihrer Karriere zu unterstützen. Getrieben durch diesen Anspruch stehen Anbieter digitaler Weiterbildungslösungen derzeit vor der Herausforderung, technische Lösungen sowie geeignete Strukturen zu entwickeln, um Mitarbeiter unter dem Stichwort „lebenslanges Lernen" gezielt und kontinuierlich bei dem Aufbau ihrer Kompetenzen zu unterstützen.

Aber auch auf Unternehmensseite stellen sich Fragen, wer das Thema digitale Transformation im Bildungsbereich verantworten soll und wie sich die notwendigen Veränderungen frühzeitig erkennen lassen. Damit sich die Mitarbeiter für Inhalte interessieren, müssen diese personalisiert sein, nicht nur zu ihrer Arbeitssituation passen, sondern ihnen im jeweiligen Moment einen Mehrwert bieten. Die punktgenaue Relevanz ist einer der Erfolgsschlüssel für ein gelungenes Bildungsmedium.

2 Treiber für digitale Lernmedien

Die Entwicklung wird von den Herausforderungen getrieben, die unsere heutige Zeit mit sich bringt. Eine 2014 von Roland Berger veröffentlichte Studie (Roland Berger Strategy Consultants GmbH 2014) zeigt aufkommende Herausforderungen im Bereich Corporate Learning auf und skizziert, wie digitale Weiterbildungsprogramme helfen, diese zu meistern. So ist ein Treiber für E-Learning und digitale Lernmedien auch der steigende Zeit- und Kostendruck in Unternehmen. Die Effizienzsteigerung steht klar im Vordergrund. In diesem Zusammenhang wird das in den Arbeitsalltag integrierte „Workplace Learning" zunehmend bedeutsamer. Dieses hilft, sowohl Zeit als auch Kosten gegenüber Präsenztrainings zu sparen.

Weiterhin verändert sich mit der „Generation Y" auch die Nachfrage nach Aus- und Weiterbildung. Die Digital Natives sind es gewohnt, Wissen online jederzeit verfügbar zu haben und setzen digitale Weiterbildungsangebote ihres Arbeitgebers voraus.

Schließlich verlangt der Globalisierungsdruck, der vor allem auch kleine und mittlere Unternehmen in den letzten Jahren immer stärker betrifft, dass die Lernangebote des Unternehmens u. a. auch weltweit zugänglich sind.

Doch nicht nur in Bezug auf den Content fordern die Mitarbeiter die Unternehmen heraus. Sie erwarten Antworten in Echtzeit und zwingen den Unternehmen in der Kommunikation ein bisher ungekanntes Tempo auf.

Das Kommunikationsverhalten des Alltags wird unmittelbar auf das Unternehmen übertragen. Diese Herausforderung verstärkt sich umso mehr, wenn Kunden, Partner und Lieferanten in die Aus- und Weiterbildungsaktivitäten einbezogen werden. Sogenannte Extended Enterprise-Szenarien sind für die Weiterbildungsverantwortlichen wichtige Positionierungs- und Differenzierungsmerkmale. Was müssen Unternehmen ihren Mitarbeitern wie auch ihren Kunden also bieten, um in Zukunft Erfolg zu haben? Sie müssen den Menschen – jeden einzelnen – in den Mittelpunkt stellen und Lernerlebnisse schaffen, die ihm in Erinnerung bleiben und ihn an sich binden. Ein gutes Training oder ein gutes Produkt anzubieten genügt dafür nicht mehr. Die Schnittstelle zwischen beiden Welten bietet den Raum für eine echte Revolution im Bildungsbereich. Assistenten werden dabei helfen, alltägliche Aufgaben zu erledigen: im Web oder Intranet suchen, Wissensfragen beantworten, passgenaue Betriebs- oder Wartungsanleitungen heraussuchen und einiges mehr. Apples Siri oder Microsofts Cortana zeigen, wie sich dieses Feld weiterentwickeln wird.

Was bedeutet das für die Arbeitskräfte, die heute Produktionsprozesse steuern?

1. Die Arbeitsorganisation wird hinsichtlich der Arbeitszeit und des Arbeitsplatzes flexibler werden. Arbeitskräfte müssen darauf vorbereitet sein, sich kurzfristig und ad hoc mit Tätigkeiten zu beschäftigen, deren Inhalt sich im Zuge des Arbeitsablaufs ändern könnte. Sie müssen also Kompetenzen entwickeln, die es ihnen ermöglichen, Probleme direkt zu lösen, wenn sie mit diesen konfrontiert werden.
2. Arbeitsprozesse werden zunehmend digitalisierter, dezentralisierter und weniger hierarchisch aufgebaut sein.
3. Die Aufgaben werden sich verändern und mit ihnen auch die erforderlichen Qualifikationen und Fähigkeiten (Picot und Neuburger 2013).

3 Wie werden Jobs in Zukunft aussehen? Welche Schulungen werden nötig sein?

Welchen Einfluss werden die durch die 4. Industrielle Revolution verursachten Änderungen auf die Mitarbeiter in der Produktion haben?

Werden die Systeme den Menschen steuern und werden Steuerungs- und Kontrollaufgaben von der Technologie übernommen? In diesem Fall würden Mitarbeiter überwiegend auf die Bedürfnisse des Cyber Physical Systems (CPS)[1] reagieren und hauptsächlich ausführende Arbeiten übernehmen.

Werden Jobs in Zukunft fordernder sein, weil von den Mitarbeitern zunehmend mehr Flexibilität verlangt wird? Die von gelernten Fachkräften in der Werkshalle einer Fabrik durchgeführten Arbeiten werden sich in Zukunft stark von der Situation in heutigen Fabriken unterscheiden. Folglich werden auch die Qualifikationen und die Fähigkeiten derer, die die anfallenden Arbeiten in der Fabrik der Zukunft übernehmen werden, andere sein. Aufgrund der Allgegenwart von Informationen und Daten und der Integration der verschiedenen Geschäftsprozesse müssen sich die Mitarbeiter Wissen und Verständnis über ihre Organisation und die darin ablaufenden Prozesse sowie die verwendeten Technologien aneignen.

Wenn Menschen Systeme zur Unterstützung der Entscheidungsfindung verwenden würden, könnte die gesamte Bandbreite der intelligenten Geräte wie zum Beispiel Tablets, Wearables oder Smartphones dem Mitarbeiter exakt die Information zur Verfügung stellen, die genau in diesem Augenblick oder in einer bestimmten Situation benötigt wird.

Oder könnten die Systeme es den Menschen abnehmen, Routineaufgaben zu übernehmen, damit diese sich auf kreative, wertschöpfende Tätigkeiten konzentrieren können? Auch in dieser Situation müssten passende Schulungs- und Qualifizierungsmaßnahmen konzipiert und umgesetzt werden.

Wie das Szenario auch immer aussehen wird: Arbeitskräfte werden in Produktionsprozessen nach wie vor eine wesentliche Rolle spielen. Deshalb steht das „Internet der Dinge" auch für mehr als nur Konnektivität. In Zukunft werden Daten intelligent von Gegenständen und Menschen beschafft, gespeichert und verteilt werden. Traditionelle Aufgaben von Produktionsmitarbeitern und so genannten Knowledge-Workern werden mehr denn je in einander übergehen (Picot und Neuburger 2013).

Die Rolle des Wissens gewinnt an Relevanz. Wissen nimmt häufig die Form des Praxiswissens an: „Learning by Doing" und „Learning by Using", also Lernen durch Handeln und Lernen durch Anwenden. Menschen tragen dieses Wissen in sich und sind die treibende Kraft für Innovationen. Somit stellt sich die Frage: Über welche Arten von Fähigkeiten Menschen im besten Fall verfügen sollten?

---

1 Ein Verbund informatischer, softwaretechnischer Komponenten mit mechanischen und elektronischen Teilen, die über eine Dateninfrastruktur, wie z.B. das Internet, kommunizieren.

4 Schulungen und die Fortsetzung der beruflichen Entwicklung

Wie bereits erwähnt, wird das „Internet der Dinge“ die Stellenbeschreibungen und die Kompetenzprofile radikal revolutionieren. Das Bedürfnis nach Mitarbeiterengagement in operativen Aufgaben, wie beispielsweise der Produktion, der Lagerhaltung, der Logistik und der Wartung wird sich ebenfalls verändern. Folglich werden neue Fähigkeiten bei der Arbeit mit CPS benötigt. Der Bedarf an Mitarbeitern mit Kompetenzen im Bereich Software-Entwicklung und IT-Technologie wird steigen, weil Software, Konnektivität und Analysefunktionen immer mehr an Einfluss gewinnen werden. Diese Kompetenzrevolution ist eine der wesentlichen Herausforderungen, die vor uns liegen, weil Mitarbeiter, Lieferanten und Kunden mit den zusätzlich benötigten Fähigkeiten ausgestattet werden müssen.

Deshalb sind angemessene Schulungsstrategien notwendig und auch das Arbeitsumfeld sollte so organisiert sein, dass es arbeitsplatzbasiertes Lernen fördert und auf diese Weise lebenslanges Lernen ermöglicht. Beispiele liefern heute schon Augmented-Reality-Anwendungen, die kontextsensitiv notwendige Arbeits- oder Handlungsanweisungen darstellen und auf diese Weise eine direkte Verknüpfung zwischen dem Arbeits- und dem Lernprozess schaffen.

Ob Tablet, Smartphone oder Wearable: Mitarbeiter werden bei der Durchführung ihrer Aufgaben unterstützt. In die digitale Welt der Fabrik integriert, das heißt in das Internet der Dinge eingebunden, werden alle Akteure in der Lage sein, die Produktionsprozesse durch die Analyse der von den Endgeräten bereitgestellten Daten und Informationen zu kontrollieren und zu überwachen. Intelligente Hilfssysteme mit optimierter Mensch-Maschine-Steuerung werden es darüber hinaus ermöglichen, trotz sehr komplexer Situationen in den Werks- und Produktionshallen qualifizierte Entscheidungen in kürzester Zeit zu treffen.

Dies bedeutet weiterhin, dass Unternehmen neue Fähigkeiten in den Bereichen Analytics und effizientes Datenmanagement entwickeln und in die Produktions- und Arbeitsprozesse integrieren müssen, um für die vor ihnen liegenden Änderungen gerüstet zu sein. Nicht nur Konzerne, auch kleine und mittelständische Unternehmen werdend dahingehend reagieren müssen, um wettbewerbsfähig zu bleiben.

5 Das Internet der Dinge und sein Einfluss auf die Weiterbildungsbranche

Doch wie gestaltet sich der Einstieg in ein digitales Bildungskonzept? Der Appell lautet klar: „Don't call it e-learning!" – viele Mitarbeiter hegen schnell Bedenken bezüglich schneller bzw. radikaler Veränderungen. Daher ist es wichtig, die neuen Technologien stimmig in die im Unternehmen gelebte Lernkultur zu integrieren und nicht zu versuchen, eine komplett neue Kultur zu schaffen. Bereits angebotene Präsenztrainings und neu hinzukommende Online-Trainings sollten aufeinander aufbauen, statt strikt voneinander getrennt zu werden. Weiterhin ist es für einen erfolgreichen Einstieg in die Online-Trainingswelt wichtig, Fürsprecher für das Thema im Unternehmen als Multiplikatoren zu gewinnen und auf eine maximale Komplexitätsreduktion zu fokussieren. So sollten die Online-Trainings beispielsweise jederzeit von jedem beliebigen Gerät aus mit nur wenigen Klicks erreichbar sein, ohne dass dabei beim Nutzer Fragen zur Bedienung entstehen.

Unternehmen, die auch in Zukunft für ihre Mitarbeiter und Kunden relevant sein möchten, haben keine andere Wahl, als sich der Herausforderung der digitalen Transformation zu stellen und ihre Organisation entsprechend auszurichten. Schließlich sind es nicht nur neue technische Möglichkeiten, sondern die Menschen, die mit ihren gestiegenen Erwartungen die Transformation fordern – und mit ihrem Verhalten die Märkte verändern.

Literatur

Picot, A., & Neuburger, R. (2013). *Arbeit in der digitalen Welt. Zusammenfassung der Ergebnisse der AG1-Projektgruppe anlässlich des IT-Gipfels-Prozesses 2013.*

Roland Berger Strategy Consultants GmbH (2014). *Corporate Learning Goes Digital.*

Spath, D. (Hrsg.).(2013). *Fraunhofer-Institut für Arbeitswirtschaft und Organisation IAO. Produktionsarbeit der Zukunft – Industrie 4.0.*

Lehrerbildung in der digitalen Welt

Konzeptionelle und empirische Aspekte

Bardo Herzig und Alexander Martin

1 Ausgangslage

Mediatisierung und Digitalisierung kennzeichnen grundsätzliche Veränderungen im Sinne von gesellschaftlichen Transformationsprozessen, die nicht auf einzelne Lebensbereiche beschränkt sind, sondern Berufs-, Alltags- und Freizeitwelt gleichermaßen tangieren. Die Allgegenwart von Medien, ihre Verwobenheit mit unserem Alltag, die zunehmende Selbstverständlichkeit von medienvermittelter interpersonaler Kommunikation oder die Vermischung von Kommunikationsformen sind nur einzelne Merkmale eines Prozesses, der sich als Mediatisierung bezeichnen lässt (Krotz 2012, S. 45). Die Digitalisierung als zunächst technischer Prozess der Wandlung von analogen in digitale Signale mit dem Zweck der Speicherung und (Weiter-)Verarbeitung (z.B. Müller 2015) ist Ursache und Treiber dieser Veränderungen, die sich in der öffentlichen Diskussion um mobile Technologien, soziale Medien, Analytics und Big Data, Cloud-Computing-Technologien, das Internet of Things oder die Industrie 4.0. widerspiegeln (z.B. Châlons und Dufft 2016, S. 28 ff.).

Die Medienlandschaft als solche, die Breite der Medienangebote, die Ausdrucks- und Artikulationsformen, die Artefakte und Interfaces sowie die rechtlichen, ökonomischen, personellen und institutionellen Rahmenbedingungen unterliegen einem dynamischen Wandel, an dem der Einzelne nur dann aktiv teilnehmen und diesen mitgestalten kann, wenn er über eine grundlegende Medienbildung verfügt. Partizipation und gesellschaftliche Teilhabe hängen heute mehr denn je auch davon ab, inwieweit sich Menschen als Individuen und gemeinsam in der digitalen Welt orientieren und diese sinnstiftend in ihre Lebenszusammenhänge integrieren können.

Kinder und Jugendliche wachsen nicht nur in der digitalen Welt auf, sondern auch in sie hinein. In informellen Kontexten erwerben sie Kompetenzen in der Nutzung von (digitalen) Mediengeboten, ohne dass dies einer besonderen didaktischen oder erzieherischen Unterstützung bedarf. Es wäre allerdings verkürzt anzunehmen, dass damit auch gleichzeitig und quasi automatisch Anforderungen an Medienbildung erfüllt sind. Diese bedarf neben anderen Sozialisationsinstanzen insbesondere auch der gezielten Förderung und Entwicklung in schulischen Kontexten. Eine Schlüsselstellung kommt dabei den Lehrpersonen zu, die für die Übernahme von Aufgaben im Kontext von Medienbildung über spezifische didaktische, erzieherische und schulentwickungsbezogene Fähigkeiten verfügen müssen.

Vor dem Hintergrund dieser Ausgangslage werden im vorliegenden Beitrag in einem ersten Schritt konzeptionelle Vorstellungen skizziert, welche Dimensionen die Medienkompetenz umfasst, die Schüler für eine versierte Teilhabe in einer digitalen Welt benötigen. Daran anknüpfend wird der Blick auf die Fähigkeiten gelenkt, über die Lehrkräfte verfügen müssen, um Schule und Unterricht so zu gestalten, dass Lernenden der Weg in die Digitalisierung geebnet wird. Dazu werden die Entwicklung und empirische Validierung eines Modells medienpädagogischer Kompetenz dargestellt. Abschließend erfolgt eine Einordnung der Ergebnisse ins Feld vergleichbarer Studien und ein Ausblick auf Gelingensbedingungen und Herausforderungen einer Lehrerbildung in der digitalen Welt.

2 Medienkompetenz in der digitalen Welt

Versteht man unter Medien nicht nur die technischen Geräte bzw. Einrichtungen zur Übertragung, Speicherung, Wiedergabe oder Verarbeitung von Zeichen bzw. Daten, sondern auch die dazugehörigen Materialien bzw. die Software sowie deren funktionales Zusammenwirken bei der Kommunikation (Tulodziecki und Herzig 2010, S. 32), dann wird deutlich, dass viele dieser Aspekte im täglichen Umgang mit Medien eher im Hintergrund bleiben. Dies ist aus einer pragmatischen Perspektive auch gut so, denn die Technik soll leicht handhabbar sein und möglichst keine speziellen Kenntnisse voraussetzen. Aus der Perspektive von Medienbildung ist es aber notwendig, gerade diese verborgenen Prozesse ins Bewusstsein zu heben, um selbstbestimmt, sachgerecht, kreativ und sozial verantwortlich in der digitalen Welt handeln zu können. Die nachfolgend skizzierten Beispiele deuten an, welche Dimensionen dabei zu berücksichtigen sind:

Digitale Lernmaterialien

Die spezifischen Eigenschaften digitaler Medien – z.B. vielfältige multimodale und multicodale Darstellungsformen, adaptive und responsive Ablaufstrukturen oder interaktive Steuerungsmöglichkeiten durch Berührung, Bewegung, Sprache oder Gestik – erlauben neue Erfahrungs- und Lernformen. Ein Beispiel stellen Augmented Reality-Anwendungen dar. Darunter versteht man eine Anreicherung der realen Welt mit virtuellen Objekten, z.B. Bildern, Texten oder animierten Modellen. Dies kann beispielsweise durch ein Tablet oder ein Smartphone realisiert werden, dessen Kamera einen sogenannten Marker in einem Schulbuch identifiziert (z.B. einen QR-Code) und dann ein dreidimensionales Modell zum Lehrbuchtext auf dem Tablet oder Smartphone einblendet, das vom Lernenden interaktiv genutzt werden kann. Anstelle eines Markers können auch ein Sensor oder ein GPS-Empfänger verwendet werden, um standortbezogen Informationen zur realen Umwelt, z.B. einem historischen Gebäude, einzublenden.

Identitätsentwicklung und digitale Medien

Eine wichtige Entwicklungaufgabe für Jugendliche besteht darin, ‚das eigene Ich' im sozialen Raum zu positionieren, sich mit anderen zu vergleichen und die eigene Wirkung auf andere zu erproben. Dies geschieht heute u.a. mit Hilfe von sogenannten Selfies. Dabei handelt es sich um digitale Fotos, die in der Regel mit Hilfe eines Smartphones aufgenommen werden, die eigene Person (und ggf. weitere) zeigen und in sozialen Netzwerken, wie z.B. Instagram, veröffentlicht werden. Die Darstellung der eigenen Person kann dabei z.B. über technische Softwarefilter verändert und an gesellschaftlich normierte Vorstellungen z.B. von Schönheit angepasst oder diesen auch bewusst entgegen gestellt werden. Zudem lässt sich über Hashtags als Metadaten die Verbreitung der eigenen Bilder beeinflussen.

Big Data Analytics

Mit Big Data werden zum einen immer schneller wachsende Datenmengen bezeichnet, zum anderen aber auch algorithmische Prozesse zur Analyse und Auswertung dieser Daten und zur Erkenntnisgewinnung. Die Datenmengen enstehen zum einen durch die aktive und bewusste Bereitstellung durch die Mediennutzer selbst, zum anderen durch im Hintergrund ablaufende Prozesse. Bei der Analyse von großen Datenmengen werden Zusammenhänge gesucht und für die Vorhersage von zukünftigen Ereignissen oder Verhaltensweisen genutzt. Die Auswirkungen sind inzwischen in vielen Lebensbereichen spürbar und reichen von individuellen – vom Verhalten im Netz abhängigen – Angeboten beim Onlineshopping bis zu gesonderten Tarifen bei Krankenkassen oder Kfz-Versicherungen für die Freigabe von Vital- oder Bewegungsdaten.

Das erste Beispiel (Digitale Lernmaterialien) macht darauf aufmerksam, dass die Nutzung digitaler Medien z.B. für Information und Lernen mit neuen Handhabungs- und Interaktionsformen an der Benutzerschnittstelle (Interface) verbunden ist. Das zweite Szenario (Identitätsentwicklung und digitale Medien) zeigt, dass die Mediennutzung eine bedeutende Rolle in der Auseinandersetzung mit der sozialen Umwelt und der eigenen Person spielen kann. Mit der letzten Skizze (Big Data Analytics) wird deutlich, dass digitale Medien komplexe Informatiksysteme darstellen und Einfluss auf die physische Realität nehmen können, ohne dass wir als Menschen unmittelbar daran beteiligt sind.

Ausgehend von diesen Beispielen umfasst eine grundlegende Medienbildung Kompetenzen in der Auswahl und Verwendung sowie der eigenen Gestaltung und Präsentation von Medienangeboten für Information und Lernen, Austausch und Kooperation, Problembearbeitung und Erkenntnisgewinn sowie für Unterhaltung und Spiel (als grundlegende Handlungs- und Interaktionsfelder, vgl. Tab. 1). Dies schließt basale Kenntnisse und Fertigkeiten in der Handhabung von bzw. in der Interaktion mit Medienangeboten und Informatiksystemen ein. In inhaltlicher Hinsicht sind Kenntnis, Veständnis, Anwendungs- und Urteilsfähigkeit in zentralen Inhaltsbereichen erforderlich:

- Vielfalt, Struktur und Zugänglichkeit von Medienangeboten und Informatiksystemen (z.B. Medienarten, Programme, Medienlandschaft),
- Möglichkeiten der Gestaltung von Medienangeboten und Interaktionsformen (z.B. Form und Inhalt, Darstellungsformen, Gestaltungstechniken, Ablaufstrukturen, Steuerungsmöglichkeiten),
- Prozesse der (maschinellen) Erzeugung, Verarbeitung, Verbreitung und Auswertung von Zeichen bzw. Daten (z.B. Drucktechnik, Fotografie, Tonaufzeichnung, Digitalisierung, Algorithmen),
- Einflüsse von Medienangeboten und Informatiksystemen auf Realitätsvorstellungen, Emotionen und Verhalten sowie auf gesellschaftliche Prozesse (z.B. medienvermittelte Vorstellungen, Werbung, Gewalt in den Medien, Big Data),
- technische, rechtliche, ökonomische, personelle und institutionalisierte Bedingungen der Produktion und Verbreitung von Medienangeboten und Informatiksystemen (z.B. Medientechnik, Urheberrecht, Datenschutz, Medienunternehmen, IT-Konzerne).

Diese Kompetenzen beziehen sich neben digitalen Medien auch auf „traditionelle“ Medien wie Zeitung, Fernsehen, Film oder Radio. Allerdings sind diese heute häufig bereits ebenfalls in digitaler Form, z.B. im Internet, vorzufinden (Medienkonvergenz).

Tabelle 1 Dimensionen von Medienkompetenz bzw. Medienbildung (Quelle: eigene Darstellung)

Inhaltsbereiche	**Handlungs- und Interaktionsfelder**			
(Kennen, Verstehen, Anwenden, Beurteilen)	Auswahl und Verwendung / Gestaltung und Präsentation für			
	Information und Lernen	Austausch und Kooperation	Erkenntnisgewinn und Problembearbeitung	Unterhaltung und Spiel
	Handhabungsfertigkeiten			
Übersicht Medienangebot und Informatiksysteme				
Gestaltung von Medienangeboten und Interaktionsformen				
Medieneinflüsse auf Individuum und Gesellschaft				
Bedingungen der Medienproduktion und -verbreitung				

Die Auseinandersetzung mit Medien stellt für die Schule keine grundsätzlich neue Aufgabe dar. Bereits die sogenannten traditionellen Medien haben unterschiedliche pädagogische Reaktionen sowohl in Bezug auf (medien-)didaktische Maßnahmen als auch im Hinblick auf den (medien-) erzieherischen Umgang hervorgerufen (Tulodziecki et al. 2010, S. 154 ff.). Allerdings hat sich mit der Digitalisierung die Dynamik der Entwicklung der Medienlandschaft enorm erhöht und die Mediatisierung aller Lebensbereiche macht deutlich, dass es sich hierbei nicht um einen Hype handelt, sondern um eine grundlegende gesellschaftliche Transformation. Insofern steht Schule mehr denn je in der Verantwortung, Kindern und Jugendlichen den Erwerb von Kompetenzen für ein sachgerechtes, selbstbestimmtes, kreatives und sozialverantwortliches Handeln in der digitalen Welt zu ermöglichen (KMK 2012, 2016). Vor dem Hintergrund der bisherigen Überlegungen geht es also darum, für Kinder und Jugendliche innerhalb der durch die Handlungs- und Interaktionsfelder und die Inhaltsbereiche aufgespannten Matrix (vgl. Tab. 1) Erfahrungsmöglichkeiten und Lerngelegenheiten zu schaffen, um sich in bildender

Weise mit Medien auseinanderzusetzen. Dazu bedarf es allerdings spezifischer Kompetenzen von Lehrpersonen, die über die o.g. Medienkompetenz hinausgehen und im Folgenden als medienpädagogische Kompetenz bezeichnet und vorgestellt werden.

3 Medienpädagogische Kompetenz[1]

Sowohl auf nationaler als auch auf internationaler Ebene gibt es Vorschläge für medienbezogene Kompetenzanforderungen an Lehrpersonen. Diese reichen von Rahmenmodellen mit zugehörigen Curricula (Wilson et al. 2011) über Standards von Fachgesellschaften (z.B. ISTE 2008) bis hin zu Kompetenzstrukturmodellen, von denen insbesondere das sogenannte TPACK-Modell von Mishra/ Koehler (2006) und Weiterentwicklungen und Modifikationen davon erwähnenswert sind (z.B. Kushner und Ward 2013; Saengbanchong et al. 2014). Der insgesamt sehr rege wissenschaftliche Diskurs auf dieser Ebene offenbart allerdings auch zentrale Probleme: Neben theoretischen Diskussionen um integrative oder transformative Varianten des TPACK-Modells (z.B. Angeli und Valanides 2009) sind Kompetenzen, die Studierende in der Lehrerausbildung erwerben können bzw. sollten, von den Kompetenzen zu unterscheiden, über die erfahrene Lehrkräfte verfügen (z.B. Yeh et al. 2013). Aus empirischer Sicht ist zu bemängeln, dass viele Operationalisierungen der entsprechenden Modelle auf Skalen zur Selbsteinschätzung beruhen, die keine validen Aussagen über tatsächlich vorhandene Kompetenzen erlauben. Darüber hinaus haben bisherige Validierungsversuche keine überzeugenden Ergebnisse hervorgebracht (z.B. Archambault und Crippen 2009; Archambault und Barnett 2010; Lee und Tsai 2010; Voogt et al. 2013). Viele Studien haben auf der Basis konfirmatorischer Faktorenanalysen zu unterschiedlich vielen Komponenten des Modells geführt, so dass hier weiterer Forschungsbedarf besteht (z.B. Sang et al. 2010; Horzum et al. 2014). In Bezug auf die medienpädagogische Ausbildung von Lehrkräften ist sowohl in Deutschland als auch international zu bemängeln, dass eine flächendeckende Umsetzung bisher nicht realisiert ist (Imort und Niesyto 2014; Tondeur et al. 2012). Dies hängt aber auch nicht zuletzt damit zusammen, dass bisher keine hinreichend validierten Modelle und Curricula vorliegen.

Im Folgenden wird die theoretische-deduktive Entwicklung und die empirisch-induktive Validierung eines Kompetenzstrukturmodells vorgestellt.

---

1 Die folgenden Ausführungen gehen auf ein Forschungsprojekt zur Modellierung und Messung medienpädagogischer Kompetenz zurück, das durch das BMBF gefördert wurde (Förderkennzeichen: 01PK11022A).

3.1 Entwicklung eines Kompetenzstrukturmodells

a) Kompetenzbereiche und Kompetenzaspekte

Wertet man vorhandene Ansätze zur medienpädagogischen Kompetenz (Blömeke 2000, 2001, 2003; Gysbers 2008; Tulodziecki et al. 2010) inhaltsanalytisch aus, so lassen sich drei zentrale medienpädagogische Kompetenzbereiche festhalten:

- die reflektierte Nutzung von Medien für Lehren und Lernen,
- die Wahrnehmung von Erziehungs- und Bildungsaufgaben im Medienbereich und
- die Wahrnehmung von medienbezogenen Schulentwicklungsaufgaben.

Als weitere Bereiche werden die Fähigkeit zur Einschätzung der Bedeutung von Medien für Kinder und Jugendliche genannt (als sozialisatorische Bedingungen) und die eigene Medienkompetenz. Im hier vorgestellten Modell werden die sozialisationsbezogenen Fähigkeiten nicht als eigenständiger Kompetenzbereich modelliert, da sie für die drei Bereiche insgesamt relevant sind und integriert werden können. Die eigene Medienkompetenz der Lehrpersonen wird als Voraussetzung für eine medienpädagogische Kompetenz angenommen.

Entsprechend wird das Kompetenzstrukturmodell in folgende drei Kompetenzbereiche differenziert und inhaltlich bestimmt:

- Mediennutzung zur Anregung und Unterstützung von Lehr-Lernprozessen *(Mediendidaktik)*: In diesem Bereich geht es um die Fähigkeit, vorhandene Medienangebote im Hinblick auf Lehren und Lernen zu analysieren und zu bewerten, selbst Medienbeiträge für den Unterricht zu entwickeln und Unterrichtsbeispiele mit Medienverwendung zu analysieren, vorzubereiten, durchzuführen und auszuwerten. Dazu zählen bspw. die Nutzung unterschiedlicher Medien für Informationszwecke, der Einsatz von Simulationen zur Erkenntnisgewinnung oder die Verwendung von Lernplattformen für kollaboratives Arbeiten.
- Wahrnehmung von medienbezogenen Erziehungs- und Bildungsaufgaben *(Medienerziehung)*: In diesem Kompetenzbereich stehen die Analyse, Vorbereitung, Durchführung und Auswertung von Unterrichtsbeispielen im Vordergrund, in denen Medien als Unterrichtsgegenstand mit der Zielvorstellung thematisiert werden, ein sachgerechtes, selbstbestimmtes, kreatives und sozial verantwortliches Medienhandeln zu fördern. Entsprechende unterrichtliche Aktivitäten beziehen sich bspw. auf die eigenständige Auswahl und zielführende Nutzung von Medien, auf das Erkennen und Aufarbeiten von Medienwirkungen oder auf rechtliche, ökonomische oder soziale Aspekte der Mediennutzung und auf Beratungsaufgaben.

- Wahrnehmung von medienbezogenen Schulentwicklungsaufgaben *(Schulentwicklung)*: Der dritte Kompetenzbereich beschreibt Fähigkeiten, Schulentwicklungsprozesse im Medienbereich mitzugestalten, z.B. in Form der Erfassung und Gestaltung von personalen, infrastrukturellen, rechtlichen oder organisatorischen Bedingungen für medienpädagogische Maßnahmen und deren Ausgestaltung in der Schule. Dazu zählt insbesondere auch die Gestaltung eines schulischen Medienkonzepts.

Fähigkeiten von Lehrpersonen in diesen drei Bereichen sollen sicherstellen,

- dass Schüler im Laufe ihrer schulischen Bildungskarriere Möglichkeiten erhalten, sich mit medienspezifischen Inhalten in verschiedenen Handlungs- und Interaktionsfeldern auseinanderzusetzen, um entsprechende Kompetenzen zu erwerben und
- dass Medienangebote im Unterricht als Mittel des Lernens in angemesser und sinnvoller Weise Eingang finden, d.h. zur Realisierung von fachlichen oder überfachlichen Lernzielen beitragen.

Zur Entwicklung und Strukturierung von schulischen Aktivitäten im Bereich der Medienbildung kann die in Tab. 1 gezeigte Matrix eine Orientierung bieten, indem sie für einzelne Jahrgangsstufen ausdifferenziert wird und geprüft wird, welche Fächer an welchen Stellen inhaltliche Beiträge leisten können (Tulodziecki et al. 2010, S. 339 ff.). Diese Aufgaben sind gleichzeitig Bestandteil der Entwicklung eines schulischen Medienkonzepts.

Den drei Kompetenzbereichen liegt ein Verständnis von Kompetenzen als erlernbare Leistungsdispositionen zugrunde, die sowohl kognitive Dimensionen als auch einstellungsbezogene Aspekte umfassen und auf die Bewältigung spezifischer Anforderungen ausgerichtet sind (Schaper 2009). Im vorliegenden Fall geht es um wissenschaftliche Grundlagen, die zur Bewältigung entsprechender Situationen im Lehrberuf erforderlich sind und die im Lehramtsstudium erworben werden sollen. Dies bedeutet, dass das Modell die Fähigkeiten von Studierenden als angehende Lehrpersonen beschreiben soll. Hinzu kommen medienbezogene Einstellungen, die als förderlich für medienpädagogisches Handeln gelten können und medienbezogene Selbstwirksamkeitsüberzeugungen, die ebenfalls als günstige Voraussetzung für medienpädagogisches Handeln gelten. Neben diesen nichtkognitiven Facetten kann auch das medientechnische Wissen als wichtige Grundlage für alle Kompetenzbereiche angenommen weden (vgl. Abb. 1).

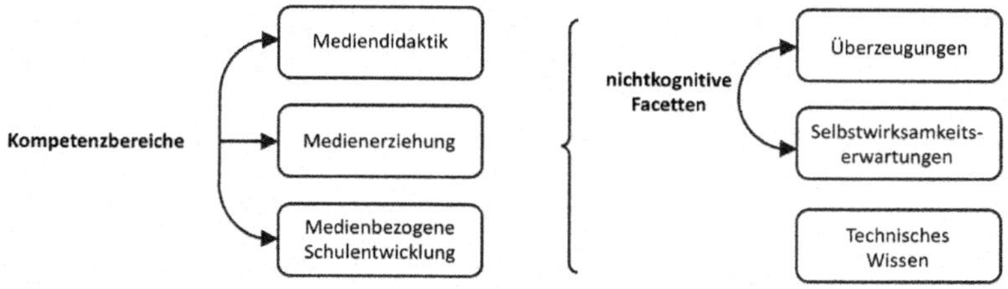

Abbildung 1 Kompetenzstrukturmodell medienpädagogischer Kompetenz (Quelle: eigene Darstellung)

Eine weitere Ausdifferenzierung bzw. Spezifizierung der einzelnen Kompetenzbereiche in Kompetenzaspekte erfolgte mit Blick auf die o.g. Zielgruppe der Lehramtsstudierenden (Tulodziecki 2006). In der ersten Phase der Ausbildung sollen sie die wissenschaftlichen Grundlagen für die Wahrnehmung von Unterrichts-, Erziehungs- und Schulentwicklungsaufgaben erwerben. Dies bedeutet für die Kompetenzbereiche im Einzelnen das

- *Einschätzen und Durchschauen von Bedingungen für medienpädagogisches Handeln*: Dazu zählen individuelle oder gesellschaftliche Bedingungen, z.B. im Bereich der Mediendidaktik die Fähigkeit einzuschätzen, wie sich die außerschulische Mediennutzung von Kindern auf das Lernen in der Schule auswirken kann.
- *Charakterisieren und Bewerten von theoretischen Ansätzen für medienpädagogisches Handeln*: Unter diesen Kompetenzaspekt fällt im Bereich der Mediendidaktik beispielsweise die Fähigkeit, empirische Ergebnisse zum Lehren und Lernen mit Medien sachgerecht darzustellen. Für die Bewertung können neben empirischen auch normative oder realisierungsbezogene Kriterien relevant sein.
- *Analysieren und Bewerten von Beispielen für medienpädagogisches Handeln*: Hierzu zählen bspw. in Bezug auf den Bereich der Mediendidaktik die Fähigkeit, Unterrichtsbeispiele mit Medienverwendung hinsichtlich von Zielen oder Lernvoraussetzungen zu analysieren.
- *Entwickeln von eigenen Beispielen für medienpädagogisches Handeln*: Dieser Kompetenzaspekt betont z.B. die Fähigkeit, theoriegeleitet ein Medienangebot im Hinblick auf einen geplanten Unterricht zu entwickeln.

Werden die genannten Kompetenzaspekte mit den Kompetenzbereichen in Verbindung gebracht, ergibt sich eine Kompetenzmatrix, wie sie exemplarisch in Tab. 2 für einen Teilbereich der Mediendidaktik aufgespannt ist. Diese Matrix stellt zunächst einen allgemeinen Rahmen für die Formulierung von Standards dar, die in dem jeweiligen Kompetenzbereich erreicht werden können oder sollen. In Bezug auf die Formulierung der Standards sind Entscheidungen zu treffen im Hinblick auf Anzahl und Abstraktionsgrad. Angesichts der Tatsache, dass die medienpädagogische Ausbildung an vielen Standorten für Lehramtsstudierende nicht obligatorisch ist und kein verbindliches Curriculum existiert, wird im vorliegenden Fall ein mittlerer Abstraktionsgrad gewählt. Die Ausdifferenzierung der Kompetenzaspekte geschieht u.a. mit Blick auf taxonomisch unterschiedliche Anforderungsniveaus.

Tabelle 2 Kompetenzaspekte für den Kompetenzbereich Mediendidaktik (Quelle: eigene Darstellung)

Kompetenzbereiche / **Kompetenzaspekte**	**Mediendidaktik** *Mediennutzung zur Anregung und Unterstützung von Lernprozessen*
Bedingungen für medienpädagogisches Handeln durchschauen und einschätzen	A1.1: Die Studierenden sind in der Lage, die Bedeutung der außerschulischen Mediennutzung für das Lehren und Lernen mit Medien unter Bezug auf theoretische Ansätze und empirische Ergebnisse an Beispielen zu beschreiben.
	A1.2: Die Studierenden sind in der Lage, Konsequenzen aus der Bedeutung gemäß A1.1 an Beispielen für das Lehren und Lernen mit Medien zu demonstrieren.
Theoretische Ansätze für medienpädagogisches Handeln charakterisieren und bewerten	A2.1: Die Studierenden sind in der Lage, lehr-lerntheoretische und mediendidaktische Ansätze sowie empirische Ergebnisse zum Lehren und Lernen mit Medien sachgerecht darzustellen.
	A2.2: Die Studierenden sind in der Lage, lehr-lerntheoretische und mediendidaktische Ansätze zum Lernen mit Medien aus empirischer, normativer und realisierungsbezogener Sicht zu bewerten.
...	...

b) Medienbezogene Überzeugungen, Selbstwirksamkeitserwartungen und technisches Wissen

In Übereinstimmung mit Erkenntnissen aus der Lehrerbildungsforschung umfasst das verwendete Kompetenzverständnis nicht nur wissens- oder fähigkeitsbezogene Aspekte, sondern auch Überzeugungen und Selbstwirksamkeitserwartungen, von denen anzunehmen ist, dass sie für medienpädagogisches Handeln relevant und förderlich sind (s.o.). Überzeugungen oder auch ‚beliefs' werden in der pädagogisch-psychologischen Forschung gemeinhin als bereichsspezifische Vorstellungen und Annahmen mit einer bewertenden Komponente beschrieben, die handlungsleitend sein können (Kunter und Pohlmann 2009). Vor diesem Hintergrund wurden die medienbezogenen Überzeugungen für die drei Kompetenzbereiche des Modells auf der Basis theoretischer Konzepte und empirischer Ergebnisse jeweils gesondert bestimmt. So zeigen bspw. Untersuchungen, dass sich die individuelle Annahme lernförderlicher Wirkungen von Medien positiv auf die didaktische Verwendung im Unterricht auswirkt (Lorenz et al. 2016, S. 133 f.). Für den Bereich der Medienerziehung wird angenommen, dass insbesondere Überzeugungen zum selbstbestimmten, verantwortungsvollen sowie kritischen Umgang mit Medien positiv mit der Entwicklung medienpädagogischer Kompetenzen zusammenhängen. Mit Blick auf Schulentwicklungsprozesse spielt die Bereitschaft, neue medienpädagogische Konzepte zu integrieren bzw. selbst zu entwickeln, eine besondere Rolle (ausf. Herzig et al. 2016).

Medienbezogene Selbstwirksamkeit wird als individuelle Bewertung der eigenen Fähigkeit betrachtet, medienbezogene Unterrichtseinheiten erfolgreich zu gestalten sowie medienbezogene Themen im Unterricht zu behandeln. In Anlehnung an Banduras Konzeption der self-efficacy (Bandura 1977, 1997) bezieht sich die Konzeption medienbezogener Selbstwirksamkeitserwartungen auf die individuell ausgeprägten Überzeugungen, dass eine medienbezogene Unterrichtssituation angemessen bewältigt werden kann. Anzunehmen ist, dass dieses Gefühl eigener medienbezogener Fähigkeiten im Zusammenhang mit der Wahrnehmung, Motivation und Fähigkeit der Lehramtsstudierenden steht, medienbezogene Technologien zu beherrschen, adäquat einzusetzen sowie medienrelevante Themen im Unterricht zu bearbeiten und kritisch zu diskutieren. Entsprechend liegt der Fokus hier auf den individuellen Überzeugungen, 1) erfolgreich digitale Medien im Unterricht einsetzen zu können, 2) medienrelevante Konzepte und Techniken angemessen zu bewerten und einzusetzen und 3) angemessen im Unterricht über Vorzüge und Problemlagen digitaler Medien zu diskutieren.

In Bezug auf das medientechnische Wissen als eine wichtige Grundlage für die Auseinandersetzung mit didaktischen, erzieherischen oder schulentwicklungsbezogenen Aspekten im Medienbereich stellt sich grundsätzlich die Schwierigkeit, angesichts der Vielzahl von technischen Artefakten, keine zu hohe Spezialisierung in diesem Bereich vorzunehmen. Daher wird eine Fokussierung auf digitale Medien und in diesem Bereich auf alltagsbezogenes Wissen vorgenommen, das für eine sachangemessene Nutzung von digitalen Medien erforderlich ist. Die Themen beziehen sich auf eine Bandbreite an aktuell relevanten und potentiell genutzten digitalen Technologien, u.a. 1) Computerfunktionen und -programme (bspw. Standardsoftware), 2) Webanwendungen und Internetnutzung (bspw. Wikis, Cookies) und 3) Funktion und Nutzung sozialer Netzwerke.

c) Empirisch-induktive Validierung des Kompetenzstrukturmodells

Die Absicherung eines zunächst theoretisch-deduktiv hergeleiteten Kompetenzmodells kann über die Befragung von Experten erfolgen. Im vorliegenden Fall wurden halbstrukturierte, qualitative Interviews in Anlehnung an die Critical Incident Technik durchgeführt (Magenheim et al. 2010; Schaper 2009). Darin sind die Interviewpartner um Angaben zu erfolgskritischen Denk- und Handlungsweisen zu medienpädagogischen Anforderungssituationen sowie zu weiteren – für den jeweils angesprochenen Kompetenzaspekt typischen und leistungsrelevanten – Aufgabenszenarien mit Blick auf Studierende als Zielgruppe gebeten worden. Die Entwicklung der Critical Incidents erfolgte in Anlehnung an die im Modell beschriebenen Kompetenzbereiche und -aspekte medienpädagogischer Kompetenz. Darüber hinaus wurde auch nach einstellungsbezogenen Facetten medienpädagogischer Kompetenzen gefragt. Als Experten wurden einschlägig mit Lehrerbildung und Medienpädagogik befasste Hochschullehrer ausgewählt (N=10). Die Auswertung der Interviews sollte zum einen Aufschluss über die inhaltliche Struktur des Modells und ggf. notwendige Erweiterungen oder Veränderungen geben, zum anderen inhaltliche Anregungen für die Entwicklung der Items. Die inhaltsanalytische Auswertung der transkribierten Interviews ergab im Hinblick auf die Struktur des Modells und die Kompetenzaspekte eine sehr gute Passung, so dass hier keine Ergänzungen oder Veränderungen erforderlich waren.

3.2 Entwicklung eines Testinstruments

a) Entwicklung von Items bzw. Aufgaben zur Operationalisierung der Kompetenzfacetten

Auf der Basis der Ausdifferenzierung des Kompetenzstrukturmodells zur medienpädagogischen Kompetenz sind die Facetten und Aspekte des Konstrukts zur Durchführung einer Erhebung operationalisiert und einer Messung zugänglich gemacht worden. Die Konzeption der Items erfolgte vor dem Hintergrund der durchgeführten Expertenbefragungen. Die dort in den Interviews genannten Szenarien wurden mit den deduktiv-theoriegeleitet ermittelten Inhaltsaspekten abgeglichen und in entsprechende Items bzw. Aufgaben des Messinstruments überführt.

Das folgende Beispiel illustriert das Vorgehen: Das Item ME01 zur Medienerziehung (vgl. Abb. 2), das dem Kompetenzaspekt „Bedingungen für medienpädagogisches Handeln durchschauen und einschätzen“ zugeordnet ist, fußt auf den Einschätzungen der Experten für den Bereich der Medienerziehung. Im Interview sagten diese übereinstimmend, dass gerade Situationen, in denen Lehrkräfte gefordert sind, die Wirkung des Medienkonsums auf Kinder und Jugendliche einzuschätzen, ein schultypisches Szenario darstellen, in dem medienerzieherisches Wissen erforderlich ist:

> Experte 2: *„Situationen, in denen es darum geht, irgendwelche Einflüsse von Medien aufzuarbeiten oder bewusst zu machen. [...] da ist ein wichtiger Aufgabenbereich Aufarbeiten bzw. Bewusstmachen oder Erkennen und Aufarbeiten von Medieneinflüssen. Und für alle diese Situationen, ob es jetzt, hier geht es ja vor allem um Vorstellungen über Rollen, aber es kann genauso gut um Emotionen gehen, es kann genauso gut um Verhaltensorientierung gehen, also aggressive Verhaltensweisen, prosozial ist ja so ein typisches Thema für die Medienpädagogik auch, es kann auch um Wertorientierung gehen [...].“*

Beispielhaft werden Elternabende als ein solches Setting angeführt:

> Experte 1: *„Zum Beispiel auf Elternabenden klagen Eltern häufig über exzessive Mediennutzung der Kinder, die dann die Schulleistungen beeinträchtigen und dass sie dann fragen, was kann man denn machen? [...] Oder ein anderes Szenario, dass Lehrer aggressives Verhalten von Schülern gegenüber anderen Schülern oder sich selber gegenüber, oder Lehrern gegenüber beobachten. Wenn man sagt die Aggressivität hat was zu tun mit den Videospielen oder mit den Filmen, die sie anschauen. [...]“*

Diese Einschätzungen decken sich mit den deduktiv-theoriegeleitet ermittelten Aspekten im Bereich der Medienerziehung und begründeten die Auswahl des hier dargestellten Items.

ME01	Im Rahmen eines Elternabends zeigen sich mehrere Eltern darüber besorgt, dass ihre Kinder einen Teil der Freizeit mit gewalthaltigen Computerspielen verbringen, weil sie annehmen, dass ihre Kinder dadurch ebenfalls gewalttätig würden. **Beurteilen Sie bitte, welche der folgenden Aussagen im Hinblick auf die Befürchtung der Eltern zutreffend sind:** *(Bitte kreuzen Sie zu jeder Aussage an, ob sie zutrifft oder nicht.)*	*trifft zu*	*trifft nicht zu*
ME01.1	Kinder sind stärker gefährdet, wenn sie selbst gewalttätige Computerspiele spielen und gleichzeitig unter schulischem Leistungsdruck leiden.	☐ 1	☐ 2
ME01.2	Kinder sind stärker gefährdet, wenn sie selbst gewalttätige Computerspiele spielen und das Ausmaß ihres allgemeinen Medienkonsums hoch ist.	☐ 1	☐ 2
ME01.3	Kinder sind stärker gefährdet, wenn sie selbst gewalttätige Computerspiele spielen und häufig reale Gewalt als Handlungsoption (z.B. in der Familie oder im Umfeld) erleben.	☐ 1	☐ 2

Abbildung 2 Beispielitem zur Medienerziehung (Quelle: eigene Darstellung)

Um die kognitiven Aspekte medienpädagogischer Kompetenz abzudecken, wurden zwei unterschiedliche Aufgabentypen entwickelt, die den Befragten jeweils in einem geschlossenen Antwortformat vorgegeben wurden: Dabei sind die Befragten zum einen aufgefordert, Aufgaben zum (deklarativen) Wissen zu beantworten, zum anderen zu verschiedenen Szenarien analytische oder bewertende Einschätzungen abzugeben. Insgesamt setzt sich das entwickelte Instrumentarium aus den in Tab. 3 genannten Itemanzahlen zu den einzelnen Kompetenzbereichen zusammen.

Tabelle 3 Itemübersicht Kompetenztest (Quelle: eigene Darstellung)

Medien-didaktik	Medien-erziehung	Medienbezogene Schulentwicklung	Technisches Wissen	Selbstwirk-samkeit	Überzeugungen
16 Items	14 Items	10 Items	26 Items	18 Items	18 Items

b) Entwicklung von Items bzw. Aufgaben zur Operationalisierung der Überzeugungen bzw. der medienbezogenen Selbstwirksamkeitserwartungen und des medientechnischen Wissens

Die Item- und Skalenentwicklung im Bereich der medienpädagogischen Überzeugungen erfolgte sowohl auf Basis der Erkenntnisse, die sich im Rahmen der deduktiv-theoretischen Bestimmung der Kompetenzkonstrukte ergeben haben als auch aufgrund von Aussagen, die hierzu im Rahmen der Experteninterviews identifiziert wurden – wobei insbesondere bei letzteren Hinweise zur Erstellung von Items gesammelt werden konnten. Auf dieser Grundlage wurden drei Teilskalen mit (1) Überzeugungen zu didaktischen Zielsetzungen, (2) Überzeugungen zu erzieherischen Zielsetzungen und (3) Überzeugungen zu Lehr-Lernkonzepten auf Schulebene gebildet (vgl. Abb. 3). Als Antwortformat wurde eine vierstufige Likert-Skala verwendet. Auch für die Selbstwirksamkeitsüberzeugungen wurden Items mit dieser Likert-Sakla für die drei Kompetenzbereiche entwickelt. Hierbei handelt es sich um die Frage, inwieweit sich die Studierenden vorstellen können bzw. sich zutrauen, zukünftige Aufgaben erfolgreich zu bewältigen.

Kompetenzbezogene Überzeugungen	**Selbstwirksamkeitserwartungen**
Beispielitem Mediendidaktik: Ich finde, dass Medien im Unterricht dazu genutzt werden sollten, Schülerinnen und Schüler ein Thema selbst erkunden zu lassen.	*Beispielitem Mediendidaktik*: Es fällt mir leicht, Fachinhalte unter Nutzung von digitalen Medien darzustellen.
Beispielitem Medienerziehung: Ich finde, dass Medienbildung im Unterricht zum Ziel haben sollte, dass Schülerinnen und Schüler ihr Mediennutzungsverhalten reflektieren.	*Beispielitem Medienerziehung*: Ich kann den Nutzen und die Risiken sozialer Netzwerke mit Schülern und Schülerinnen angemessen diskutieren.
Beispielitem Schulentwicklung: Ich finde, dass es lohnenswert ist, neue mediale Lehr-Lernkonzepte auszuprobieren.	*Beispielitem Schulentwicklung*: Es fällt mir schwer, die Qualität von schulischen Konzepten zur Medienbildung einzuschätzen.

Skala:	*stimmt überhaupt nicht*	*stimmt eher nicht*	*stimmt eher*	*stimmt ganz genau*
	☐ 1	☐ 2	☐ 3	☐ 4

Abbildung 3 Beispielitems zu medienpädagogischen Überzeugungen und Selbstwirksamkeitserwartungen (Quelle: eigene Darstellung)

Zur Ermittlung des medientechnischen Wissens waren die Studierenden aufgefordert, aus mehreren Antwortmöglichkeiten die ihrer Meinung nach richtige Option anzukreuzen (vgl. Abb. 4).

TW8	**Was sind „Cookies" im Zusammenhang mit dem Besuch von Internetseiten?**	
	Abfragen zur Einwilligung von Webseiten-Besuchern zur Speicherung des Nutzerverhaltens.	☐ 1
	Informationen, die ein Webserver auf einem Computer lokal speichert.	☐ 2
	Werbeinhalte, die auf Internetseiten eingeblendet werden.	☐ 3
	„Lesezeichen", mit denen Nutzer sich Internetadressen speichern können.	☐ 4
	Keine Angabe	☐ 9

Abbildung 4 Beispielitem zum technischen Wissen (Quelle: eigene Darstellung)

3.3 Validierung des Testinstruments

Die Erprobung des Instrumentes erfolgte nach einigen Probeläufen und nachfolgenden Anpassungen an einer Stichprobe von 919 Studierenden von sieben Universitäten. Von den durchschnittlich 23 Jahre alten, zu etwas mehr als zwei Dritteln weiblichen, Studierenden gaben 615 bzw. 250 an, sich im Bachelor- bzw. im Masterstudium zu befinden[2]. Mindestens eine medienpädagogische Lerngelegenheit hatten nach eigenen Angaben 766 Studierende im bisherigen Studium wahrgenommen.

Die Überprüfung der internen Konsistenzen der Skalen brachte für die drei zentralen Kompetenzbereiche insgesamt noch keine zufriedenstellenden Werte. Differenziert man hier die Studierenden nach Vorerfahrungen, so zeigt sich, dass die Reliabilität bei der Gruppe höher wird, die bereits medienpädagogische Lerngelegenheiten wahrgenommen hat. Insgesamt deutlich bessere Reliabilitätswerte weisen die Skalen zu Überzeugungen, zur Selbstwirksamkeit und zum technischen Wissen auf (vgl. Tab. 4). Ergänzende Auswertungen auf Basis von IRT-Modellen zeigen, dass die Itemschwierigkeiten und die Personenfähigkeiten insgesamt ein angemessenes Spektrum abdecken, sodass Probanden mit höheren und mit niedrigeren Fähigkeiten unterschieden werden können.

2 Differenzen zur Stichprobengröße beruhen auf fehlenden Werten.

Tabelle 4 Interne Skalenkonsistenzen (Cronbachs α) (Quelle: eigene Darstellung)

Kompetenzbereiche (Skalen)	(Cronbachs α) medienpädagogische Lerngelegenheiten		**nichtkognitive Facetten (Skalen)**	(Cronbachs α)
			mediendidaktische Überzeugungen (n=897)	.67
	nein	ja	medienerzieherische Überzeugungen (n=886)	.60
Mediendidaktik (n=552)	.38	.58	Überzeugungen i. B. Schulentwicklung (n=886)	.65
Medienerziehung (n=556)	.57	.59	Medienbezogene Selbstwirksamkeit* (n=456)	.87
Medienbez. Schulentwicklg. (n=587)	.32	.55	Technisches Wissen (n= 594)	.81

* Zusammengefasste Skala aller drei Kompetenzbereiche.

Vergleicht man die Gruppe der Studierenden, die nach eigenen Angaben medienbezogene Veranstaltungen im Laufe ihrer bisherigen Ausbildung besucht haben, mit denen, die bisher keine einschlägigen Lehrangebote wahrgenommen haben, zeigt sich, dass die erste Gruppe bessere Testleistungen aufweist, insbesondere im Bereich der Medienerziehung. Gleiches gilt auch, für die Unterscheidung von Gruppen nach Studienabschnitt. Betrachtet man zudem eine spezifische Teilpopulation, die (mindestens) ein Einführungsseminar zur Medienbildung besucht hat, in dem alle drei Kompetenzbereiche thematisiert wurden, zeigen sich ebenfalls signifikant bessere Testleistungen der Studierenden (vgl. Tab. 5).

Tabelle 5 Gruppenvergleiche (Quelle: eigene Darstellung)

Kompetenzbereiche	**Mittelwert Testpunkte** (0..100) Teilstichprobe Seminar Medienbildung MW (SD)	Reststichprobe MW (SD)	Mittelwert-differenz
Mediendidaktik	64,9 (13,6), n=78	49,9 (15,0), n=521	15,0 ***
Medienerziehung	69,7 (16,6), n=89	54,4 (17,3), n=532	15,3 ***
Medienbez. Schulentwicklung	79,3 (13,0), n=89	68,3 (17,9), n=531	11,0 ***
Techn. Wissen	64,0 (17,5), n=91	54,2 (18,0), n=513	9,8 ***

MW= Mittelwert, SD = Standardabweichung, *** = Mittelwertunterschied signifikant

Die Prüfung der Dimensionalität des Modells ergab, dass die Daten eher die Annahme eines dreidimensionalen Modells im Vergleich zu einem eindimensionalen bestätigen. Allerdings weisen die einzelnen Kompetenzbereiche hohe Korrelationen untereinander auf.

Die Auswertung der medienbezogenen Einstellungen zeigt durchweg positive Werte in allen Kompetenzbereichen, wobei die größte Aufgeschlossenheit gegenüber medienerzieherischen Aufgaben besteht. Der Besuch medienpädagogischer Veranstaltungen geht auch mit positiveren Überzeugungen in den drei Kompetenzbereichen einher.

Die subjektiven Einschätzungen, zukünftige Anforderungen auch bewältigen zu können, liegt im erzieherischen Bereich höher als im didaktischen und schulentwicklungsbezogenen Bereich, wobei die Überzeugungen im letzten Bereich deutlich geringer sind (vgl. Tab. 6).

Tabelle 6 Medienbezogene Überzeugungen und Selbstwirksamkeit (Quelle: eigene Darstellung)

Bereiche	Medienbezogene Überzeugungen (Summenscores)			Medienbezogene Selbstwirksamkeit (Summenscores)		
	MW	SD	n	MW	SD	n
Mediendidaktik	0,5	0,4	905	0,0	0,6	901
Medienerziehung	0,9	0,4	903	0,4	0,7	897
Medienbez. Schulentwicklung	0,6	0,4	897			

MD = Mittelwert, SD = Standardabweichung (Skala: -1,5 = niedrig .. +1,5 = hoch)

Die dargestellten Ergebnisse lassen im Hinblick auf verschiedene Aspekte von Reliabilität und Validität (Messick 1995, S. 741) zusammenfassend folgende Einschätzungen zu:

- Die interne Konsistenz der Skalen weist im Bereich der kognitiven Aspekte noch keine hinreichende Konsistenz auf, die Antwortmuster der Studierenden sind im Hinblick auf die angenommenen Kompetenzbereiche noch eher unsystematisch. Wird allerdings als Teilpopulation die Gruppe der Studierenden betrachtet, die schon explizit medienpädagogische Lerngelegenheiten wahrgenommen haben, ergeben sich höhere innere Konsistenzen der Teilskalen. Insgesamt könnte dies darauf hindeuten, dass Studierende z.B. Unterscheidungen von Medienerziehung und Mediendidaktik bzw. den damit verbundenen Anforderungen als solche kognitiv nicht repräsentiert haben, wenn sie noch keine entsprechenden Lerngelegenheiten hatten.

- Inhaltsbezogene Aspekte von Konstruktvalidität wurden im vorliegenden Fall durch die Analyse von Curricula, die Auswertung der einschlägigen medienpädagogischen Literatur (soweit sie für Lehramtsstudierende relevant ist) und die durchgeführten Experteninterviews berücksichtigt. Insofern kann davon ausgegangen werden, dass die relevanten inhaltlichen Elemente des Konstruktbereichs mit Blick auf die Zielgruppe angemessen erfasst werden.
- Ein Vergleich mit externen Variablen, d.h. die Prüfung, wie konvergent die Ergebnisse der Messung desselben Konstrukts (durch einen anderen Test) oder wie divergent die Ergebnisse in Bezug auf die Messung eines anderen Konstrukts sind, wurden im vorliegenden Fall noch nicht durchgeführt. Dies ist nicht zuletzt auch eine Folge der insgesamt sehr wenig ausgeprägten empirischen Forschung in diesem Bereich.
- Im Rahmen der Frage nach konsequentiellen Aspekten der Validität lassen sich die Ergebnisse der speziellen Teilgruppe, die ein Grundlagenseminar besucht hat und deren Testleistungen im Vergleich zur Reststichprobe signifikant besser sind, als Hinweis darauf deuten, dass eine Auseinandersetzung mit medienpädagogischen Fragestellungen in der Lehrerausbildung auch entsprechende Effekte im Sinne von Kompetenzerwerb bewirken kann. Eine solche Hypothese könnte in einem quasi-experimentellen Design geprüft werden.
- In Bezug auf die strukturellen Aspekte bestätigt ein Modelltest die dreidimensionale Struktur der kognitiven Kompetenzbereiche. Allerdings sind die Dimensionen untereinander hoch korreliert, so dass eine weitere Aufklärung der Zusammenhänge – z.B. auch im Hinblick auf allgemeindidaktische oder schulpädagogische Kompetenzen – geboten scheint.
- Die Generalisierbarkeit in Bezug auf die Frage, ob die Breite der domänspezifischen Anforderungen durch das Instrument tatsächlich abgedeckt wird, kann hier nicht zuverlässig eingeschätzt werden. Unabhängig davon sind die Testergebnisse als solche in inhaltlicher Hinsicht nicht generalisierbar, da die Stichprobe nicht repräsentativ für Lehramtsstudierende allgemein ist.

Mit Blick auf die Einstellungen sind die Reliabilitäten der Skalen weitgehend zufriedenstellend. In der untersuchten Stichprobe zeigen sich durchweg positive Werte und eine entsprechende Aufgeschlossenheit gegenüber medienpädagogischen Aufgaben. Dass medienerzieherische Themen dabei eine besondere Rolle spielen, mag u.a. damit zusammenhängen, dass diese Themen – z.B. soziale Netzwerke oder problematische Medieninhalte – auch in der Lebenswelt der Studierenden präsent sind und in der öffentlichen Diskussion eine hohe Aufmerksamkeit erfahren. Die geringeren Selbstwirkamkeitserwartungen lassen sich damit erklären, dass Studierende in der ersten Phase in der Regel nur wenige Möglichkeiten – insbesondere in Praktika – haben, in didaktischen und erzieherischen Aufgaben Erfahrungen zu sammeln, sodass eine zurückhaltende Selbsteinschätzung plausibel ist. Dass sich Studierende auch hier in der Bearbeitung medienerzieherischer Themen als wirksamer einschätzen, kann aus der höheren Vertrautheit mit diesem Bereich in eigenen Lebenszusammenhängen resultieren. Medienbezogene Schulentwicklungsthemen sind hier nicht aufgeführt, da in der ersten Phase der Ausbildung dort in der Regel keine Erfahrungen gesammelt werden können, so dass eine valide Einschätzung schwierig ist.

4 Diskussion

Vergleicht man die im Rahmen der hier vorgestellten Studie (M³K) gewonnenen Erkenntnisse mit Ergebnissen und Befunden anderer Studien, finden sich vielzählige Überschneidungen und Ergänzungen.

So weisen die M³K-Daten deutlich darauf hin, dass den befragten Studierenden wenige, häufig nur sehr sporadische und unsystematische Lerngelegenheiten zur Verfügung stehen. Diesen Mangel konstatieren Befunde bereits seit vielen Jahren und auch jüngst. So geben 2008 in Niedersachsen befragte Lehrkräfte an, dass sie ihr Medienwissen erheblich häufiger im Selbststudium als in der ersten und zweiten Phase ihrer Ausbildung gewonnen haben (Gysbers 2008, S. 146). Diese Auskünfte decken sich mit Befunden von Breiter und Aufenanger et al., in dessen Untersuchung Grundschullehrkräfte in Nordrhein-Westfalen aussagen, dass sie mediendidaktische und medienerzieherische Kompetenzen nur selten im Rahmen von Lerngelegenheiten in den zwei Ausbildungsphasen, sondern häufiger in Fortbildungen erworben haben (Breiter und Aufenanger et al. 2013). Ähnliche Tendenzen zeigen sich im berufsbildenden Bereich (Bertelsmann 2016, S. 21). Das Ausmaß dieses Ausbildungsdesiderats hat die internationale Studie zu computer- und informationsbezogenen Kompetenzen von Schülern der achten Jahrgangsstufe (ICILS 2013) deutlich gemacht, deren zentrales Ergebnis für Deutschland darin bestand, dass kein Teilnehmerland seltener den Computer für unterrichtliche Zwecke einsetzt als Deutschland und gerade deutsche Lehrkräfte besonders selten Fort- und Weiterbildungen im Medienbereich wahrnehmen (Lorenz et al. 2016). Nimmt man den Befund hinzu, dass in Deutschland ein negativer Zusammenhang zwischen der Dauer des Computereinsatzes im Unterricht und den Kompetenzen der Schülerinnen und Schüler besteht, so kann dies so gedeutet werden, dass der Einsatz nicht lernförderlich im Hinblick auf die computer- und informationsbezogenen Kompetenzen der Lernenden erfolgt, was angesichts der fehlenden Lerngelegenheiten in den einzelnen Ausbildungsphasen und damit verbundener fehlender mediendidaktischer und -erzieherischer Expertise mindestens plausibel erscheint (Lorenz et al. 2016).

Geht man davon aus, dass medienbezogene Einstellungen ein wichtiger Prädiktor für einen lernförderlichen Medieneinsatz im Unterricht sind, stimmen die Befunde von Gerick und Schaumburg et al. wenig optimistisch: Im europäischen Vergleich überwiegen bei deutschen Lehrkräften deutlich negative Einstellungen in Bezug auf digitale Medien, die oftmals mit organisatorischen Problemen, einer Ablenkung vom Lernen oder etwa der Animierung zum Kopieren aus dem Internet begründet werden (Gerick und Schaumberg 2014, S. 179). Solche kritischen bis ablehnenden Haltungen zeigen sich in jüngeren Studien in dieser Ausprägung nicht mehr. Im Rahmen einer von Lorenz und Endberg durchgeführten, repräsentativen Befragung fordern deutsche Lehrkräfte bundesweit eine stärkere Vorbereitung auf den unterrichtlichen Medieneinsatz in der universitären Lehrerausbildung und in den Studienseminaren während des Referendariats (Gerick und Schaumberg 2016, S. 63). Darin wird mindestens deutlich, dass die Notwendigkeit des Kompetenzerwerbs in diesem Bereich gesehen wird. Möglicherweise sind skeptische oder ablehnende Haltungen auch Ausdruck fachlicher Unsicherheiten und fehlenden Wissens. Damit würde sich in gewisser Weise ein Teufelskreis einstellen, wenn die ablehnende Einstellung mit geringer unterrichtlicher Nutzung einhergeht und letztlich auch die Relevanz von Fort- und Weiterbildungsangeboten überblendet (Kammerl und Ostermann 2010, S. 48). Allerdings zeigen die Ergebnisse der hier berichteten Studie, dass Studierende als angehende Lehrkräfte ebenfalls deutlich positivere Einstellungen zeigen und insofern in Richtung einer grundsätzlichen Offenheit und Bereitschaft zur Auseinandersetzung mit medienpädagogischen Themen deuten.

In Bezug auf medienpädagogische Fähigkeiten wird an der M³K-Gesamtstichprobe deutlich, dass spezifische Kompetenzen, variierend nach den unterschiedenen Bereichen, bei Lehramtsstudierenden in noch nicht zufriedenstellendem Ausmaß vorhanden sind. Diese explorativen Ergebnisse stimmen tendenziell auch mit repräsentativen Selbstauskünften bereits berufstätiger Sekundarstufenlehrkräfte überein, die im Rahmen der ICILS-Erhebung zu ihren Kompetenzen im Umgang mit neuen Technologien in Lehr- und Lernprozessen befragt wurden: Bis zu 40% der Lehrkräfte trauen sich nicht unmittelbar zu, „computer- und informationsbezogene Kompetenzen der Schülerinnen und Schüler durch den Einsatz von neuen Technologien im Unterricht zu fördern" (Lorenz et al. 2016, S. 136). Dass medienpädagogische Ausbildungselemente ertragreich sein können, darauf deuten die Ergebnisse der M³K-Studie hin, wonach diejenigen Studierenden bessere Testwerte erzielen, die einschlägige systematische Lerngelegenheiten hatten.

Zur Frage, worauf bei der curricularen Umsetzung zu achten ist, finden sich in einer qualitativen Studie zur Verankerung medienpädagogischer Kompetenz im Lehramtsstudium an der Universität Göttingen erste Hinweise darauf, dass die Güte der Entwicklung von Lerngelegenheiten im Rahmen der ersten Lehrerausbildungsphase maßgeblich davon abhängt, inwieweit zwischen den Fachdidaktiken und den Bildungswissenschaften systematische Absprachen getroffen werden (Mau 2016, S. 114). Richtet man den Blick auf das gesamte Erwerbsleben von Lehrkräften, rückt dann insbesondere die systematische Weiterqualifikation in den Fokus, die eine zentrale „Gelingensbedingung langfristiger Medienintegration in den Fachunterricht [darstellt] und eine Förderung von Medienbildung in der Schule" (Lorenz und Bos 2016, S. 132) begünstigt.

Die kurze Einbettung ins Feld anderer Studien kann hier nur ausschnitthaft erfolgen. Gleichwohl ermöglicht sie folgende vorläufige Annahmen:

- Potenziale und Einstellungen von Studierenden und Lehrkräften stellen zwar eine günstige Ausgangsbedingung dar, können aber nicht darüber hinweg täuschen, dass eine zugewandte Haltung fehlende Lerngelegenheiten nicht ersetzen kann und über die zitierten Studien hinweg mit Blick auf den lernförderlichen Einsatz von Medien im Unterricht gerade deshalb erhebliche Defizite bestehen.
- Medienpädagogische Defizite beruhen bei Lehramtsstudierenden und berufstätigen Lehrkräften auch auf der strukturellen Gemeinsamkeit fehlender Lerngelegenheiten. Systematische curriculare Entwicklungen sollten deshalb möglichst die gesamte Ausbildungs- und Erwerbsbiografie von Lehrkräften in den Blick nehmen und aufeinander abgestimmt werden. Dabei ist insbesondere die Zweigleisigkeit dieses Unterfangens zu beachten: Auch wenn es gelingt, eine systematische curiculare Struktur vom ersten Tag des Lehramtsstudiums zu entwickeln, müssen für diejenigen Lehrkräfte für Jahrzehnte gesonderte Weiterbildungsstrukturen vorgehalten werden, die sich dann bereits im Dienst befinden.
- In Bezug auf die Modellierung und Messung medienpädagogischer Kompetenz sind weitergehende Untersuchungen notwendig, die zum einen die Güte des Instruments verbessern und zweitens den Fokus noch stärker auch auf solche Kompetenzen richten, die sich nicht nur auf die wissenschaftlichen Grundlagen in der ersten Phase richten, sondern auch auf die Performanzebene der späteren beruflichen Tätigkeit (dazu auch Blömeke et al. 2015).

Literatur

Angeli, C., & Valanides, N. (2009). Epistemological and methodological issues for the conceptualization, development, and assessment of ICT-TPCK: Advances in Technological Pedagogical Content Knowledge (TPCK). *Computers & Education 52*, 154–168.

Archambault, L. M., & Barnett, J. H. (2010). Revisiting technological pedagogical content knowledge: Exploring the TPACK framework. *Computers & Education 55*, 1656–1662.

Archambault, L. M., & Crippen, K. (2009). Examining TPACK among K-12 Online Distance Educators in the United States. *Contemporary Issues in Technology and Teacher Education 9*, 71–88.

Bandura, A. (1977). Self-efficacy: Toward a unifying theory of behavioral change. *Psychological Review 84*, 191- 215.

Bandura, A. (1997). *Self-efficacy: The exercise of control*. New York: Freeman.

Bertelsmann Stiftung (2016). *Monitor Digitale Bildung. Berufliche Ausbildung im Digitalen Zeitalter*. Gütersloh: Bertelsmann Stiftung 2016.

Blömeke, S. (2000). *Medienpädagogische Kompetenz*. München: koepaed Verlag.

Blömeke, S. (2001). Analyse von Konzepten zum Erwerb medienpädagogischer Kompetenz. *Jahrbuch Medienpädagogik 2*, 27–47.

Blömeke, S. (2003). Medienpädagogische Kompetenz. Theoretische Grundlagen und erste empirische Befunde. *Empirische Pädagogik 17*, 196–216.

Breiter, A., Aufenanger, S., Averbeck, I., Welling, S., & Wedjelek, M. (2013). *Medienintegration in Grundschulen*. Berlin: Vistas.

Châlons, Ch., & Dufft, N. (2016). Die Rolle der IT als Enabler für Digitalisierung. In F. Abolhassan (Hrsg.), *Was treibt die Digitalisierung? Warum an der Cloud kein Weg vorbeiführt* (S.27–37). Wiesbaden: Springer Fachmedien.

Gerick, J., Schaumburg, H., Kahnert, J., & Eickelmann, B. (2014). Lehr- und Lernbedingungen des Erwerbs computer- und informationsbezogener Kompetenzen in den ICILS-2013-Teilnehmerländern. In W. Bos, B. Eickelmann, J. Gerick et al. (Hrsg.), *ICILS 2013 Computer- und informationsbezogene Kompetenzen von Schülerinnen und Schülern in der 8. Jahrgangsstufe im internationalen Vergleich* (S. 147–196). New York: Waxmann.

Gysbers, A. (2008). *Lehrer, Medien, Kompetenz. Eine empirische Untersuchung zur medienpädagogischen Kompetenz und Performanz niedersächsischer Lehrkräfte*. Berlin: Vistas.

Herzig, B., Schaper, N., Martin, A., & Ossenschmidt, D. (2016). *Schlussbericht zum BMBF Verbundprojekt M^{3}K – Modellierung und Messung medienpädagogischer Kompetenz, Teilprojekt: Medienerzieherische und mediendidaktische Facetten und handlungsleitende Einstellungen*. Paderborn: Universität, Fakultät für Kulturwissenschaften, Institut für Erziehungswissenschaft/ Institut für Humanwissenschaften.

Horzum, M. B., Akgün, Ö. E., & Öztürk, E. (2014). The Psychometric Properties of the Technological Pedagogical Content Knowledge Scale. *International Online Journal of Educational Scienes 6*, 544–557.

Imort, P., & Niesyto, H. (Hrsg.). (2014). *Grundbildung Medien in pädagogischen Studiengängen: Ansätze und Entwicklungsperspektiven 2014*. München: kopead Verlag.

ISTE (International Society for Technology in Education) (o.J.). The ISTE NETS and Performance Indicators for Teachers (NETS-T). http://www.iste.org/standards/standards-for-teachers/nets-for-teachers-2008. Zugegriffen: 27.09.2016.

Kammerl, R., & Ostermann, S. (2010). *Medienbildung – (k)ein Unterrichtsfach? Eine Expertise zum Stellenwert der Medienkompetenzförderung in Schulen.* Hamburg: Medienanstalt Hamburg Schleswig-Holstein (MA HSH).

KMK (2004). *Standards für die Lehrerbildung: Bildungswissenschaften.* Bonn: KMK 2004.

KMK (2012). *Medienbildung in der Schule.* Bonn: KMK 2012.

KMK [Kultusministerkonferenz]: Strategie der Kultusministerkonferenz „Bildung in der digitalen Welt". Version 1.0 (Entwurf). Stand: 27.04.2016.

Krotz, F. (2012). Von der Entdeckung der Zentralperspektive zur Augmented Reality: Wie Mediatisierung funktioniert. In F. Krotz & A. Hepp (Hrsg.), *Mediatisierte Welten. Forschungsfelder und Beschreibungsansätze* (S. 27–55). Wiesbaden: VS Verlag.

Kunter, M., & Pohlmann, B. (2009). Lehrer. In J. Müller & E. Wild (Hrsg.), *Einführung in die Pädagogische Psychologie* (S. 261–282). Berlin: Springer Verlag.

Kushner Benson, S. N.,& Ward, C. L. (2013). Teaching with technology: Using TPACK to understand teaching expertise in online higher education. *Journal of Educational Computing Research 48*, 153–171.

Lee, M.-H.,& Tsai, C.-C. (2010). Exploring teachers' perceived self-efficacy and technological pedagogical content knowledge with respect to educational use of the World Wide Web. *Instructional Science 38*, 1–21.

Lorenz, R. & Bos, W. (2016). Wie Schulleitungen Medienbildung fördern können. *Pädagogische Führung. Zeitschrift für Schulleitung und Schulberatung 27*, 128–132.

Lorenz, R., & Endberg, M. (2016). Digitale Medien in der Lehrerausbildung. Die Sichtweise aus der Unterrichtspraxis. *merz 60*, 60–65.

Lorenz, R., Gerick, J., Wendt, H., & Weischenberg, J. (2016). Einschätzung von Sekundarstufenlehrkräften zu ihren Kompetenzen im Umgang mit neuen Technologien in Lehr- und Lernprozessen. In B. Eickelmann, J. Gerick, K. Drossel et al. (Hrsg.), *ICILS 2013. Vertiefende Analysen zu computer- und informationsbezogenen Kompetenzen von Jugendlichen* (S. 119–142). Münster: Waxmann.

Magenheim, J., Nelles, W., Rhode, T., Schaper, N., Schubert, S., & Stechert, P. (2010). Competencies for Informatics Systems and Modeling. Results of Qualitative Content Analysis of Expert Interviews. ieeexplore.ieee.org/search/freesrchabstract.jsp?tp=&arnumber=5492535. Zugegriffen: 27.09.2016.

Mau, T. (2016). *Stand und Perspektvien der Medienbildung in der Lehrerbildung. Eine empirische Studie am Beispiel der Universität Göttingen.* München: kopaed Verlag.

Messick, S. (1995). Validity of psychological assessment: Validation of inferences from persons' responses and performances as scientific inquiry into score meaning. *American Psychologist 50*, 741–749.

Mishra, P., & Koehler, M. (2006). Technological pedagogical content knowledge: A framework for teacher knowledge. *The Teachers College Record 108*, 1017–1054.

Müller, J. (2015). Digitalisierung. Die Grundlage der digitalen Geselschaft. *LOG IN 180*, 67–76.

Saengbanchong, V., Wiratchai, N., & Bowarnkitiwong, S. (2014), Validating the Technological Pedagogical Content Knowledge Appropriate for Instructing Students (TPACK-S) of Preservice Teachers. *Procedia – Social and Behavioral Science 116*, 524–530.

Sang, G., Valcke, M., van Braak, J., & Tondeur, J. (2010). Student teachers' thinking processes and ICT integration: predictors of prospective teaching behaviors with educational technology. *Computers & Education 54* , 103–112.

Schaper, N. (2009). Aufgabenfelder und Perspektiven bei der Kompetenzmodellierung und –messung in der Lehrerbildung. *Lehrerbildung auf dem Prüfstand 2* ,166–199.

Tondeur, J., van Braak, J., Sang, G., Voogt, J., Fisser, P., & Ottenbreit-Leftwich, A. (2012). Preparing pre-service teachers to integrate technology in education: A synthesis of qualitative evidence. *Computers & Education 59*, 134–144.

Tulodziecki, G. (2006). Zur Entwicklung lehr-lerntheoretisch basierter Kompetenzen in der Lehrerbildung. In W. Plöger (Hrsg.), *Was müssen Lehrerinnen und Lehrer können? Beiträge zur Kompetenzorientierung in der Lehrerbildung* (S. 137–154). Paderborn: Schöningh Verlag. Tulodziecki, G., Herzig, B., & Grafe, S. (2010): *Medienbildung in Schule und Unterricht*. Bad Heilbrunn: Klinkhardt/UTB.

Voogt, J. M., Fisser, P., Pareja Roblin, N., Tondeur, J., & van Braak, J. (2013). Technological Pedagogical Content Knowledge – a review of the literature. *Journal of computer assisted learning 29*, 109–121.

Wilson, C., Grizzle, A., Tuazon, R., Akyempong, K., & Cheung, C.-K. (2011). *Media and Information Literacy Curriculum for Teachers*. Paris, France: United Nations Educational, Scientific and Cultural Organization.

Yeh, Y.-F., Hsu, Y.-S., Wu, H.-K., Hwang, F.-K., & Lin, T.-C. (2013). Developing and validating technological pedagogical content knowledge-practical (TPACK-practical) through the Delphi survey technique. *British Journal of Educational Technology 45*, 707–722.

Teil II

Instruktionales Design digitaler Lernumgebungen

Orchestrierungsmodelle und -szenarien technologie-unterstützten Lernens

Armin Weinberger

Digitale Medien und Bildungstechnologien werden in unterschiedlichen Bildungssektoren verwendet, sowohl um traditionellen Unterricht und selbstgesteuertes Lernen anzureichern als auch um computerbasierte Lernformate z. B. kooperatives Lernen online zu unterstützen (Kerres 2016a). So wie offen zugängliche digitale Medien ubiquitär unseren Alltag und damit auch informelles Lernen außerhalb pädagogischer Institutionen durchdringen (Kerres 2016b), werden Bildungstechnologien mittlerweile als selbstverständlicher Bestandteil der Lehrpraxis verstanden (Kirschner 2015). Auf eben diese Entwicklung bezieht sich der Begriff „Digitalisierung der Bildung". Unsere lern- und wissensbezogenen Aktivitäten beziehen zu einem übergroßen Teil digitale Medien ein. Im Gegenzug werden Lernaktivitäten digital erfasst und auf dieser Basis Lernangebote angepasst. Vormals individuelle Lernaktivitäten können mit Lernpartnern geteilt werden, z. B. bei der gemeinsamen Erstellung von Dokumenten in geteilten, virtuellen Arbeitsräumen („shared workspaces") oder beim sozialen Lesen, das nicht nur den Lesefortschritt, sondern auch Gedanken zu Textstellen mit anderen teilen lässt.

Dabei ist der Begriff „Digitalisierung der Bildung" insofern nicht unproblematisch, weil Bildung Prozesse der Selbstwerdung und der Sozialisation umfasst, die gerade nicht auf einzelne Lernszenarien und -technologien reduziert werden können. Entsprechend gibt es auch keine „analoge Bildung" wie Kerres (2016a) anmerkt.

Dennoch verändern sich vor diesem Hintergrund auch die Möglichkeiten und Anforderungen an die Gestaltung technologie-unterstützter Lernumgebungen, nämlich unterschiedliche Lernorte und Lernarrangements sinnvoll miteinander zu verbinden bzw. zu *orchestrieren.*

1 Was ist Orchestrierung?

Der Begriff „Orchestrierung" ist zuvorderst eine Metapher mit mehreren Facetten: wie ein Musikstück für ein unterschiedlich großes Orchester angepasst werden muss, so müssen auch pädagogische Ansätze für unterschiedliche Lernumgebungen angeglichen werden. Es gibt unterschiedliche Rollen, insbesondere die Rolle des Lehrenden und die der Schüler. Es existieren diverse Musikstile und Stile der Orchesterleitung so wie es verschiedene Ansätze und Lehr-Lernformen gibt. Zentrales Qualitätsmerkmal und Ziel aller Bemühungen sind jedoch die resultierende Musik bzw. die Lernprozesse und Lernergebnisse. Wie bei den meisten Metaphern, ist der Vergleich nur eingeschränkt möglich und dient mitunter der Betonung spezifischer Aspekte des Konzepts, etwa die beim technologie-unterstützten Lernen häufig vernachlässigte Bedeutung der Lehrkraft als „Dirigent" (Dillenbourg 2015).

Mehrere Definitionen loten die Grenzen dieser Metapher aus und diskutieren mehrere Facetten des relativ neuen Konzepts der Orchestrierung im Kontext technologie-unterstützten Lernens und Lehrens. Orchestrierung wird etwa als Prozess verstanden, der Unterstützungsmaßnahmen über mehrere Lernaktivitäten unterschiedlicher Sozialformen hinweg koordiniert (Fischer und Dillenbourg 2006). Orchestrierung bedeutet insbesondere die Verknüpfung unterschiedlicher sozialer Modi des Lernens (individuell, in Kleingruppen, im Klassenverband, in Online-Gemeinschaften) mit unterschiedlichen Kontexten (Klassenzimmer, zu Hause, Labor, Arbeitsplatz, auf Exkursion) und Medien (Videos, Blogs, Simulationen; Dillenbourg et al. 2009). Diese unterschiedlichen instruktionalen Elemente können Lernprozesse synergistisch unterstützen (Tabak 2004). Mit einem deutlichen Bezug auf instruktionales Design definierte Prieto (2012, S. 61) Orchestrierung als „process by which teachers and other actors design, manage, adapt and assess learning activities, aligning the resources at their disposal to achieve the maximum learning effect, informed by theory while complying pragmatically with the contextual constraints of the setting".

Demgegenüber verwendet Trouche (2004) den Begriff „instrumentelle Orchestrierung" im Zusammenhang mit der Appropriation von Werkzeugen (Instrumentalisierung) einerseits und den sowohl ermöglichenden als auch einschränkenden Eigenschaften technologie-unterstützter Lernumgebungen (Instrumentierung) andererseits. Auch bei Trouches Einführung des Begriffs wird deutlich gemacht, dass Orchestrierung ein Merkmal instruktionaler Unterstützung in komplexen Lernumgebungen ist und darauf abzielt, Lernende bei der Aneignung kognitiver Werkzeuge – von Trouche instrumentelle Genese genannt – anzuleiten. Um wieder zur Musikmetapher zurückzukehren: Orchestrierung thematisiert demnach nicht nur die Anordnung von Noten, Instrumenten und Musikern, sondern die Rezeption der Musik, d.h. deren Wahrnehmung, die Reaktionen, Umsetzungen und Verinnerlichung.

Während in diesen Definitionen von lernförderlicher Orchestrierung die Rede ist, fehlt bislang ein anwendungsorientiertes Modell, das Richtlinien zur Gestaltung orchestrierter Lernumgebungen entwickelt (Prieto et al. 2015). Vielmehr werden Aspekte genannt, die in Bezug auf Orchestrierung relevant sind und angeordnet werden müssen, nämlich die Gestaltung, das Umsetzen und Regulieren, die formative Evaluation und die Anpassung einer Lernumgebung sowie die jeweiligen Akteure darin. In Anlehnung an das Modell von Prieto et al. (2011, 2012) wird hier zunächst ein Modell entwickelt, das aufeinander aufbauende Orchestrierungsebenen und Beispiele orchestrierter Lernumgebungen und –ansätze anführt.

2 Ein deskriptives Orchestrierungsmodell technologie-unterstützten Lernens

Orchestrierung umfasst ganz unterschiedliche Aspekte und Ansätze reichhaltige Lernumgebungen zu entwickeln, die mehrere Lernziele mit diversen Lernarrangements und Technologien realisieren. Beispielhaft für so eine orchestrierte Lernumgebung ist, dass Lehrkräfte und Lerner Bildungstechnologien wie etwa einen Software-Werkzeugkasten instrumentalisieren, der Lerner durch Kontexte wie Schulunterricht, Interessensgruppen, Schulausflüge und individuelle Hausaufgabenbearbeitung begleitet (Sharples et al. 2014). Dabei werden formale und informelle, individuelle und soziale Lernarrangements miteinander verbunden und Lernende in die Rolle von Wissenschaftlern versetzt, die selbständig Experimente planen und durchführen, Evidenzen sammeln und bewerten sowie die Befunde miteinander diskutieren.

Notwendig erscheint jedoch, die vielfachen, normativen Verwendungen des Begriffs Orchestrierung überzuführen in eine analytische Perspektive. So wirbt Orchestrierung nicht mehr allein etwa für Fokussierung auf den Lehrer im Klassenzimmer unter Verwendung einfacher Technologien. Ebenso wenig steht Orchestrierung für die genaue Umsetzung technologie-unterstützter Lehr-Lern-Designs oder für die Umsetzung spezifischer Ansätze oder Bildungstechnologien. Vielmehr adressiert Orchestrierung die günstigen oder ungünstigen Wechselwirkungen von instruktionalen Elementen, die auf unterschiedlichen Ebenen angesiedelten sind.

Die Idee orchestrierter Lernumgebungen weist somit auf offene bildungstechnologische Fragestellungen, die neben Labor- auch Feldstudien erfordern (Roschelle et al. 2013). Diese Fragestellungen können in einem deskriptiven Orchestrierungsmodell hierarchisch angeordnet werden, dessen Ebenen logisch konsekutiven Designschritten entsprechen (siehe Abb. 1).

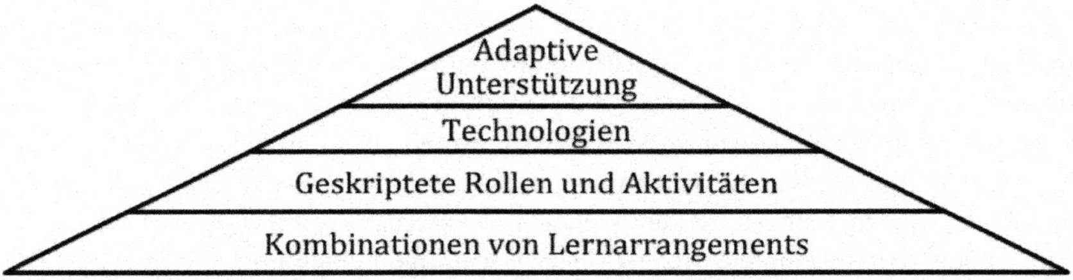

Abbildung 1 Deskriptives Orchestrierungsmodell aufeinander aufbauender Ebenen (Quelle: eigene Darstellung)

Diese aufeinander aufbauenden Ebenen von Orchestrierungen sind 1) die Kombination von Lernarrangements und deren Verknüpfung, 2) die Vorgabe und Verteilung mehrerer Lerner- und Lehrerrollen, 3) die Technologieunterstützung von Lernprozessen in einer Ökologie von Geräten sowie 4) die Planung und adaptive Unterstützung von Lernaktivitäten.

Die Fragestellungen innerhalb jeder dieser Ebenen betreffen Effekte, Mechanismen und Prinzipien der Interaktion der instruktionalen Elemente innerhalb der jeweiligen Ebene und beziehen sich stets auf die Gestaltung der Lernumgebung hinsichtlich der jeweiligen Lernziele.

Fragestellungen hinsichtlich der ersten Ebene (Kombination von Lernarrangements) sind z.B.:

1. Welche Effekte haben unterschiedliche Kombinationen von Lernarrangements auf Lernprozesse und –ergebnisse?
2. Welche motivationalen und kognitiven Mechanismen können in Bezug auf Lernarrangement-Kombinationen identifiziert werden?

Hinsichtlich der zweiten Ebene (Geskriptete Rollen und Aktivitäten) lauten Beispielfragen etwa:

3. In welchem Zusammenhang stehen Lernaktivitäten und Lernergebnisse?
4. Welche Rolle spielen Lernereigenschaften in Bezug auf das Verständnis und die Aneignung von geskripteten Lernaktivitäten?

Fragestellungen der dritten Ebene (Technologien) sind:

5. Welche Lernaktivitäten ermöglichen oder schränken Technologien ein?
6. Wie werden Technologien von Lernenden instrumentalisiert?

Fragestellungen der vierten Ebene (Adaptive Unterstützung):

7. Inwiefern können Lerner dabei unterstützt werden, sich und ihre Lernpartner zu regulieren?
8. Wie können Lernvorgaben mit den jeweiligen Rückmeldungen innerhalb einer technologie-unterstützten Lernumgebung effektiv verknüpft werden?

Innerhalb dieser Ebenen werden im Folgenden instruktionale Elemente identifiziert, die miteinander orchestriert werden können. Außerdem werden – soweit vorhanden – Befunde zu Fragen der Orchestrierung erörtert. Wie Fragen der Instrumentalisierung dieser Komponenten eines deskriptiven Orchestrierungsmodells spezifiziert und überprüft werden können sowie wie ein präskriptives Orchestrierungsmodell entwickelt werden kann, sind Ziele der abschließenden Überlegungen.

Kombination und Verknüpfung von Lernarrangements

Die grundlegende Ebene des Orchestrierungskonzepts ist die Verknüpfung von Lernarrangements, was sowohl unterschiedliche *soziale Modi des Lernens* (z.B. individuell, kooperativ, Klassenverband) als auch *Lernkontexte* (zu Hause, im Seminar, in Diskussionsforen, in Simulationen) und *Lernobjekte* (z.B. Text, Videos) umfasst (siehe Abb. 2; Dillenbourg et al. 2009).

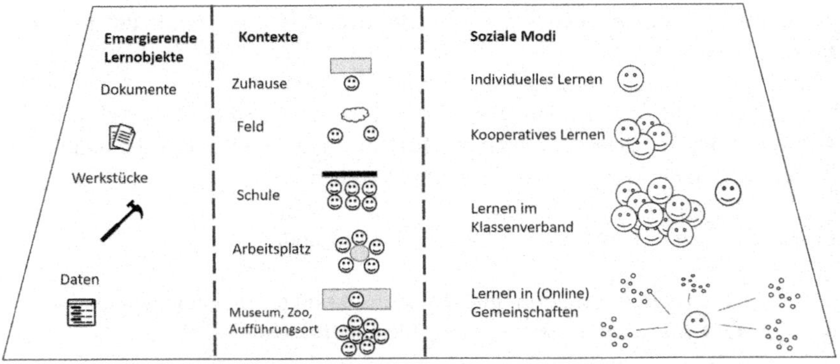

Abbildung 2 Kombination von Lernarrangements, definiert durch soziale Modi, Kontexte und Emergierende Lernobjekte (Quelle: eigene Darstellung)

Soziale Modi

Auch wenn instruktionale Designansätze typischerweise die Kombination von Lernarrangements als ein wesentliches Merkmal guter Lehre empfehlen (Kerres 2016c; Meyer 2002), so existieren nur punktuell wissenschaftliche Befunde etwa zur Sequenzierung von Lernarrangements mit unterschiedlichen sozialen Modi. Z.B. zeigt sich eine einfache Sequenzierung von Hausaufgaben als Form selbstgesteuerten, individuellen Lernens zu Hause mit dem Lernen im Klassenverband nicht prinzipiell als effektiv (Dettmers et al. 2009; Kohler 2011). Vielmehr scheint es darauf anzukommen, wie Hausaufgaben und Unterricht so orchestriert werden, dass Lernende kognitive Anstrengung investieren und im Unterricht Gelerntes wiederholt üben (Cooper 2007; Hattie 2014; Trautwein und Lüdtke 2009).

Kontexte

Der Kombination von Lernorten wurde insbesondere in der beruflichen Aus- und Weiterbildung diskutiert (Pätzold und Goerke 2006). Hier wurde dem Konzept „Lernort“ durchwegs besondere Bedeutung als „Lernkontext“ jenseits bloßer Räumlichkeit beigemessen. Demgegenüber steht aber ein Mangel an empirischer Forschung, die auf das Thema Kontexte konzentriert. Die Auswahl Lernkontexte, wie sie auch in Abb. 2 getroffen wird, bleibt unvollständig. Neben Museen, Zoologischen Gärten, Lernwerkstätten sind viele weitere Lernorte zu nennen.

Im Bereich technologie-unterstützten Lernens wurde Orchestrierung v.a. in Form des Blended Learning thematisiert (Kerres und de Witt 2003). Blended Learning verknüpft Online- und Präsenzlehre miteinander mit dem Ziel einer Mischung beider Lernorte (Osguthorpe und Graham 2003). Blended Learning meint jedoch typischerweise eine „Hängebrücken-Struktur", in der die Online-Phase ein erstes Kennenlernen mit einem abschließenden Treffen verbindet. Allerdings unterscheiden bereits Osguthorpe und Graham (2003) mehrere Formen des Blended Learning. Eine Form des Blended Learning sieht z.B. unbetreute Online-Umgebungen vor, die für unterschiedliche Gruppen von Lernern zugänglich sind und eine kopräsente Lehrveranstaltung begleiten. Auch der umgekehrte Fall selbstorganisierten, kopräsenten Lernens mit Online-Betreuung kann laut Osguthorpe und Graham als Blended Learning Szenario realisiert werden. Blended Learning ermöglicht neue zeitliche Gliederungen der Lernprozesse und findet in mehreren Lernorten und –kontexten statt, z.B. sowohl im Seminarraum als auch am Arbeitsplatz.

Emergierende Lernobjekte

Eine der zentralen bildungstechnologischen Fragen betrifft nicht nur die Abfolge von Lernarrangements, sondern deren Verknüpfung. Eine Möglichkeit für die Verknüpfung von Lernarrangements stellen emergierende Lernobjekte (ELOs) dar (de Jong et al. 2012; Hoppe 2007). Verschiedene Lernszenarien sehen häufig vor, dass Lernende Artefakte herstellen, wie z.B. Analysen, Datensammlungen oder Werkstücke. Diese ELOs können die Grundlage für die Verknüpfung von Lernarrangements darstellen. Die Lernaktivitäten, die wiederum mit der Erstellung und Weiterverarbeitung von ELOs verbunden sind, können unterschiedliche Verknüpfungen von Lernarrangements definieren, wie z.B. Rückmeldung und Kritik an ELOs von Lehrern und Mitschülern bzw. Lernpartner, Vergleich und Kombination von ELOs der Lernpartner oder -gruppen, Elaboration und Überarbeitung von ELOs, Einsetzen und Testen von ELOs, Austausch und Wiederverwendung von ELOs.

Neben deskriptiven Befunden zu einzelnen Forschungsfeldern wie Hausaufgaben oder Blended Learning stellt sich die Frage, wie und warum Orchestrierungen von Lernarrangements lernförderlich sind, um Schlussfolgerungen auf die Gestaltung zukünftiger, orchestrierter Lernumgebungen zu erlauben. Zukünftige Forschung kann darauf abzielen, individuelle, internale Zustände und Prozesse (z.B. Erwartungen, Einstellungen und Vorwissen) mit Charakteristika der Lernumgebung in Zusammenhang zu setzen. Untersucht werden kann, wie Lerner Kombinationen von Lernarrangements interpretieren und welche Bezüge Lerner zwischen unterschiedlichen Lernarrangements herstellen. Eigentümerschaft über emergierende Lernobjekte kann dabei Anreize generieren, die jeweiligen ELOs in unterschiedlichen Lernarrangements auszuarbeiten, vorzustellen und iterativ zu verbessern.

3 Verteilung mehrerer Lerner- und Lehrerrollen

Orchestrierung ermöglicht und verbindet unterschiedliche Lernerfahrungen miteinander, was nicht nur den Einsatz diverser Medien oder Lernarrangements, sondern auch mehrere Lerner- und Lehrerrollen voraussetzt. In traditionellen Lernumgebungen sind die überschaubaren und stetig wiederkehrenden Rollen, Ressourcen und Aktivitäten relativ gut definiert und allen Akteuren wohlbekannt. Demgegenüber stellen technologie-unterstützte Lernumgebungen mit komplexen Lernzielen Lerner und Lehrer mitunter vor Aufgaben, die weniger gut definierte Rollen und Aktivitäten erfordern. Im Kontext computer-unterstützten, kooperativen Lernens wurde daher der instruktionale Kooperationsskript-Ansatz entwickelt, der die unterschiedlichen Komponenten in einer kooperativen Lernumgebung neu anordnet (Fischer et al. 2007).

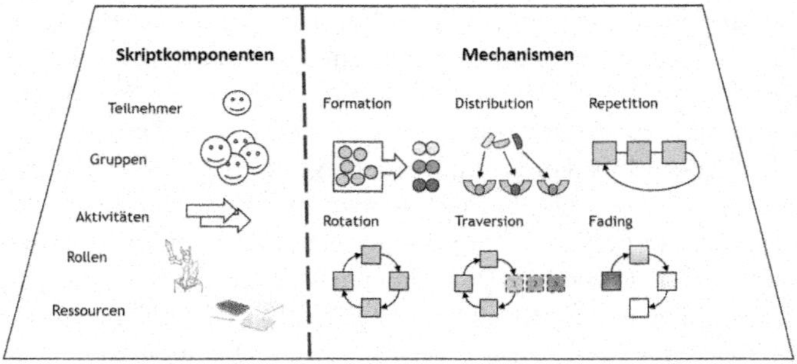

Abbildung 3 Verteilung mehrerer Lehrer- und Lernerrollen mittels Kooperationsskripts aus Kobbe et al. (2007)

Skriptkomponenten

Mehrere Skriptkomponenten wurden spezifiziert, die mittels verschiedener Mechanismen miteinander orchestriert werden können (siehe Abb. 3; Kobbe et al. 2007). Diese Skriptkomponenten sind Teilnehmer, Gruppen, Aktivitäten, Rollen und Ressourcen. Die zentrale Idee des Skript-Ansatzes ist es diese Skriptkomponenten zu orchestrieren, um produktive Interaktionsmuster zu unterstützen. Eine mögliche Zuordnung wäre etwa, Lernern bestimmte Rollen und Aktivitäten zuzuweisen. Das kann durch eine entsprechende Gestaltung einer technologie-unterstützten Lernumgebung realisiert werden, z.B. durch das Vorstrukturieren von Textnachrichten, die Verteilung von Zugangsrechten zu spezifischen Aufgabenbereichen und der Zuweisung bestimmter Rollen und Verantwortlichkeiten. Das in kooperativen Diskussionsaufgaben besonders wirksame Peer-Review-Skript sieht z.B. vor, dass Lernende Problemfälle individuell analysieren und diese Analysen dann von ihren Lernpartnern konstruktiv kritisiert werden, um sie schließlich gemeinsam zu verbessern (Weinberger et al. 2005). Kooperationsskripts regulieren also die Lernaktivitäten und stellen prozessbezogene Instruktionen dar, die Lerner befähigen sollen, Lernaufgaben jenseits ihrer aktuellen Kompetenzstufe zu bewältigen (Weinberger 2011). Skripts können sowohl für das Lernen selbst irrelevante Prozesse steuern und z.B. das Zeitmanagement der Lerner übernehmen bzw. vorgeben. Skripts können Lernende darauf aufmerksam machen, wie ihre Lernprozesse und Lernergebnisse mit den Aktivitäten der Lernpartner und Tutoren verknüpft sind, und bestimmte Strategien und Verhaltensmuster fördern, die auch in zukünftigen Lernaufgaben eingesetzt werden können bzw. selbst ein prozedurales Lernziel darstellen (ibid.).

Mechanismen

Daraus ergeben sich wiederum Skriptfamilien wie z.B. das oben beschriebene Peer-Review-Skript. Skripts innerhalb dieser Skriptfamilien können modifiziert werden, indem unterschiedliche Mechanismen eingesetzt werden, um die Grundidee der jeweiligen Skriptfamilie zu realisieren. So könnte ein Peer-Review-Skript z.B. durch heterogene Gruppenformation (Gruppen werden so zusammengestellt, dass Lernende mit unterschiedlichen Meinungen oder Vorwissen aufeinandertreffen), durch die Verteilung komplementärer Ressourcen, etwa konträrer Theorietexte, oder die Verteilung komplementärer Rollen (Lerner A wird Fallanalytiker, Lerner B erhält die Rolle eines Kritikers) realisiert werden.

Rollen und Skripts können funktional sein für eine spezifische Lernumgebung, etwa indem sie Zugänge zu spezifischen Lernorten oder Werkzeugen regeln, aber auch übergeordnete, prozedurale Lernziele repräsentieren (Weinberger 2011). Ein Beispiel dafür sind Argumentationsskripts, die Lernende anleiten, begründete Argumente und Gegenargumente zu formulieren, anstatt nur Behauptungen für den jeweiligen eigenen Standpunkt beizutragen. Dieses Skript beruht auf der Idee, dass Lernende bei der Konstruktion vollständiger Argumente auch die Lerninhalte elaborieren. Allerdings sollen die nahegelegten Heuristiken wie „Belege Behauptungen!“ oder „Antizipiere Gegenargumente!“ auch internalisiert werden und in zukünftigen Diskussionen verwendet werden können. Die external vorgegebenen Skripts interagieren dabei mit dem prozeduralen Vorwissen, d.h. den bereits internal vorhandenen Skripts der Lerner (Kollar et al. 2007). Internale Skripts können höchst dynamisch sein und setzen sich aus kleineren Komponenten zusammen, d.h. eine Aktivierung des internalen Argumentationsskripts hängt von Umwelt-Anforderungen und -Zwängen ab und kann auch nur in Teilen erfolgen

(Fischer et al. 2013). Ein Lerner, der ein externales Argumentationsskript umsetzen will, trifft möglicherweise auf einen Lernpartner, der andere Ziele wie etwa Anstrengungsvermeidung verfolgt. Entsprechend könnte der Lerner seine momentanen Ziele anpassen wollen und alternative Skriptkomponenten aktivieren, etwa die Lernaufgabe individuell zu erledigen ohne unterschiedliche Perspektiven zu diskutieren. Für die Aneignung externaler Skripts spielen aufeinander aufbauende Schritte wichtige Rollen, nämlich die Wahrnehmung, Interpretation, Umsetzung und Internalisierung der externalen Skriptvorgaben (Stegmann et al. 2016). Demzufolge müssten Lerner Skriptvorgaben zunächst wahrnehmen, daraufhin so interpretieren, dass eine Lernhandlung notwendig umgesetzt wird und schließlich die Skriptvorgaben als prozedurales Wissen internalisiert werden. Die Rolle der individuellen Lernerperspektive und die Abfolge dieser Schritte ist folglich auch für die Entwicklung eines präskriptiven Orchestrierungsmodells von zentraler Bedeutung.

Technologieunterstützung von Lernprozessen in einer Ökologie von Geräten

Das Konzept einer Ökologie von Geräten bezieht sich auf die Tatsache, dass Lerner mit unterschiedlichen, insbesondere auch mobilen Geräten und Systemen, die zueinander in Verbindung stehen und miteinander kommunizieren können, an technologie-unterstütztem Lernen teilhaben (Rick 2009).

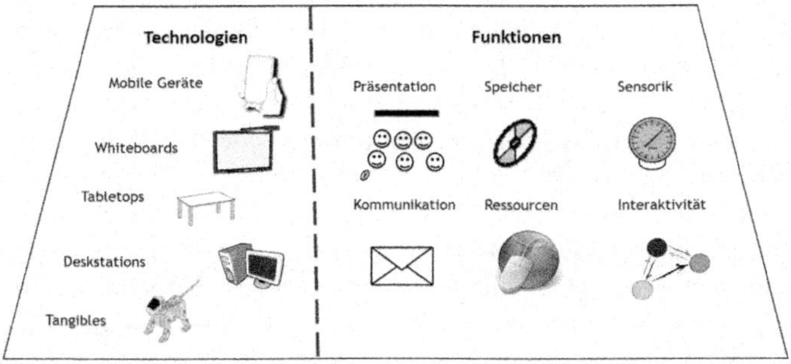

Abbildung 4 Lernen in einer Ökologie von Geräten (Quelle: eigene Darstellung)

Technologien

Eine abschließende Übersicht über im engeren Sinn digitale Technologien aufzustellen wird zunehmend schwieriger, da Rechner ubiquitär, also allgegenwärtig eingesetzt werden. So können neben mobilen und stationären Computern, interaktiven Whiteboards und Tabletops auch Roboter und alle weiteren Dinge wie

Kleidung und Fahrzeuge als Bestandteil einer vernetzten Ökologie von Geräten zugerechnet werden. Auch virtuelle Rechner in der Cloud sind zum ubiquitären Computing zu zählen.

Eine Ökologie von Geräten kann beispielsweise beinhalten, dass Lerner auf Schulausflügen mit mobilen Geräten Daten sammeln und festhalten, die sie dann in der Schule auf gemeinsamen Systemen wie z.B. interaktiven Whiteboards oder Tabletops, oder auch online in shared workspaces, teilen (siehe Abb. 4). Diese Technologien eignen sich jeweils für unterschiedliche Lehr- und Lernaufgaben bzw. Lernarrangements. Interaktive Whiteboards dienen etwa der gemeinsamen Wissensrepräsentation in Klassen (Moss et al. 2007), aber auch als Grundlage für immersive Simulationen, die den gesamten Klassenraum miteinbeziehen (Lui und Slotta 2014). Interaktive Tabletops unterstützen insbesondere Kleingruppen (Rick et al. 2009). Mobile Geräte können individuelle Lernprozesse begleiten, aber auch kooperative Lernszenarien ermöglichen (Roschelle et al. 2007).

Funktionen

In mobilen Lernszenarien geht es häufig darum, die Umwelt zu erforschen, also z.B. im Biologieunterricht Wissen über den Wald vor Ort zu erwerben oder für den Geschichtsunterricht historische Stätten zu erkunden. Relativ einfach umzusetzen ist, mobile Geräte zur Dokumentation der Umwelt zu verwenden, also Fotos zu schießen oder Videos zu drehen sowie Daten zu sammeln – das können eigene Notizen oder vorhandene Web-Ressourcen sein – und diese dann später aufzubereiten, zu annotieren und vorzustellen in Form eines Posters, einer Präsentation, einer Multimedia-Geschichte oder eines Videos. Die für diesen Fall vorgesehenen Funktionen von Technologien sind Sensorik, Speicher und Präsentation. In Kleingruppen können Rollen verteilt werden, z.B. desjenigen der für Fotos oder Videos verantwortlich ist und desjenigen, der weitere Daten sammelt. Je nach Gruppengröße sind weitere Rollen denkbar. Das Team soll dann die gesammelten Daten aufbereiten und zusammenfassen, so dass eine Multimedia-Präsentation daraus wird, die in der Klassengemeinschaft vorgetragen werden kann – etwa unter Zuhilfenahme eines interaktiven Whiteboards oder einer Videopräsentation, aber auch online dokumentiert werden kann. Wichtige Gestaltungsmerkmale für eine derartige Lernumgebung scheinen zu sein, dass Lernende eine Forscherrolle einnehmen und in welcher Weise Lernende bei komplexen und authentischen Aufgaben zusätzlich unterstützt werden können, z.B. durch vorstrukturierte Datenblätter oder definierte Bestandteile der Präsentation. Weiterhin sollten einerseits die Komplexität authentischer Aufgaben reduziert werden, andererseits sollte die digitale Verarbeitung der Daten nur ein Bestandteil von Praxiserfahrungen im Feld sein (Crompton 2015).

Zukünftige, orchestrierte Lernumgebungen, die auf einer Ökologie von Geräten beruhen, stehen vor mehreren technischen Herausforderungen, wie z.B. der Frage wie ELOs systematisch erfasst, gespeichert und mit Meta-Daten versehen werden können (Hoppe 2009). Gegenwärtige Herausforderungen bestehen darin, wie mobile Geräte, über die Lernende selbst verfügen, in aktuelle Lernszenarien integriert werden können. So zeigt eine Beobachtungsstudie, dass mobile Geräte in Hochschulvorlesungen überwiegend vorlesungsfern verwendet werden (Gehlen-Baum und Weinberger 2014), die Aufmerksamkeit der Lerner aber auf die Lerninhalte zurückgeführt werden kann durch Einbezug bildungstechnologischer Ansätze wie Audience Response Systeme und Backchannels, auf die Studierende mit ihren mobilen Geräten zugreifen können (Gehlen-Baum et al. 2012).

4 Planung und adaptive Unterstützung von Lernaktivitäten

Ein letztes, wesentliches Merkmal von Orchestrierung ist, dass nicht nur die Gestaltung von Lernumgebungen vor der eigentlichen Lernzeit, sondern auch Anpassungen während der Lernzeit vorgesehen sind (Prieto et al. 2011, 2015). Planvolle Gestaltung von Lernumgebungen beruht idealtypisch auf Modellen, die Lehrprozesse systematisch analysieren, gestalten, umsetzen und evaluieren helfen. Dabei geht etwa Niegemanns (2013) DO-ID-Modell von den Lernzielen aus, um unter Berücksichtigung weiterer, miteinander interagierender Komponenten, z.B. der Lernercharakteristiken, Lehrformate incl. der darin vorgesehenen Medien und Lernaktivitäten auszuwählen. Z.B. könnte sich für ein Lernziel, das große Mengen an Fakten- und Expertenwissen beinhaltet, eine (Video-)Vorlesung eignen, während sich für das Lernziel „anwendungsbezogenes Wissen“ eher ein problem- oder fallbezogenes Lehrformat eignet. Diese Lernziel-Lernformat-Passung ist allerdings relativ komplex, sei es, dass sich einzelne Komponenten, wie etwa einige Bildungsziele schwerlich fassen lassen oder sich die Interaktion der Komponenten als äußerst vielfältig bzw. dynamisch erweist (Issing 1995). Insofern ist auch die Idee eines fixen instruktionalen Designs problematisch, das wie ein Uhrwerk automatisch abläuft, ungeachtet der sich ändernden Lernerbedürfnisse.

Orchestrierung trägt diesem Problem Rechnung unter der Voraussetzung, dass Lernerverhalten zeitnah erfasst und so analysiert wird, um eine Lernumgebung während der Lernzeit anpassen zu können. Gerade im Rahmen technologie-unterstützten Lernens wird mit Learning-Analytics-Ansätzen versucht, Lernprozesse in Echtzeit mittels der teilweise zufällig anfallenden, großen Datenmengen zu analysieren (Greller und Drachsler 2012). Auch wenn vor dem Einsatz von Learning

Analytics noch mehrere, u.a. auch ethische und rechtliche Fragen offen sind, können Learning Analytics die Grundlage adaptiver Orchestrierungsansätze schaffen.

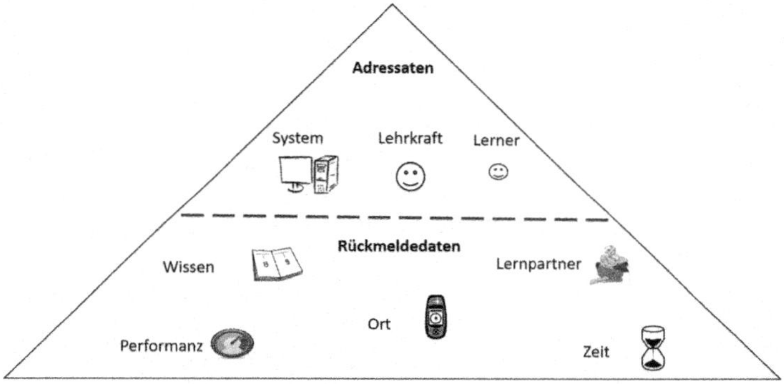

Abbildung 5 Adaptivität durch verschiedene Akteure auf der Basis diverser Rückmeldedaten (Quelle: eigene Darstellung)

Adressaten

Wesentliches Gestaltungsmerkmal flexibler Lernumgebungen ist, welcher Adressat die durch Learning Analytics gewonnenen Kenntnisse erhält und umsetzt. Zum einen kann auf der Basis der so gewonnenen Analysen und Schwellenwerten, eine technologieunterstützte Lernumgebung automatisch an Lernerverhalten anpassen, z.B. mit zusätzlichen Aufforderungen und Hinweisen oder der Auswahl von Lernaufgaben mit angepassten Schwierigkeitsgrad. Dieser „Autopilot-Ansatz" entspricht dem Gedanken einer adaptiven gegenüber einer adaptierbaren Lernumgebung (Leutner 2002).

Des Weiteren können die gewonnenen Daten aggregiert und für eine Lehrkraft in einer Armaturentafel-Perspektive visualisiert werden. Dieser „Dashboard"-oder „Pilot-im-Cockpit-Ansatz" ermöglicht es Lehrkräften auch größere Lernergruppen z.B. in Hinblick auf ihre Lernfortschritte zu überblicken und gegebenenfalls zu unterstützen (Verbert et al. 2014).

Eine dritte Möglichkeit besteht darin, Lernfortschrittsdaten oder weitere, ansonsten möglicherweise verborgene Informationen über gerade stattfindende Lernprozesse dem jeweiligen Lerner selbst darzustellen. Dieser Lerner-Awareness- oder „Fly-yourself-Ansatz" ermöglicht gerade in computer-unterstützten kooperativen Lernszenarien die Selbstregulation Lernender in Bezug auf unterschiedliche Aspekte der Gruppenprozesse zu unterstützen, etwa die Verteilung des Wissens innerhalb einer Gruppe oder die Partizipation der Lernpartner im Vergleich zur eigenen Partizipation (Dehler et al. 2011).

Rückmeldedaten

Neben der Frage nach dem Adressaten (System, Lehrkraft, Lerner), der die Lernumgebung adaptieren soll, steht zur Debatte, welche Daten rückgemeldet werden, auf deren Basis die Lernumgebung angepasst werden soll (siehe Abb. 5).

In Bezug auf Awareness Tools unterscheiden Gutwin und Greenberg (2002) zwischen informeller, sozialer, gruppenstruktureller, und Arbeitsplatz-Awareness. Informelle Awareness bezieht sich auf Wissen darüber, wo sich Lernpartner wann aufhalten und mit was sie sich beschäftigen. Soziale Awareness umfasst Hintergrundwissen über andere. Gruppenstrukturelle Awareness ist Wissen über die Zusammensetzung der Gruppe, die Verteilung von Rollen und Verantwortung. Arbeitsplatz-Awareness schließlich ist das Verständnis über momentane Interaktionen in der Arbeitsumgebung. Diese Gliederung sowie auch die in Abb. 5 exemplarisch angeführten Rückmeldedaten sind allerdings nicht erschöpfend. In Lernkontexten typisch ist wissensbezogene Rückmeldung, z.B. Rückmeldung über den eigenen Wissensstand, aber auch Rückmeldung darüber, wie Wissen in einer Lerngruppe verteilt ist. Rückmeldung über die Performanz kann sich z.B. auf die Qualität und Effizienz von Zwischenschritten beziehen. Rückmeldedaten dienen häufig allein der Orientierung innerhalb einer Lernumgebung und erstrecken sich über konkrete Aspekte wie Zeit und Ort.

Schließlich stellt sich die Frage, auf welche Weise die Lernumgebung angepasst werden soll. Instruktionale Unterstützung im Sinn des „Scaffolding" kann die Lernaufgabe erleichtern oder erschweren (Reiser 2004), um einerseits die Erfüllung der Aufgabe zu ermöglichen und andererseits Lerner herauszufordern, unterschiedliche Perspektiven auf die Lerninhalte zu explorieren. Dabei werden implizit Aussagen über die Fähigkeiten der Lerner getroffen, also inwiefern Lerner die Aufgabe nur mit zusätzlicher Hilfe bewältigen können oder inwiefern den Lernern zusätzliche Aufgaben und Erschwernisse zugetraut werden. Während statische Unterstützung als gegeben wahrgenommen werden darf, werden diese impliziten Fremdattributionen bei dynamischer Unterstützung allerdings besonders salient. Das heißt, dass eine entsprechende Veränderung der Lernumgebung als Aussage über die eigenen Fähigkeiten als selbstwertgefährdend interpretiert werden kann.

Ein weiteres, spezifisches Problem adaptiver Lernumgebungen besteht in „gaming the system", einem Lernerverhalten, das völlig ungezielt Reaktionen der Lernumgebung provoziert, um etwa die Anpassungsmöglichkeiten der Umgebung zu erkunden oder um Lösungsmöglichkeiten so lange auszuprobieren, bis die richtige zufällig gefunden wurde (Baker et al. 2008).

Beide Phänomene können als zentrale Probleme von Orchestrierung betrachtet werden. Wie werden diese Phänomene adressiert und wie kann eine Lernumgebung produktiv angepasst werden?

Auf allen Ebenen des deskriptiven Orchestrierungsmodells entwickeln sich also Fragen, die die Aneignung der instruktionalen Elemente durch die Lerner betreffen: Wie können die instruktionalen Elemente der Lernumgebung auf den unterschiedlichen Ebenen des Orchestrierungsmodells so angeordnet werden, dass Lernende mit hoher Wahrscheinlichkeit sich Konzepte und Werkzeuge auf produktive Weise, d.h. den gegebenen oder den gewählten Lernzielen entsprechend aneignen?

5 Von einem deskriptiven zu einem präskriptiven Orchestrierungsmodell

Das deskriptive Orchestrierungsmodell zeigt auf, wie viele und welche instruktionalen Elemente einer Lernumgebung und deren Relationen auf unterschiedlichen Ebenen mindestens berücksichtigt werden müssen. Darüber hinaus wurden einige Varianten skizziert, wie diese Elemente miteinander orchestriert werden können. Auf jeder dieser Ebenen entfalten sich Fragen zur Intention und der Aneignung der instruktionalen Elemente.

Die Aneignung der instruktionalen Elemente bezieht sich zuvorderst auf instrumentelle Genese im engeren Sinn. Das heißt, Lernende entwickeln Instrumente zur Lösung komplexer Probleme, wobei hier mit Instrumenten funktionale mentale Modelle im Umgang mit Technologien gemeint sind (Drijvers et al. 2004). Vor dem Hintergrund, dass sowohl konzeptuelles als auch prozedurales Wissen wichtige Bestandteile von Kompetenz sind (Siegler 2003), zielt Orchestrierung wie folgt auf eine systematische Förderung einer Kombination von wissens- und fähigkeitsbezogenen Lernzielen sowie meta-kognitiver Kompetenzen ab.

Unabhängig vom Lernziel basiert ein präskriptives Orchestrierungsmodell auf der Annahme, dass die Aneignung der instruktionalen Elemente jegliche Lernprozesse und –ergebnisse beeinflusst. Dies geschieht insbesondere in Bezug auf die Wahrnehmung der Lehrkräfte und Lerner von vier Relationen zwischen instruktionalen Elementen, nämlich 1) Lernumgebung-Lernaktivitäten, 2) Lernaktivitäten-Lernziele, 3) Lerner-Lernumgebung und 4) Lerner-Lernaktivitäten. Die ersten beiden Relationen werden von den Wahrnehmungen und Kenntnissen der Lehrkräfte und Entwickler der jeweiligen Lernumgebung geprägt, die letzten beiden Relationen entstehen aus der Perspektive der Lerner.

Relation 1 zwischen Lernumgebung und Lernaktivitäten beschreibt, welche Lernaktivitäten die ausgewählten instruktionalen Elemente überhaupt ermöglichen. Eine weiterführende Analyse würde darüber hinaus beinhalten, welche nicht-intendierten Aktivitäten innerhalb einer Lernumgebung außerdem denkbar sind.

Relation 2 zwischen Lernaktivitäten und Lernzielen erfordert wiederum eine empirische Analyse, in welchem quantitativen und qualitativen Zusammenhang die vorgesehenen Lernaktivitäten mit den spezifischen Lernzielen stehen. In einem ersten Ansatz kann die Häufigkeit von Lernaktivitäten mit Lernerfolgen in Zusammenhang gebracht werden. Weiterhin müssen Lernpfade und –sequenzen identifiziert werden, die zu den jeweiligen Lernzielen führen. Z.B. kann individuelle Vorbereitung zu differenzierten Effekten in Abhängigkeit von der jeweiligen kooperativen Lernaufgabe führen.

Relation 3 zwischen Lerner und Lernumgebung beinhaltet, wie sich Lerner die jeweiligen instruktionalen Elemente aneignen. Die Aneignung umfasst mehrere kognitive Teilprozesse, Wahrnehmung, Interpretation, Internalisierung, die separat überprüft werden müssen (Stegmann et al. 2016). Bislang noch wenig untersucht ist, wie Lernende die jeweiligen instruktionalen Elemente wahrnehmen und verstehen. Außerdem stellt sich die Frage, wie Lerner die Lernumgebung interpretieren und welche mentalen Modelle Lerner von der Lernumgebung entwickeln. Diese Modelle schließen etwa antizipierte Herausforderungen in der Lernumgebung ein und beziehen sich dabei jeweils auf die projizierten Lehrintentionen. Inwiefern steuern die impliziten Erwartungen die Lernhandlungen, z.B. wird ein ELO zu einem späteren Zeitpunkt von einem Lernpartner oder einer Lehrkraft wieder aufgegriffen? Schließlich stellt sich die Frage inwieweit diese mentalen Modelle sowie die Strategien und Prozeduren, die in einer Lernumgebung gefördert wurden, zeitlich überdauernd sind.

Relation 4 zwischen Lernern und Lernaktivitäten ist ein behavioraler und damit unmittelbar beobachtbarer Teilprozess der Aneignung instruktionaler Elemente. Welche Lernaktivitäten können beobachtet werden und in welchem Verhältnis stehen diese zu den intendierten Lernaktivitäten? Probieren Lerner die technischen Möglichkeiten einer Lernumgebung ungezielt aus im Sinn eines „gaming the system"? Die Analyse dieser Relation kann wiederum Lehrkräfte und Lernumgebungsentwickler informieren hinsichtlich der Relationen 1 und 2.

Grundlage instruktionalen Designs ist, dass Lerner die mehr oder weniger expliziten Anleitungen innerhalb einer Lernumgebung nicht nur befolgen, sondern deren Sinn verstehen und die angeleiteten Praktiken internalisieren. Lerner können allerdings hinsichtlich der genannten Relationen von den vorgesehenen Interpretationen abweichen (siehe Abb. 6; Stegmann et al. 2016; Tchounikine 2016). Zum einen wird vorausgesetzt, dass alle instruktionalen Elemente von Lernern wahrgenommen und deren Funktionen, Anforderungen und Einschränkungen verstanden werden. Des Weiteren ist notwendig, dass Lerner die mit den Elementen verknüpften Intentionen der Lehrkräfte und Gestalter der Lernumgebung interpretieren. Eine weitere Bedingung ist, dass die Lerner in der Lage und willens sind, die intendierten Aktivitäten umzusetzen. Schließlich müssen die mit den Elementen der Lernumgebung verbundenen Aktivitäten auch zu den gesetzten Lernzielen führen. In der Abfolge dieser Schritte kommt es für gewöhnlich zu Streuverlusten. Die Aneignung aller instruktionalen Elemente erfolgt individuell und ein Erlangen spezifischer Lernziele kann auf den Einzelfall bezogen nicht vorbestimmt werden.

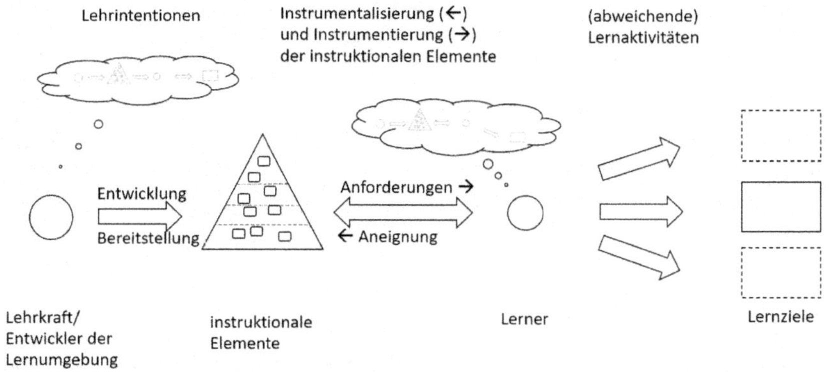

Abbildung 6 Streuverluste bei der Aneignung und Umsetzung der instruktionalen Elemente einer Lernumgebung in einem präskriptiven Orchestrierungsmodell (Quelle: eigene Darstellung)

Bei der Aneignung instruktionaler Elemente gibt es also Freiheitsgrade, die dazu führen können, dass die vorgegebenen Lernziele nicht erreicht werden. Gleichzeitig ist der Interpretationsraum der jeweiligen Lerner notwendig, da eigene mentale Modelle konstruiert werden und nicht kanonische Modelle „abgespeichert" werden. Freiheitsgrade sind außerdem notwendige Merkmale einer Lernaufgabe im Gegensatz zu bereits gemeisterten Aufgaben. Hat beispielsweise ein Lerner den Dreisatz internalisiert und eine entsprechende Routine entwickelt, verlieren Dreisatz-Aufgaben den Charakter einer Lernaufgabe, bei der es etwas Neues zu lernen gibt.

Insofern kann eine Reduktion der Freiheitsgrade durch dem der Instrumentalisierung gegenläufig wirkenden Prozess Instrumentierung problematisch sein. Zwingen die Anforderungen einer Lernumgebung den Lerner zu spezifischen Handlungen, sind Lerner weder herausgefordert, eigene Modelle der erzwungenen Handlungen zu konstruieren, noch entwickeln sich Lerngelegenheiten. Wird ein Lerner z.B. ohne weitere Erklärungen gezwungen in einer Beispielrechnung eine Zahl niederzuschreiben und das Lernziel betrifft nicht etwa den Prozess des Schreibens selbst, so ist es aus Lernerperspektive nicht notwendig, den Sinn einer scheinbar geistlosen Handlung nachzuvollziehen.

Demgegenüber ist jegliche Anordnung instruktionaler Elemente stets mit Blick auf Instrumentierungseffekte ausgelegt, die auf der Reduktion von Freiheitsgraden beruhen. So definiert Bruner (1978, S. 19) „Scaffolding" als instruktionale Maßnahme, die die Freiheitsgrade bei der Aufgabenbearbeitung reduziert. Neben dem Problem der Überregulierung gibt es daher auch das Problem der Unterregulierung, das sich durch ungünstige Lernstrategien und mangelnde Selbstregulation auszeichnet.

Nun können die Ebenen des deskriptiven Orchestrierungsmodells, das die Anordnung instruktionaler Elemente beschreibt, mit den subjektiven Relationen des präskriptiven Orchestrierungsmodells in einer Matrix miteinander verknüpft werden, um Phänomene und Fragestellungen komplexer, technologie-unterstützter Lernumgebungen zuzuordnen (Tab. 1).

Tabelle 1 Matrix Orchestrierungsebenen × subjektrelevante Relationen in einer Lernumgebung mit beispielhaften Forschungsbereichen technologie-unterstützten Lernens (Quelle: eigene Darstellung)

	Relation 1 Lernumgebung-Lernaktivitäten	*Relation 2 Lernaktivitäten-Lernziele*	*Relation 3 Lerner-Lernumgebung*	*Relation 4 Lerner-Lernaktivitäten*
Adaptive Unterstützung	Implizite Instruktion	Pfadvisualisierung erfolgreicher Lerner	Gaming-the- system-Phänomen	Dynamische Ko-Regulation
Technologien	Experten vs. Lerner-Werkzeuge	Externale und internale Wissensrepräsentationen	Technologieakzeptanz	Usability
Geskriptete Rollen	Explizite Instruktion	Modellierung von Lernprozessen	Übernahme von Rollen	Aktivierung und Umsetzung von Skripts
Kombination von Lernarrangements	Anreizstrukturen der Lernumgebung	Kompetenzmodelle	Evaluationserwartungen	Eigentümerschaft von Lernobjekten

Zweck so einer Matrix ist einerseits die planvolle Gestaltung von Lernumgebungen zu unterstützen und andererseits festzustellen, welche theoretischen Bezüge sich zwischen bildungstechnologischen Phänomenen und internalen Lernprozessen herstellen lassen. Dadurch lassen sich Phänomene technologie-unterstützten Lernens mit lernpsychologischen Prozessen erklären und vice versa lernpsychologische Modelle mittels Variation instruktionaler Elemente untersuchen.

Zusammenfassung

In diesem Beitrag wurden unterschiedliche Definitionen von Orchestrierung vorgestellt, denen die Anordnung unterschiedlicher instruktionaler Elemente gemein ist. Diese Elemente wurden in einem deskriptiven Orchestrierungsmodell in aufeinander aufbauenden Ebenen angeordnet, die die Kombination von Lernarrangements, die Verteilung von Rollen, eine Ökologie von Technologien und adaptive Unterstützung vorsehen. In einem präskriptiven Orchestrierungsmodell nimmt neben den Intentionen der Lehrenden die Aneignung der jeweiligen Elemente durch den Lerner eine zentrale Rolle ein. Phänomene technologie-unterstützten Lernens wie „gaming the system“, differenzierte Effekte von Sequenzierungen der Lernarrangements oder die Bedeutung von Eigentümerschaft über emergierende Lernobjekte werden in diesem Modell zugeordnet. Auf diese Weise können auch komplexe Lernumgebungen mit unterschiedlichen instruktionalen Elementen analytisch zerlegt und untersucht werden. Während sich bildungswissenschaftliche Forschung typischerweise mit einzelnen Lernprozessen innerhalb stark kontrollierten Lernarrangements beschäftigt, werden mittels der vorgestellten Orchestrierungsmodelle also authentisch-komplexe Lernumgebungen erforscht, die typischerweise völlig unterschiedliche instruktionale Elemente miteinander orchestrieren.

Literatur

Baker, R., Walonoski, J., Heffernan, N., Roll, I., Corbett, A., & Koedinger, K. (2008). Why students engage in "gaming the system" behavior in interactive learning environments. *Journal of Interactive Learning Research 19*, 185.

Benware, C., & Deci, E. L. (1984). Quality of learning with an active versus passive motivational set. *American Educational Research Journal 21*, 755–765.

Bruner, J. S. (1978). The role of dialogue in language acquisition. In A. Sinclair, R. J. Jarvelle, & W. J. M. Levelt (Hrsg.), *The Child's Concept of Language*. New York: Springer.

Cooper, H. (2007). *The battle over homework*. Thousand Oaks: Corwin Press.

Crompton, H. (2015). Using context-aware ubiquitous learning to support students' understanding of geometry. *Journal of Interactive Media in Education*. doi: http://dx.doi.org/10.5334/jime.aq

Dehler, J., Bodemer, D., Buder, J., & Hesse, F. W. (2011). Guiding knowledge communication in CSCL via group knowledge awareness. Computers in Human Behavior 27, 1068–1078.

Dettmers, S., Trautwein, U., & Lüdtke, O. (2009). The relationship between homework time and achievement is not universal: evidence from multilevel analyses in 40 countries. *School Effectiveness and School Improvement*. doi: 10.1080/09243450902904601

Dillenbourg, P. (2015). *Orchestration graphs: Modeling scalable education*. Lausanne: EPFL Press.

Dillenbourg, P., Järvelä, S., & Fischer, F. (2009). The Evolution of Research on Computer-Supported Collaborative Learning. In N. Balacheff, S. Ludvigsen, T. de Jong, A. Lazonder, & S. Barnes (Hrsg.), *Technology-Enhanced Learning: Principles and Products* (S. 3–19). Dordrecht: Springer Netherlands.

de Jong, T., Weinberger, A., Girault, I., Kluge, A. W., Lazonder, A., Pedaste, M., Ludvigsen, S., Ney, M., Wasson, B., Wichmann, A., Geraedts, C., Giemza, A., Hovardas, T., Julien, R., van Joolingen, W. R., Lejeune, A., Manoli, C. C., Matteman, Y., Sarapuu, T., Verkade, A., Vold, V., & Zacharia, Z. C. (2012). Using scenarios to design complex technology-enhanced learning environments. *Educational Technology Research and Development 60*, 883–901.

Drijvers, P., Tacoma, S., Besamusca, A., Doorman, M., & Boon, P. (2013). Digital resources inviting changes in mid-adopting teachers' practices and orchestrations. *ZDM Mathematics Education*. doi: 10.1007/s11858–013-0535–1

Fischer, F., & Dillenbourg, P. (2006). Challenges of orchestrating computer-supported collaborative learning. *Paper Presented at the 87Th Annual Meeting of the American Educational Research Association (AERA)*. San Francisco: CA.

Fischer, F., Kollar, I., Stegmann, K., & Wecker, C. (2013). Toward a script theory of guidance in computer-supported collaborative learning. *Educational Psychologist*. doi: 10.1080/00461520.2012.748005

Gehlen-Baum, V., & Weinberger, A. (2014). Teaching, learning and media use in today's lectures. *Computers in Human Behavior*. doi: http://dx.doi.org/10.1016/j.chb.2014.04.049

Gehlen-Baum, V., Weinberger, A., Pohl, A., & Bry, F. (2012). Technology use in lectures to enhance students' attention. In C. Rensing, S. de Freitas, T. Ley, & P. J. Muñoz-Merino (Hrsg.), Proceedings of EC-TEL 2012, LNCS 7563 (S. 125–137). Berlin: Springer.

Greller, W., & Drachsler, H. (2012). Translating learning into numbers: A generic framework for learning analytics. *Educational Technology & Society 15*, 42–57.

Gutwin, C., & Greenberg, S. (2002). A framework of awareness for small groups in shared-workspace groupware. *Computer-Supported Cooperative Work 3–4*, 411–446.

Hattie, J. (2008). *Visible learning: A synthesis of over 800 meta-analyses relating to achievement*. London : Routledge.

Hoppe, H. U. (2007). Integrating learning processes across boundaries of media, time and group scale. Research and Practice in Technology Enhanced Learning (RPTEL) 2, 31–49.

Issing, L. J. (1995). Instruktionsdesign für Multimedia. In L. J. Issing, & P. Klimsa (Hrsg.), *Information und Lernen mit Multimedia* (S. 195–220). Weinheim: Beltz PsychologieVerlagsUnion.

Kerres, M. (2016a). E-Learning oder Digitalisierung in der Bildung: Neues Label oder neues Paradigma? *Grundlagen der 2 Weiterbildung – Praxishilfen 7*, 159–171.

Kerres, M. (2016b). E-Learning vs. Digitalisierung der Bildung: Neues Label oder neues Paradigma? In A. Hohenstein, & K. Wilbers (Hrsg.), *Handbuch E-Learning*. 63. Ergänzungslieferung, Mai. Köln: Deutscher Wirtschaftsdienst. ISBN 978–3-87156–298-3

Kerres, M. (2016c). Online- und Präsenzelemente in hybriden Lernarrangements kombinieren. In A. Hohenstein, & K. Wilbers (Hrsg.), *Handbuch E-Learning*. 63. Ergänzungslieferung, Mai. Köln: Deutscher Wirtschaftsdienst. ISBN 978–3-87156–298-3

Kerres, M., & de Witt, C. (2003). A didactical framework for the design of blended learning arrangements. *Journal of Educational Media 28*, 101–114.

Kirschner, P. A. (2015). Do we need teachers as designers of technology enhanced learning? *Instructional Science*. doi: http://dx.doi.org/10.1007/ s11251–015-9346–9

Kobbe, L., Weinberger, A., Dillenbourg, P., Harrer, A., Hämäläinen, R., & Fischer, F. (2007). Specifying computer-supported collaboration scripts. *International Journal of Computer-Supported Collaborative Learning 2*, 211–224.

Kohler, B. (2011). Hausaufgaben. Überblick über didaktische Überlegungen und empirische Untersuchungen. *Die Deutsche Schule 3*, 203–218.

Kollar, I., Fischer, F., & Slotta, J. D. (2007). Internal and external scripts in computer-supported collaborative inquiry learning. *Learning and Instruction*. doi: 10.1016/j.learninstruc.2007.09.021

Leutner, D. (2002). Adaptivität und Adaptierbarkeit multimedialer Lehr- und Informationssysteme. In L. J. Issing, & P. Klimsa (Hrsg.), *Information und Lernen mit Multimedia und Internet* (S. 115–125). Weinheim: PVU.

Lui, M., & Slotta, J. D. (2014). Immersive simulations for smart classrooms: exploring evolutionary concepts in secondary science. *Technology, Pedagogy and Education 23*, 57–80.

Meyer, H. (2002). Unterrichtsmethoden. In H. Kiper, H. Meyer, & W. Topsch (Hrsg.), *Einführung in die Schulpädagogik* (S. 109–121). Berlin: Cornelsen.

Moss, G., Jewitt, C., Levačić, R., Armstrong, V., Cardini, A., & Castle, F. (2007). *The interactive whiteboards, pedagogy and pupil performance evaluation: An evaluation of the schools whiteboard expansion (SWE) project: London challenge* (Research Report No. 816). London: Department for Education and Skills, Institute of Education.

Niegemann, H.M. (2013). Decision Oriented Instructional Design Model (DO ID). In K. Zierer (Hrsg.), *Jahrbuch für Allgemeine Didaktik 2013* (S. 120–132). Hohengehren: Schneider.

Osguthorpe, R. T., & Graham, C. R. (2003). Blended learning systems: Definitions and directions. *Quarterly Review of Distance Education 4*, 227–234.

Pätzold, G., & Goerke, D. (2006). Lernen und Arbeiten an unterschiedlichen Orten. *DIE–Zeitschrift für Erwachsenenbildung 4*, 26–28.

Prieto, L. P. (2012). *Supporting Orchestration of Blended CSCL Scenarios in Distributed Learning Environments*. Ph.D. Thesis, School of Telecommunications Engineering, University of Valladolid. Retrieved from: http://uvadoc.uva.es/handle/10324/1794

Prieto, L. P., Holenko Dlab, M., Gutiérrez, I., Abdulwahed, M., & Balid, W. (2011). Orchestrating technology enhanced learning: a literature review and a conceptual framework. *International Journal of Technology-Enhanced Learning* 3, 583–598.

Prieto, L. P., Dimitriadis, Y., Asensio-Pérez, J. I., & Looi, C.-K. (2015). Orchestration in learning technology research: evaluation of a conceptual framework. Research in Learning Technology. doi: 10.3402/rlt.v23.28019

Reiser, B. J. (2004). Scaffolding complex learning: The mechanisms of structuring and problematizing student work. *Journal of the Learning Sciences 13*, 273–304.

Rick, J. (2009). Towards a classroom ecology of devices: interfaces for collaborative scripts. In International Society of the Learning Sciences (Hrsg.), *Workshop Proceedings of 8th International Conference on Computer Supported Collaborative Learning (CSCL2009): "Scripted vs. Free CS collaboration: alternatives and paths for adaptable and flexible CS scripted collaboration"* (S. 8–12). Rhodos Greece: International Society of the Learning Sciences, Inc.

Rick, J., Rogers, Y., Haig, C., & Yuill, N. (2009). Learning by doing with shareable interfaces. *Children, Youth & Environments 19*, 321–342.

Roschelle, J., Dimitriadis, Y., & Hoppe, U. (2013). Classroom orchestration: Synthesis. *Computers & Education*. doi: http://dx.doi.org/10.1016/j.compedu.2013.04.010

Roschelle, J., Tatar, D., Chaudhury, S. R., Dimitriadis, Y., Patton, C., & DiGiano, C. (2007). Ink, improvisation, and interactive engagement: Learning with tablets. *IEEE Computer 40*, 38–44.

Sharples, M., Scanlon, E., Ainsworth, S., Anastopoulou, S., Collins, T., Crook, C., Jones, A., Kerawalla, L., Littleton, K., Mulholland, P., & O'Malley, C. (2015). Personal Inquiry: Orchestrating Science Investigations Within and Beyond the Classroom. *Journal of the Learning Sciences*. doi: 10.1080/10508406.2014.944642

Siegler, R. S. (2003). Implications of cognitive science research for mathematics education. In J. Kilpatrick, W. B. Martin, & D. E. Schifter (Hrsg.), *A research companion to principles and standards for school mathematics* (S. 219–233). Reston, VA: National Council of Teachers of Mathematics.

Stegmann, K., Kollar, I., Weinberger, A., & Fischer, F. (2016). Appropriation from a script theory of guidance perspective: a response to Pierre Tchounikine. *International Journal of Computer-Supported Collaborative Learning*. doi: 10.1007/s11412–016-9241–7

Tabak, I. (2004). Synergy: A complement to emerging patterns of distributed scaffolding. *Journal of the Learning Sciences 13*, 305–335.

Tchounikine, P. (2016). Contribution to a theory of CSCL scripts: taking into account the appropriation of scripts by learners. *International Journal of Computer-Supported Collaborative Learning*. doi: 10.1007/s11412–016-9240–8

Trautwein, U., & Lüdtke, O. (2009). Predicting homework motivation and homework effort in six school subjects: The role of person and family characteristics, classroom factors, and school track. *Learning and Instruction*. doi: http://dx.doi.org/10.1016/j.learninstruc.2008.05.001

Tsovaltzi, D., Puhl, T., Judele, R., & Weinberger, A. (2014). Group awareness support and argumentation scripts for individual preparation of arguments in Facebook. *Computers & Education*. doi: http://dx.doi.org/10.1016/j.compedu.2014.03.012

Verbert, K., Govaerts, S. Duval, E., Santos, J. L., Van Assche, F., Parra, G., & Klerkx, J. (2014). Learning dashboards: an overview and future research opportunities. *Personal and Ubiquitous Computing 18*, 1499–1514.

Weinberger, A. (2011). Principles of transactive computer-supported collaboration scripts. *Nordic Journal of Digital Literacy 6*, 189–202.

Weinberger, A., Ertl, B., Fischer, F., & Mandl, H. (2005). Epistemic and social scripts in computer-supported collaborative learning. *Instructional Science 33*, 1–30.

Emotionen beim Lernen mit Multimedia

Lisa Stark[1,2], Babette Park[1] und Roland Brünken[1]

1 Einleitung

Unterrichtsmaterialien für Grundschüler/innen werden oft bunt in fröhlichen, satten Farben gestaltet, um dadurch Lernprozesse zu fördern. Hierbei sollen die Materialien positive Emotionen hervorrufen und damit einhergehend eine positive Lernatmosphäre erzeugen, die zu höherem Lernerfolg führen soll. Allerdings werden solche Gestaltungsmerkmale von Lernmaterialien oftmals nicht evidenzbasiert eingesetzt, sodass nicht gesichert ist, dass deren Wirkung den intendierten oder angenommenen Einflüssen entspricht. Hier ist es erforderlich, empirische Untersuchungen zur Wirkung von emotionalen Gestaltungsmerkmalen von Unterrichtsmaterialien sowie zum Einfluss von Emotionen auf Lernprozesse durchzuführen.

Die Forschung zum Lernen mit Multimedia beschäftigt sich seit Jahrzehnten mit der Untersuchung von Bedingungsfaktoren, um Lernprozesse zu optimieren (Mayer 2008). Es wurden viele empirisch geprüfte Gestaltungsmerkmale für ein optimales *Instructional Design* abgeleitet (Mayer 2014a). Das Multimedia-Prinzip beispielsweise besagt, dass Lernen aus einer Kombination von Text und Bild erfolgreicher ist als das Lernen von Text alleine (Butcher 2014). Die Wirksamkeit dieser Gestaltungsprinzipien kann theoretisch mithilfe unterschiedlicher Modelle erklärt werden (z. B. *Integrated Model of Text and Picture Comprehension*,

1 Fachrichtung Bildungswissenschaften, Universität des Saarlandes, Saarbrücken

2 Hochschule für Musik Saar, Saarbrücken

Schnotz und Bannert 2003; *Cognitive Theory of Multimedia Learning*, Mayer 2014b). Die meisten der bisher beachteten Bedingungsfaktoren für erfolgreiches Lernen mit Multimedia bezogen sich wie die entsprechenden theoretischen Rahmenmodelle primär auf Merkmale des Arbeitsgedächtnisses von Lernenden.

Seit einigen Jahren wird jedoch vermehrt eine Integration von weiteren Bedingungsfaktoren gefordert (Park et al. 2014), sodass insbesondere affektive Variablen wie z. B. Emotionen in den Untersuchungsfokus rückten. Das theoretische Rahmenmodell zum Lernen mit Multimedia wurde von Moreno (z. B. 2005, 2006) erweitert und integriert nun ebenfalls affektive, motivationale, metakognitive und lernerspezifische Aspekte. In diesem Modell wird somit auch angenommen, dass Emotionen das Lernen mit Multimedia beeinflussen können. Seitdem sind erste Studien entstanden, die diese zusätzlichen Annahmen empirisch prüfen. Hierbei lassen sich in Bezug auf das Zusammenspiel von Emotionen und Lernen mit Multimedia zwei Forschungsperspektiven differenzieren: Erstens wird untersucht, wie Emotionen, welche vor dem Lernen erlebt werden, auf Lernprozesse wirken. Zweitens werden emotionale Gestaltungsprinzipien multimedialer Instruktionen in den Blick genommen (*Emotional Design*), welche Lernprozesse optimieren sollen.

In diesem Beitrag wird zunächst Lernen mit Multimedia theoretisch gefasst und das Rahmenmodell von Moreno präsentiert. Es folgt eine Einführung in das Konstrukt der Emotionen. Daran schließt sich eine Darstellung und Diskussion bisheriger Befunde zu Effekten von und auf Emotionen in Bezug auf das Lernen mit Multimedia an. Der Beitrag endet mit einer Ableitung von Perspektiven für weitere Untersuchungen.

2 Lernen mit Multimedia

Lernen mit Multimedia bzw. Lernen mit multimedialen Instruktionen bezeichnet den Aufbau mentaler Repräsentationen ausgehend von einer kombinierten Präsentation verbaler und non-verbaler Information (Mayer 2014b; Moreno und Mayer 2007). Eine multimediale Instruktion kann somit beispielsweise eine Text-Bild-Kombination sein, welche analog oder digital dargeboten wird.

Die *Cognitive-Affective Theory of Learning with Media* (CATLM; Moreno 2005, 2006; Moreno und Mayer 2007; vgl. Abb. 1) integriert als theoretisches Rahmenmodell des Lernens mit Multimedia Annahmen über die kognitive Informationsverarbeitung im Arbeitsgedächtnis und Hypothesen zur Beeinflussung dieser Prozesse durch weitere Variablen. Dieses Rahmenmodell stellt eine Erweiterung der *Cognitive Theory of Multimedia Learning* (CTML; Mayer 2014b) dar; die vier grundlegenden Annahmen dieser Theorie werden in die CATLM übernommen.

Konkret wird in diesen Annahmen postuliert, dass Information in zwei voneinander unabhängigen Kanälen im Arbeitsgedächtnis verarbeitet werden kann (visuell und auditiv; *dual channel assumption*; Baddeley 1998). Zudem können aufgenommene Informationen dual kodiert werden, das heißt Information wird gleichzeitig sowohl in verbaler als auch in non-verbaler Form im Arbeitsgedächtnis repräsentiert (*dual coding assumption*; Sadoski und Paivio 2001). Die Kapazität des Arbeitsgedächtnisses wird für Prozesse der Informationsverarbeitung als begrenzt angenommen (*limited capacity assumption*; vgl. *Cognitive Load Theory*; Plass et al. 2011; Sweller 2010). Weiter wird eine aktive Wissenskonstruktion durch Lernende mittels Prozessen der Informationsauswahl, -organisation und -integration (Mayer 1996) als Voraussetzung für erfolgreiches Lernen mit Multimedia genannt (*active processing assumption*; Mayer 1996, 2014b).

Die zusätzlich in der CATLM postulierten Annahmen integrieren weitere Faktoren, welche das Lernen mit Multimedia beeinflussen können.

1. Die *affective mediation assumption* postuliert, dass Lernen mit Multimedia durch motivationale und affektive Faktoren beeinflusst wird (Deci und Ryan 2000; Moreno et al. 2001).
2. Die *metacognitive mediation assumption* nimmt an, dass metakognitive Faktoren das Lernen mit Multimedia beeinflussen, indem sie die affektiven und kognitiven Prozesse regulieren (z. B. Bannert et al. 2009; Morris 1990).
3. In der *individual differences assumption* werden Lernercharakteristika wie beispielsweise kognitive Lernvoraussetzungen oder auch Persönlichkeitsmerkmale angesprochen, welche das Lernen mit Multimedia sowie die Wirksamkeit unterschiedlicher Gestaltungsmerkmale multimedialer Instruktionen beeinflussen (Kalyuga et al. 2003; Massa und Mayer 2006).

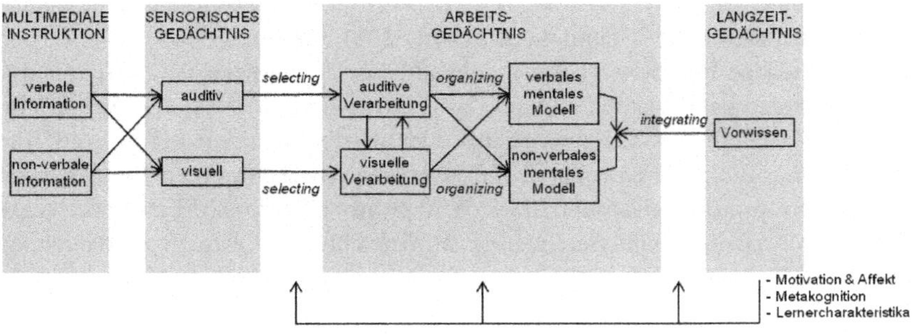

Abbildung 1 Cognitive-Affective Theory of Learning with Media (CATLM; Moreno 2006b; Moreno und Mayer 2007; Park et al. 2014)

Entsprechend der theoretischen Annahmen der CATLM sollten multimediale Instruktionen derart gestaltet sein, dass kognitive Architektur und Kapazität von Lernenden optimal berücksichtigt und genutzt werden. Dadurch sollen Prozesse des Lernens mit Multimedia optimiert werden, sodass irrelevante kognitive Prozesse reduziert und insbesondere tiefenverarbeitende Prozesse gefördert werden. Zudem dürfen affektive, motivationale und lernerspezifische Aspekte bei der Gestaltung multimedialer Instruktionen nicht vernachlässigt werden, da sie entscheidend Einfluss auf den Wissenserwerb nehmen können.

In diesem Beitrag steht die *affective mediation assumption* der CATLM im Mittelpunkt, in der ein Zusammenhang von Emotionen und Lernen mit Multimedia angenommen wird. Im theoretischen Rahmenmodell CATLM wird jedoch nicht konkretisiert, inwiefern Emotionen das Lernen mit Multimedia beeinflussen. Es stellt sich somit die Frage, in welcher Art und Weise unterschiedliche Emotionen von Lernenden auf das Lernen mit Multimedia wirken und wie durch das Lernen mit multimedialen Instruktionen emotionale Zustände von Lernenden verändert werden können. Bevor auf das Zusammenspiel von Emotionen und dem Lernen mit Multimedia genauer eingegangen wird, wird im folgenden Abschnitt zunächst das Konstrukt Emotionen eingeführt.

3 Emotionen

Emotionen werden als Erlebensepisoden definiert, welche durch die Bewertung eines vom Individuum als bedeutsam eingestuften, spezifischen Reizes ausgelöst werden (z. B. Shuman und Scherer 2014; Scherer 1990). Sie werden charakterisiert durch koordinierte, synchronisierte Veränderungen in den Zuständen von fünf organismischen Subsystemen. Emotionen weisen dabei entsprechend immer eine motivationale, kognitive, physiologische, expressive und eine Gefühlskomponente auf (Frenzel et al. 2009; Shuman und Scherer 2014; Scherer 1990).

Verschiedene Emotionen können anhand einer zweidimensionalen Taxonomisierung kategorisiert werden (Russell 2003; Watson et al. 1988, vgl. Abb. 2). So können sie bezüglich ihrer Valenz positiv oder negativ sein sowie in Bezug auf ihre Aktivierung als aktivierend oder deaktivierend beschrieben werden. Entsprechend entsteht ein Koordinatensystem, in welchem positiv-aktivierende Emotionen (z. B. Freude) von positiv-deaktivierenden (z. B. Erleichterung), negativ-aktivierenden (z. B. Wut) und negativ-deaktivierenden (z. B. Trauer) unterschieden werden.

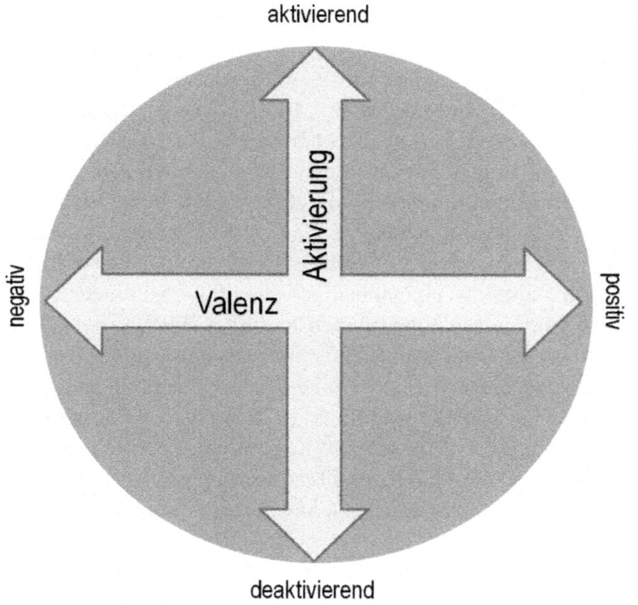

Abbildung 2 Taxonomisierung von Emotionen anhand der Dimensionen Valenz und Aktivierung (vgl. Russell, 2003)

Die Begriffe Emotion, Stimmung und Affekt werden insbesondere im englischsprachigen Raum oft synonym verwendet (z. B. bei Westermann et al. 1996), wenngleich zumindest aus theoretischer Sicht eine Abgrenzung der einzelnen Konstrukte beispielsweise auf der Grundlage der Dimensionen Intensität und Dauer möglich ist (Ekman und Davidson 1994; Sokolowski 2008). Während Stimmung durch längere Dauer und geringere Intensität gekennzeichnet ist, weisen Emotionen kürzere Dauer und höhere Intensität auf. Entgegen der Verwendung des Wortes Affekt im Deutschen als affektiver Zustand höchster Intensität und geringster Dauer, wird im internationalen Umfeld der Begriff als Sammelbegriff für Stimmung und Emotion verwendet (Sokolowski 2008). Eine empirisch fundierte Differenzierung der Konstrukte steht allerdings noch aus (z. B. Beedie et al. 2005).

4 Emotionen und kognitive Prozesse

In diesem Abschnitt wird darauf eingegangen, wie unterschiedliche Emotionen kognitive Prozesse und somit Lernen mit Multimedia beeinflussen. Um solche Fragestellungen empirisch untersuchen zu können, werden in experimentellen Studien Emotionen als unabhängige Variable operationalisiert. Vor der Lernphase werden dazu die interessierenden Emotionen mittels standardisierter Verfahren induziert, sodass deren Wirkungen auf abhängige Maße wie beispielsweise die Lernleistung untersucht werden können (z. B. Gerrards-Hesse et al. 1994; Sokolowski 2008; Westermann et al. 1996). Es gibt viele unterschiedliche Methoden zur Emotionsinduktion: Bei der Velten-Methode (Seibert und Ellis 1991) werden Probanden aufgefordert, 25 Aussagen, welche einen bestimmten emotionalen Gehalt ausdrücken, laut vorzulesen und die den Sätzen innewohnende Emotion nachzuempfinden. Andere Methoden zur Emotionsinduktion reichen von der Präsentation emotionsinduzierender Stimuli (z. B. Filme, Musik), über Imaginationsverfahren (z. B. autobiographisches Erinnern emotionaler Situationen), Hypnose, soziale Reize bis hin zu kombinierten Verfahren (z. B. Musik und autobiographisches Erinnern; Eich et al. 2007; Sokolowski 2008).

Studien unterschiedlicher psychologischer Disziplinen berichten inkonsistente Effekte dazu, inwiefern unterschiedliche Emotionen kognitive Prozesse beeinflussen. So werden von einigen Autoren „valenzkongruente" Effekte nachgewiesen, d.h. positive Effekte positiver Emotionen und negative Effekte negativer Emotionen (z. B. Gillet et al. 2013; Isen et al. 1987). Andere Autoren zeigen positive Effekte negativer Emotionen sowie negative Effekte positiver Emotionen (z. B. Lasauskaite et al. 2013; Seibert und Ellis 1991; Sinclair und Mark 1992). Unter Berücksichtigung des Stimulusmaterials wird zudem das *mood-congruency*-Prinzip postuliert, nach dem emotions- bzw. valenzähnliche und -kongruente Informationen verbessert verarbeitet sowie abgerufen werden kann (Fiedler et al. 2003). Von Um et al. (2012) wurden die bisherigen Befunde unter zwei allgemeinen Hypothesen zusammengefasst: Während die *emotions-as-facilitator-of-learning*-Hypothese einen lernförderlichen Effekt von Emotionen postuliert, wird durch die *emotions-as-suppressor-of-learning*-Hypothese ein beeinträchtigender Effekt auf kognitive Prozesse bzw. Lernen angenommen.

Im Bereich der Forschung zum Lernen mit Multimedia setzt sich diese inkonsistente Befundlage fort. Während viele bisherige Studien lernförderliche Effekte insbesondere positiver Emotionen nachweisen konnten (Park, Knörzer et al. 2015; Plass et al. 2014; Um et al. 2012), berichtet eine aktuelle Studie auch lernförderliche Effekte negativer und beeinträchtigende Effekte positiver Emotionen (Knörzer et al. 2016b). Diese zum Teil inkonsistenten Befunde könnten unter anderem auf Unterschiede in der (1) Operationalisierung der Emotionsinduktion, (2) der Schwierigkeit des Lerngegenstandes, (3) der Modalität der multimedialen Instruktion oder (4) der Intensität der Aktivierungsdimension der induzierten Emotionen erklärt werden.

(1) In den Multimedia-Studien mit lernförderlichen Effekten positiver Emotionen wurden emotionsinduzierende Stimuli (Filme) oder die Velten-Methode zur Emotionsinduktion verwendet (z. B. Park, Knörzer et al. 2015; Plass et al. 2014). Die Verwendung dieser Verfahren zur Emotionsinduktion ist nicht ganz unproblematisch. Während Filme als emotionsauslösende Stimuli in Meta-Analysen als besonders erfolgsversprechende Methode zur Emotionsinduktion identifiziert wurden, werden durch Filme insbesondere Situationsreize kontrolliert und nicht primär Kognitionen von Probanden beeinflusst (Sokolowski 2008; Westermann et al. 1996). Zudem könnten durch den semantischen Gehalt der Filme Priming-Effekte auftreten. Die Velten-Methode zur Emotionsinduktion wurde aufgrund ihrer hohen Standardisierbarkeit bereits oft eingesetzt, obwohl sie auch vielfach kritisiert und ihr lediglich eine geringe Erfolgsrate bei der Emotionsinduktion zugeschrieben wurde (Buchwald et al. 1981). In der Studie von Knörzer et al. (2016b), in der lernförderliche Effekte negativer und lernbeeinträchtigende Effekte positiver Emotionen nachgewiesen wurden, wurde eine kombinierte Methode aus Musik und autobiographischem Erinnern (Eich et al. 2007) zur Emotionsinduktion eingesetzt, welcher als kombinierte Methode eine hohe Erfolgsrate sowie eine Beeinflussung von Kognitionen zugeschrieben werden (Eich et al. 2007; Sokolowski 2008; Västfjäll 2002). Es bleibt somit bisher offen, inwieweit die Art der Emotionsinduktion Effekte von Emotionen auf Lernen mit Multimedia beeinflusst. Möglich ist, dass kombinierte Methoden bzw. Methoden mit höheren Erfolgsraten auch ein intensiveres Emotionserleben hervorrufen können. Zudem bleibt in Bezug auf Verfahren zur Induktion von Emotionen zu untersuchen, inwieweit die induzierten Emotionen tatsächlich von Probanden empfunden werden. Diese Aspekte sollten in Folgestudien mitberücksichtigt werden.

(2) Die inkonsistenten Effekte könnten zudem durch unterschiedliche Komplexität der verwendeten multimedialen Instruktionen bzw. des jeweiligen Lerngegenstandes hervorgerufen worden sein. Das Lernmaterial zum Thema Immunisierung (s.u. vgl. Abb. 3) der Studie von Plass et al. (2014) ist thematisch dem Lehrplan für die sechste Jahrgangsstufe an allgemeinbildenden Schulen entnommen, das in der Studie von Knörzer et al. (2016b) verwendete Material zur ATP-Synthase ist für die Klassenstufen 10 bzw. 11 vorgesehen. Während für beide Studien eine vergleichbare Studierendengruppe als Probanden rekrutiert wurde, wurden in der Studie von Plass et al. (2014) lernförderliche Effekte positiver Emotionen jedoch in der Studie von Knörzer et al. (2016b) lernhinderliche Effekte positiver Emotionen

gezeigt. Die Annahme, dass positive Emotionen je nach Schwierigkeit des Lerngegenstandes unterschiedliche Effekte hervorrufen können, bleibt in zukünftigen Studien empirisch zu prüfen.

(3) Weiter wurde das Lernmaterial zum Thema Immunisierung in audiovisueller Modalität dargeboten, das Lernmaterial zur ATP-Synthase wurde rein visuell (geschriebener Text + Bild) präsentiert. Das Modalitätsprinzip (Low und Sweller 2014) besagt, dass eine audiovisuelle Präsentation multimedialer Information einer rein visuellen Präsentation vorzuziehen ist. Durch eine audiovisuelle Darstellung werden die unterschiedlichen Kanäle zur Informationsverarbeitung optimal genutzt, sodass geringere Anforderungen an Verarbeitungskapazitäten gestellt werden. Vor diesem Hintergrund kann das in rein visueller Modalität dargebotene Lernmaterial als kognitiv belastend im Vergleich zu der weniger belastenden audiovisuellen Darbietung beschrieben werden (Park et al. 2015). Diese Unterschiede in Bezug auf die Belastung des Arbeitsgedächtnisses lassen die bereits benannten Schwierigkeitsunterschiede der Lernmaterialien weiter hervortreten. Es sollten weitere Untersuchungen durchgeführt werden, in welchen die Wirkung von Emotionen auf Lernprozesse bei unterschiedlich schwerem und kognitiv belastendem Material systematisch untersucht wird.

(4) Eine Integration der inkonsistenten Befunde im Forschungsbereich zum Lernen mit Multimedia erscheint zudem über eine weitere Differenzierung des Emotionskonstruktes aussichtsreich. Bei Knörzer et al. (2016b) wird unter Bezugnahme auf das Yerkes-Dodson-Gesetz (Yerkes und Dodson 1908) argumentiert, dass der Grad an Aktivierung einer Emotion berücksichtigt werden sollte. Entsprechend dem Yerkes-Dodson-Gesetz führten so beispielsweise moderat aktivierende positive Emotionen zu lernförderlichen Effekten während sehr stark aktivierende positive Emotionen Lernen beeinträchtigen könnten. Die Aktivierungsdimension von Emotionen wird auch in Publikationen zu lernbezogenen Emotionen als entscheidende weitere Bezugsdimension neben der Valenz von Emotionen genannt. Allerdings sollte auch dort eine kontinuierliche oder zumindest mehrfach gestufte Ausprägung der Dimension der bisher berücksichtigten dichotomen Verwendung (aktivierend vs. deaktivierend) vorgezogen werden (Knörzer et al. 2016b). Zukünftige Studien, die den Einfluss unterschiedlicher Emotionen auf das Lernen mit Multimedia untersuchen, sollten somit die Aktivierungsdimension der untersuchten Emotionen mitberücksichtigen.

Insgesamt lässt sich festhalten, dass weitere Studien diese potentiellen Unterschiede, die zu unterschiedlichen Wirkungen von verschiedenen Emotionen führten, systematisch untersuchen sollten. Zudem besteht Forschungsbedarf in Bezug auf Wirkungen negativer Emotionen, welche bisher erst in wenigen Studien berücksichtigt wurden. Ein weiterer Aspekt betrifft die auch in der CATLM formulierte Beeinflussung des Lernens mit Multimedia durch Lernercharakteristika. In Bezug auf Effekte von induzierten Emotionen auf das Lernen mit Multimedia konnten bereits moderierende Effekte beispielsweise für Persönlichkeitsvariablen identifiziert werden (Knörzer et al. 2016a).

5 Emotional Design

Nachdem im vorherigen Abschnitt auf Wirkungen von Emotionen auf Lernprozesse eingegangen wurde, liegt der Fokus dieses Abschnitts auf der Betrachtung von affektiven Gestaltungsmerkmalen multimedialer Instruktionen.

Emotional Design von multimedialen Instruktionen wird definiert als Variation bzw. Anreicherung von relevanten Text- und/oder Bildelementen durch affektive Gestaltungsmerkmale (Mayer und Estrella 2014). Postuliert wird im Sinne eines *Instructional-Design*-Ansatzes (Mayer 2008), dass ein *Emotional Design* kognitive Informationsverarbeitungsprozesse beim Lernen mit Multimedia optimiert und einen lernförderlichen Effekt hat. Abzugrenzen sind Studien zum *Emotional Design* von anderen Variationen von Gestaltungsmerkmalen, welche entweder nicht relevante Informationen (z. B. *Seductive Details*; z. B. Park, Flowerday et al. 2015; Einsatz dekorativer Bilder; z. B. Schneider et al. 2016) variieren oder deren Gestaltungsidee nicht aus affektiven, sondern kognitiven Bezugstheorien resultiert (z. B. *personalization effect*; z. B. Mayer et al. 2004; *learner interactivity principle*; z. B. Domagk et al. 2010).

Im Forschungsfeld zum Lernen mit Multimedia stand bisher insbesondere *Emotional Design* in Bezug auf die Bildelemente multimedialer Instruktionen im Mittelpunkt. In einer Serie von Studien wurden verschiedene Varianten des Lernprogramms zum Thema Immunisierung mit unterschiedlichen emotionalen Gestaltungsmerkmalen untersucht (Park, Knörzer et al. 2015; Plass et al. 2014; Um et al. 2012; Abb. 3). Hierbei wurden warme, helle Farben sowie runde, anthropomorphisierte Formelemente im Gegensatz zu einer graustufigen Färbung mit eckigen, nicht anthropomorphisierten Formelementen als Bestandteile eines emotionalen Bild-Designs definiert. Die entsprechenden Studien konnten nachweisen, dass ein solches emotionales Bilddesign lernförderliche Effekte insbesondere in Bezug auf Verstehensprozesse bewirkt (Park, Knörzer et al. 2015; Plass et al. 2014; Um et al. 2012). Zudem wies das emotionale Bild-Design eine emotionsauslösende Wirkung in Bezug auf positive Emotionen auf (Um et al. 2012). Eine Replikationsstudie, welche die Gestaltungsfaktoren Form und Farbe in einem zweifaktoriellen Design untersuchte, replizierte einen lernförderlichen Effekt warmer, heller Farben im Verstehen des Lernmaterials (Plass et al. 2014, Exp. 2). Eine genauere Analyse der Wirkung anthropomorphisierter Formen zeigte, dass diesen im Lernprozess eine aufmerksamkeitslenkende Funktion zukommt, welche sich allerdings nicht auf die Lernleistung auswirkte (Park, Knörzer, et al. 2015). Effekte einer affektiven Gestaltung von Bildelementen einer multimedialen Instruktion wurden zudem von Mayer und Estrella (2014) mit alternativem Lernmaterial in Bezug auf Behaltensaufgaben repliziert. Wenngleich in der ersten Studie zum emotionalen Design auch lernförderliche Prozesse in Bezug auf Transferaufgaben gezeigt werden konnten (Um et al. 2012), wurden diese in keiner der weiteren Studien repliziert. Gleiches gilt für die in dieser Studie gezeigten Effekte des emotionalen Bild-Designs auf Emotionen (Um et al. 2012). Replikationsstudien konnten diesen Effekt nicht bestätigen (Park, Knörzer et al. 2015; Plass et al. 2014). Die bisher dargestellten Studien befassten sich mit der Untersuchung eines positiven emotionalen Designs im Vergleich zu einer als neutral bewerteten Gestaltung. Effekte eines negativ emotionalen Bild-Designs wurden noch nicht entsprechend umgesetzt und empirisch geprüft. Lediglich eine Studie von Heidig et al. (2015) untersuchte den Einfluss der Farbgebung einer multimedialen Instruktion auf Emotionen und den Lernerfolg, wobei keine solchen Effekte nachgewiesen werden konnten.

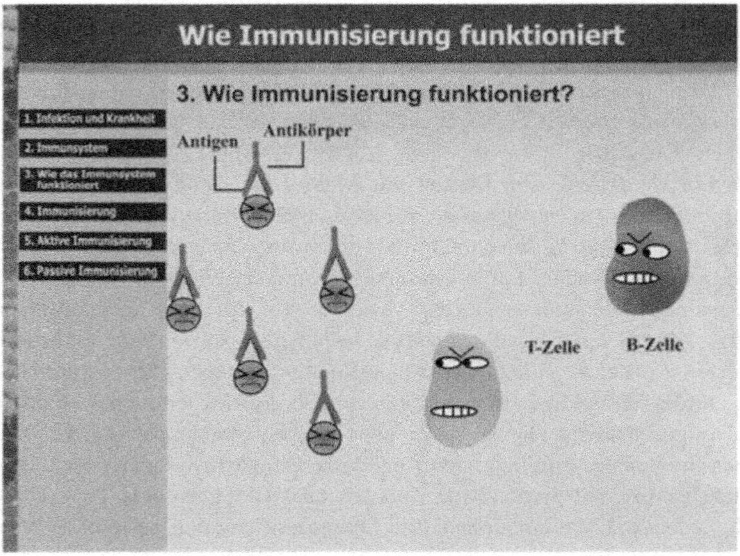

Abbildung 3 Screenshot der Lernumgebung zum Thema Immunisierung in der Version des positiven Emotional Design (warme, helle Farben, runde, anthropomorphisierte Formen; Park, Knörzer et al. 2015; Plass et al. 2014; Um et al. 2012)

Neben einer emotionalen Gestaltung von relevanten Bild-Elementen befasste sich bisher nur eine Studie im Bereich des Lernens mit Multimedia mit einer affektiven Gestaltung von relevanter Text-Information (Stark et al. subm.). Durch Variation des emotionalen Gehalts bzw. des sogenannten Emotionspotentials eines Textes mittels affektiver metaphorischer Einschübe (vgl. Tab. 1) wurde ebenfalls eine Optimierung von Informationsverarbeitungsprozessen und damit ein lernförderlicher Effekt intendiert. Die Ergebnisse der Studie legen nahe, dass sowohl eine positive als auch negative emotionale Gestaltung der Textelemente in multimedialen Instruktionen mit tieferer Informationsverarbeitung und erhöhter Lernleistung einhergeht. In dieser Studie zeigte sich ein Einfluss der affektiven Gestaltung der Textelemente auf den emotionalen Zustand von Lernenden lediglich bei negativ emotionalem Text-Design in entsprechender Weise. Eine Replikation dieser Ergebnisse steht noch aus.

Tabelle 1 Beispielsätze aus dem Lernprogramm zur ATP-Synthase im Original sowie mit positivem oder negativem Text-Design.

Version des Lernprogramms	*Textbeispiel*
Original (Kontrollgruppe)	„Jeder Teil besteht aus den beiden Untereinheiten Alpha und Beta."
positives Text-Design	„Jeder Teil besteht aus den beiden Untereinheiten Alpha und Beta, die in der Aufsicht wie verschiedenfarbige Blütenblätter aussehen."
negatives Text-Design	„Jeder Teil besteht aus den beiden Untereinheiten Alpha und Beta, die in der Aufsicht wie verschiedenfarbige Warzen aussehen."

Insgesamt verweisen die Studien zum *Emotional Design* allerdings eher auf kognitive und weniger auf affektive Prozesse, um die Lernförderlichkeit zu belegen bzw. zu erklären. In Bezug auf kognitive Wirkungen von emotionalem Text- und Bilddesign sind unterschiedliche kognitive Effekte zu beachten. Während dem emotionalen Bild-Design ein aufmerksamkeitslenkender Effekt zukam (Park, Stark et al. 2015), konnte in der Studie zum emotionalen Text-Design weder ein aufmerksamkeitslenkender noch –bindender Effekt nachgewiesen werden (Stark et al. subm.). Dies mag einerseits an einer zu schwachen Variation im Lernprogramm liegen, sodass Unterschiede zur Kontrollgruppe nicht signifikant sind. Allerdings zeigen auch die in der Studie zum emotionalen Text-Design erhobenen qualitativen Daten zum Lernprozess, dass weniger Prozesse der Aufmerksamkeitslenkung und Informationsauswahl, sondern vielmehr Organisations- und Elaborationsprozesse optimiert werden (Stark et al. subm.). Diese potentielle Unterscheidung der aufmerksamkeitslenkenden Wirkungsweisen des emotionalen Bild-Designs und der Optimierung von Elaborationsprozessen bei emotionalem Text-Design bleibt empirisch zu prüfen. Hier sollten unterschiedliche Lernmaterialien berücksichtigt werden, in welchen eine Umsetzung von emotionalem Text- und Bilddesign auch in Kombination möglich ist, um potentielle Interaktionseffekte identifizieren zu können.

Zudem bleibt zu hinterfragen, inwieweit Veränderungen des emotionalen Zustandes von Lernenden eine notwendige Bedingung darstellen sollte, um Gestaltungsmerkmale als *Emotional Design* identifizieren zu können. In bisherigen Studien waren Effekte des *Emotional Design* auf den emotionalen Zustand eher klein oder nicht vorhanden. Sieht man eine Veränderung des emotionalen Zustandes im Sinne eines Manipulationschecks als notwendigen Nachweis für den Erfolg der Variation (wie z. B. bei Park, Knörzer et al. 2015), dürften die erwähnten Studien nicht als Studien zum *Emotional Design* bezeichnet werden. Diese Sichtweise erscheint ausgehend von der bisherigen Befundlage jedoch eher zu streng, insbesondere da fehlende Effekte auch auf andere weitere Faktoren zurückgeführt werden können. Diese betreffen die Relevanz des Lerngegenstandes für die rekrutierte Stichprobe sowie das Verständnis für Lernprozesse als Bestandteile eines komplexen Bedingungsgefüges. So könnten Prozesse zur aktiven Wissenskonstruktion an sich Emotionen hervorrufen, welche potentielle emotionale Effekte der Design-Variationen überlagern (Stark et al. subm.). Deshalb sollten zukünftige Studien intensivere emotionale Designs sowie sensiblere Maße zur Erfassung von emotionalen Veränderungen (oder auch lernbezogenen Emotionen, Pekrun 2006) berücksichtigen. Zudem steht ausgehend von der Definition eines *Emotional Design* als eine Form von *Instructional Design* insbesondere der lernförderliche Effekt im Vordergrund (Mayer 2008). Darüber hinaus bezeichnet der Begriff *Emotional Design* eine Form des *Instructional Design*, welche auf der Grundlage von emotionstheoretischen Überlegungen begründet wird. Effekte auf Emotionen sind sodann nicht als Manipulationschecks, sondern in der Zusammenschau mit Effekten auf weitere abhängige Maße zu interpretieren.

6 Interaktion von emotionalem Zustand und emotionalem Design

Die Annahme einer Interaktion von emotionalem Zustand der Lernenden und emotionalem Design kann aus theoretischer Sicht gut begründet werden. So erscheint es aufgrund der Emotionsdefinition (s.o.) naheliegend, dass der emotionale Zustand von Lernenden aufgrund situativer Reize im Verlauf des Lernprozesses beispielsweise durch das Lernprogramm variiert (D'Mello und Graesser 2012).

In den Studien von Um et al. (2012), Plass et al. (2014, Exp. 1) und Park, Knörzer et al. (2015) wurde in mehrfaktoriellen Designs explizit die Interaktion von vor dem Lernen induzierten positiven Emotionen und einem positiven emotionalen Bild-Design untersucht. Die Ergebnisse insbesondere in Hinblick auf Veränderungen des emotionalen Zustands von Lernenden zeigten, dass induzierte positive Emotionen vor dem Lernen einen Rückgang positiver Emotionen während des Lernens ausgleichen konnten (z. B. Plass et al. 2014, Exp. 1). Jedoch zeigten sich in diesen Studien in Bezug auf die Lernergebnisse keine Interaktionseffekte von Emotionsinduktion vor dem Lernen und emotionalem Design. Dennoch war die Gruppe mit positiver Emotionsinduktion vor dem Lernen und einem positiv emotionalen Bild-Design jeweils die überlegene Gruppe in Bezug auf Lernergebnisse (z. B. Park, Knörzer et al. 2015). Dieser Effekt zeigte sich allerdings nicht in überadditiver Weise, um inferenzstatistisch als Interaktion das Signifikanzniveau zu erreichen. Über Effekte negativer induzierter Emotionen vor dem Lernen sowie deren Interaktion mit einem negativ emotionalen Bild-Design geben diese Studien keine Auskunft.

Obwohl in der Studie zum positiven und negativen emotionalen Text-Design von Stark et al. (subm.) keine Emotionsinduktion vor dem Lernen stattfand, deuten die Ergebnisse unter Berücksichtigung des vor dem Lernen vorherrschenden emotionalen Zustands von Lernenden auf einen Einfluss des emotionalen Designs hin. Ein positives emotionales Text-Design kompensierte den Rückgang positiver Emotionen, der in der neutralen Kontrollgruppe beobachtet wurde; die negativ emotionale Version des Lernprogramms verstärkte diese Tendenz. Diese Effekte verweisen darauf, dass das in dieser Studie verwendete Lernmaterial zum Thema ATP-Synthase möglicherweise in seiner Originalversion (Version der Kontrollgruppe) als negativ emotionales Design eingestuft werden kann. Diese Annahme wird unterstützt durch Ergebnisse der Studie von Knörzer et al. (2016b), in welcher bei Verwendung dieses Lernmaterials ein Rückgang intrinsischer Motivation berichtete wurde. Die Farbwahl der Abbildungen in diesem Lernprogramm (dunkle Farben, insb. Blau-Töne) stützt zudem die Annahme eines negativ emotionalen Bild-Design (Heidig et al. 2015).

Interessant erscheint vor diesem Hintergrund eine Re-Interpretation der Befunde der Studie von Knörzer et al. (2016b). Die hier berichteten lernförderlichen Effekte negativer Emotionen könnten durch das *mood-congruency*-Prinzip (Fiedler et al. 2003) erklärt werden, da die Valenzausprägung des Lernprogrammdesigns und des induzierten emotionalen Zustandes als ähnlich bezeichnet werden können. Weiter könnte der lernbeeinträchtigende Effekt positiver Emotionen im Sinne des *mood-maintenance*-Prinzips (Bless und Fiedler 2006) erklärt werden: Da die negative Charakteristik des Lernprogramms den positiven emotionalen Zustand der Lernenden gefährdet, wird als Abwehrmechanismus bzw. zur Beibehaltung des positiven emotionalen Zustandes das Lernprogramm entsprechend weniger beachtet, sodass eine weniger fokussierte bzw. oberflächlichere Informationsverarbeitung resultiert (Knörzer et al. 2016b).

Das Postulat einer Interaktion von emotionalem Zustand der Lernenden vor dem Lernen und dem emotionalen Design bzw. Gehalt einer multimedialen Instruktion sollte sowohl in Bezug auf kompensatorische Interaktionen bzgl. Veränderungen des emotionalen Zustandes von Lernenden als auch in Hinblick auf verstärkende Wirkungen bzgl. der Lernergebnisse empirisch geprüft werden. Zudem sollte hierbei der Wert bzw. die Relevanz des Lernmaterials für die Lernenden berücksichtigt werden, da Emotionen insbesondere durch als relevant bewertete Reize ausgelöst werden (vgl. Definition von Emotion in Abschnitt 3). Bei einer Untersuchung von Studierenden unterschiedlicher Fächer ist diese Relevanz nicht direkt gegeben, sodass eine Erhöhung der externen Validität in zukünftigen Studien, beispielsweise durch Wahl einer anderen Stichprobe (z. B. Schulklassen), angestrebt werden sollte.

7 Fazit und Ausblick

Die dargestellten theoretischen Entwicklungen und empirischen Studien aus dem Bereich zum Lernen mit Multimedia verdeutlichen, dass affektive Faktoren inzwischen in den Untersuchungsfokus gerückt sind. Ein Einfluss von Emotionen auf das Lernen mit Multimedia wird sowohl theoretisch in der CATLM postuliert als auch empirisch belegt. So konnte gezeigt werden, dass der emotionale Zustand von Lernenden das Lernen mit multimedialen Instruktionen beeinflusst. Die inkonsistente Befundlage in Bezug auf die Richtung der Effekte kann multipel bedingt sein, sodass hier weiterer Forschungsbedarf besteht. Unter Berücksichtigung weiterer Emotionsparameter (z. B. Aktivierung, Intensität) sowie durch Integration potentiell moderierender Variablen (z. B. Lernercharakteristika) sollten diese Befunde in Replikationsstudien entsprechend abgesichert werden. Emotionale Gestaltungsmerkmale multimedialer Instruktionen führen bei entsprechend „starken“ emotionalen Designs zu lernförderlichen Effekten, wobei diese nicht den emotionalen Zustand von Lernenden zu beeinflussen scheinen. Stattdessen konnten in den bisherigen Studien eher kognitive Mechanismen identifiziert werden. Um diese erfassen zu können, erscheint eine weitere Fokussierung auf Prozessvariablen sinnvoll. So konnten bisher neben Eyetracking-Daten insbesondere qualitative Daten entsprechende Einblicke in den Lernprozess liefern, sodass für zukünftige Studien Mixed-Method-Designs in Betracht gezogen werden sollten. Der Einsatz „starker“ emotionaler Bild- und insbesondere Textdesigns wäre für die Replikation der entsprechenden Effekte hilfreich. Zudem wäre die Umsetzung auch mehrfaktorieller Designs wünschenswert, um Interaktionseffekte unterschiedlicher Gestaltungsmerkmale zu untersuchen. So könnten Interaktionseffekte von *Emotional Design*-Merkmalen mit dem emotionalen Zustand von Lernenden weiter in den Blick genommen werden. Weiter könnte ein adaptives *Emotional Design* multimedialer Instruktionen entsprechend dem emotionalen Zustand Lernender zu verbessertem Lernen sowie lernförderlicher Emotionsregulation beitragen. Zukünftige Studien sollten zudem der vielfach formulierten Forderung nach erhöhter externer Validität, durch geeignete Stichprobenrekrutierung bzw. die Wahl relevanter Lerninhalte gerecht werden.

Die dargestellten, teils inkonsistenten Ergebnisse bisheriger Studien verdeutlichen, dass weiterhin großer Forschungsbedarf besteht, um belastbare Aussagen zu lernförderlichen emotionalen Gestaltungsmerkmalen von Lernmaterialien sowie Wirkungen von unterschiedlichen Emotionen auf Lernprozesse treffen zu können.

Literatur

Baddeley, A. D. (1998). *Human Memory*. Boston: Allyn & Bacon.

Bannert, M., Hildebrand, M., & Mengelkamp, C. (2009). Effects of a metacognitive support device in learning environments. *Computers in Human Behavior 25*, 829–835.

Beedie, C. J., Terry, P. C., & Lane, A. M. (2005). Distinctions between emotion and mood. *Cognition and Emotion 19*, 847–878.

Bless, H., & Fiedler, K. (2006). Mood and the regulation of information processing and behavior. In J. P. Forgas (Hrsg.), *Affect in Social thinking and behavior* (S. 65–84). New York: Psychology Press.

Buchwald, A. M., Strack, S., & Coyne, J. C. (1981). Demand characteristics and the Velten Mood Induction Procedure. *Journal of Consulting and Clinical Psychology 49*, 478–479.

Butcher, K. R. (2014). The multimedia principle. In R. E. Mayer (Hrsg.), *The Cambridge Handbook of Multimedia Learning* (S. 174–205). New York, NY: Cambridge University Press.

D'Mello, S., & Graesser, A. (2012). Dynamics of affective states during complex learning. *Learning and Instruction 22*, 145–157.

Deci, E. L., & Ryan, R. M. (2000). The "what" and "why" of goal pursuits: Human needs and the self-determination of behavior. *Psychological Inquiry 11*, 227–268.

Domagk, S., Schwartz, R. N., & Plass, J. L. (2010). Interactivity in multimedia learning: An integrated model. *Computers in Human Behavior 26*, 1024–1033.

Eich, E., Ng, J. T. W., Macaulay, D., Percy, A. D., & Grebneva, I. (2007). Combining music with thought to change mood. In J. A. Coan & J. J. B. Allen (Hrsg.), *Handbook of Emotion Elicitation and Assessment* (S. 124–136). Oxford: University Press.

Ekman, P., & Davidson, R. J. (1994). *The nature of emotion: Fundamental questions*. New York: Oxford University Press.

Fiedler, K., Nickel, S., Asbeck, J., & Pagel, U. (2003). Mood and the generation effect. *Cognition and Emotion 17*, 585–608.

Frenzel, A. C., Götz, T., & Pekrun, R. (2009). Emotionen. In E. Wild & J. Möller (Hrsg.), *Pädagogische Psychologie* (S. 205–231). Heidelberg: Springer Medizin Verlag.

Gerrards-Hesse, A., Spies, K., & Hesse, F. W. (1994). Experimental inductions of emotional states and their effectiveness: A review. *British Journal of Psychology 85*, 55–78.

Gillet, N., Vallerand, R. J., Lafrenière, M. K., & Bureau, J. S. (2013). The mediating role of positive and negative affect in the situational motivation-performance relationship. *Motivation and Emotion 37*, 465–479.

Heidig, S., Müller, J., & Reichelt, M. (2015). Emotional design in multimedia learning: Differentiation on relevant design features and their effects on emotions and learning. *Computers in Human Behavior 44*, 81–95.

Isen, A. M., Daubman, K. A., & Nowicki, G. P. (1987). Positive affect facilitates creative problem solving. *Journal of Personality and Social Psychology 52*, 1122–1131.

Kalyuga, S., Ayres, P., Chandler, P., & Sweller, J. (2003). The expertise reversal effect. *Educational Psychologist 38*, 23–31.

Knörzer, L., Brünken, R., & Park, B. (2016a). Emotions in multimedia learning: The moderating role of learner characteristics. *Journal of Computer Assisted Learning*. doi: 10.1111/jcal.12158

Knörzer, L., Brünken, R., & Park, B. (2016b). Facilitators or suppressors: Effects of experimentally induced emotions on multimedia learning. *Learning and Instruction 44*, 97–107.

Lasauskaite, R., Gendolla, G. H. E., & Silvestrini, N. (2013). Do sadness-primes make me work harder because they make me sad? *Cognition and Emotion 27*, 158–165.

Low, R., & Sweller, J. (2014). The modality principle in multimedia learning. In R. E. Mayer (Hrsg.), *The Cambridge Handbook of Multimedia Learning* (S. 227–246). New York, NY: Cambridge University Press.

Massa, L. J., & Mayer, R. E. (2006). Testing the ATI hypothesis: Should multimedia instruction accommodate verbalizer-visualizer cognitive style? *Learning and Individual Differences 16*, 321–335.

Mayer, R. E. (1996). Learning strategies for making sense out of expository text: The SOI model for guiding three cognitive processes in knowledge construction. *Educational Psychology Review 8*, 357–371.

Mayer, R. E. (2008). Applying the science of learning: Evidence-based principles for the design of multimedia instruction. *American Psychologist 63*, 760–769.

Mayer, R. E. (Hrsg.). (2014a). *The Cambridge Handbook of Multimedia Learning.* New York, NY: Cambridge University Press.
Mayer, R. E. (2014b). The Cognitive Theory of Multimedia Learning. In R. E. Mayer (Hrsg.), *The Cambridge Handbook of Multimedia Learning* (S. 43–71). New York, NY: Cambridge University Press.
Mayer, R. E., & Estrella, G. (2014). Benefits of emotional design in multimedia instruction. *Learning and Instruction 33*, 12–18.
Mayer, R. E., Fennell, S., Farmer, L., & Campbell, J. (2004). A personalization effect in multimedia learning: Students learn better when words are in conversational style rather than formal style. *Journal of Educational Psychology 96*, 389–395.
Moreno, R. (2005). Instructional technology: Promise and pitfalls. In L. Pytlik-Zilling, M. Bodvarsson & R. Bruning (Hrsg.), *Technology-based Education: Bringing Researchers and Practitioners together* (S. 1–19). Greenwich: Age Publishing.
Moreno, R. (2006b). When worked examples don't work: Is cognitive load theory at an Impasse? *Learning and Instruction 16*, 170–181.
Moreno, R., & Mayer, R. (2007). Interactive multimodal learning environments, special issue on interactive learning environments: Contemporary issues and trends. *Educational Psychology Review 19*, 309–326.
Moreno, R., Mayer, R. E., Spires, H., & Lester, J. (2001). The case for social agency in computer-based teaching: Do students learn more deeply when they interact with animated pedagogical agents? *Cognition and Instruction 19*, 177–214.
Morris, C. C. (1990). Retrieval processes underlying confidence in comprehension judgments. *Journal of Experimental Psychology: Learning, Memory, and Cognition 16*, 223–232.
Park, B., Flowerday, T., & Brünken, R. (2015). Cognitive and affective effects of seductive details in multimedia learning. *Computers in Human Behavior 44*, 267–278.
Park, B., Knörzer, L., Plass, J., & Brünken, R. (2015). Emotional design in multimedia learning: An eye tracking study on the use of anthropomorphisms, *Computers & Education 86*, 30–42.
Park, B., Plass, J. L., & Brünken, R. (2014). Cognitive and affective processes in multimedia learning. *Learning and Instruction 29*, 125–127.
Pekrun, R. (2006). The Control-Value Theory of Achievement Emotions: Assumptions, corollaries, and implications for educational research and practice. *Educational Psychology Review 18*, 315–341.
Plass, J. L., Heidig, S., Hayward, E. O., Homer, B. D. & Um, E. (2014). Emotional design in multimedia learning: Effects of shape and color on affect and learning. *Learning and Instruction 29*, 128–140.
Plass, J. L., Moreno, R., & Brünken, R. (2011). *Cognitive load theory.* New York: Cambridge University Press.
Russell, J. A. (2003). Core affect and the psychological construction of emotion. *Psychological Review 110*, 145–172.
Sadoski, M., & Paivio, A. (2001). *Imagery and text: A dual coding theory of reading and writing.* Mahwah: Erlbaum.
Scherer, K. R. (1990). Theorien und aktuelle Probleme der Emotionspsychologie. In K. R. Scherer (Hrsg.), *Enzyklopädie der Psychologie: Psychologie der Emotionen*. Göttingen Hogrefe.

Schneider, S., Nebel, S., & Rey, G., D. (2016). Decorative pictures and emotional design in multimedia learning. *Learning and Instruction 44*, 65–73.

Schnotz, W., & Bannert, M. (2003). Construction and interference in learning from multiple representation. *Learning and Instruction 13*, 141–156.

Seibert, P. S., & Ellis, H. C. (1991b). A convenient self-referencing mood induction procedure. *Bulletin of Psychonomic Society 29*, 121–124.

Shuman, V., & Scherer, K. R. (2014). Concepts and structures of emotions. In L. Linnebrink-Garcia & R. Pekrun (Hrsg.), *International Handbook of Emotions in Education* (S. 13–35). New York: Routledge.

Sinclair, R. C., & Mark, M. M. (1992). The Influence of mood state on judgement and action: Effects on persuasion, categorization, social justice, person perception, and judgemental accuracy. In L. L. Martin & A. Tesser (Hrsg.), *The construction of social judgements* (S. 165–193). Hillsdale: Lawrence Erlbaum Associates.

Sokolowski, K. (2008). Emotionen. In J. Müsseler (Hrsg.), *Allgemeine Psychologie*. Heidelberg: Springer Verlag.

Stark, L., Brünken, R., & Park, B. (subm.). Emotional text design in multimedia learning: A mixed-methods study using eye tracking.

Sweller, J. (2010). Element interactivity and intrinsic, extraneous, and germane cognitive load. *Educational Psychology Review 22*, 123–138.

Um, E., Plass, J. L., Hayward, E. O., & Homer, B. D. (2012). Emotional design in multimedia learning. *Journal of Educational Psychology 104*, 485–498.

Västfjäll, D. (2002). Emotion induction through music: a review of the musical mood induction procedure. *Musicae Scientiae 5*, 173–211.

Watson, D., Clark, L. A., & Tellegen, A. (1988). Development and validation of brief measures of positive and negative affect: The PANAS scales. *Journal of Personality and Social Psychology 54*, 1063–1070.

Westermann, R., Spies, K., Stahl, G., & Hesse, F. W. (1996). Relative effectiveness and validity of mood induction procedures: A meta-analysis. *European Journal of Social Psychology 26*, 557–580.

Yerkes, R. M., & Dodson, J. D. (1908). The relation of strength of stimulus to rapidity of habit-formation. *Journal of Comparative Neurology and Psychology 18*, 459–482.

IzELA: Ein Instructional Design basiertes Evaluationstool für Lern-Apps

Helmut M. Niegemann und Lisa Niegemann

1 Instructional Design und das Decision Oriented Design Model

Instructional Design (ID) ist eine der wichtigsten Teildisziplinen der Bildungstechnologie und befasst sich seit ca. 60 Jahren mit der systematischen Konzeption und Gestaltung von Lernangeboten, soweit möglich auf der Grundlage empirisch fundierter Lehr-Lern-Theorien (Gagné 1988, 2005). Obwohl ursprünglich nicht in erster Linie für „digitale" Lernangebote vorgesehen, spielen ID Theorien und Modelle eine wichtige Rolle in der Theorie und Praxis multimedialer Lernangebote, da bei diesen Lehr- und Lernformen die Planung und Konzeption entscheidend für den Lernerfolg sind und keine Improvisation während des Lehr-Lern-Prozesses möglich ist. Ein wesentlicher Unterschied zu älteren Ansätzen der Unterrichtskonzeption im deutschsprachigen Bereich liegt in der Orientierung an empirisch fundierten Theorien und Befunden der Instruktionspsychologie.

Vor dem Hintergrund einer Vielzahl von ID Modellen wurde vor ca. 10 Jahren vom Erstautor ein Rahmenmodell konzipiert und weiterentwickelt, das die verschiedenen didaktisch-konzeptionellen Entscheidungen fokussiert, die bei jedem ID Prozess zu treffen sind. Es wird daher als „Decision Oriented Instructional Design Model" (DO ID) bezeichnet (vgl. Abb. 1). Das DO ID Modell soll die speziellen ID Modelle nicht ersetzen, sondern einen generellen Rahmen und Orientierung für Praktiker bzw. Entwickler von Lernprogrammen geben. Unter „Lern-Apps" verstehen wir Lernprogramme bzw. Lernsoftware aller Art. „Lernprogramme", „Lernsoftware" und „Lern-Apps" werden in diesem Beitrag synonym verwendet.

Inhalt des Modells sind – wenn vorhanden – evidenzbasierte Aussagen und Prinzipien für die jeweiligen Designentscheidungen, in der Regel in Form von „Entwurfsmustern" (Niegemann et al. 2008; Niegemann 2013).

Die zentrale Entscheidung bei der Konzeption einer Lern-App betrifft das **Format bzw. die Format-Kombination**: Formate (analog „Sendeformaten" in Rundfunk und TV) umfassen u.a. „E-Lecture", „E-Kompendium", Lernspiel, Planspiel, „Erklärvideo", oft mit mehreren Unterformaten (z.B. verschiedenen Arten Lernspiele). Voraussetzung einer rationalen Formatentscheidung sind sorgfältige Analysen der Adressaten (Lernermerkmale), der Merkmale des jeweiligen Lehrstoffs (Wissens- und Aufgabenanalysen), der angestrebten Kompetenzen sowie der verfügbaren Ressourcen (personell, materiell, zeitlich) und der erwarteten Kontexte des Lernens. Wie bei jeder Software mit Qualitätsanspruch müssen die Zielsetzung klar beschrieben und ein Projektmanagement etabliert sein.

Das DO ID Modell unterscheidet neben der Formatentscheidung zehn weitere Entscheidungsfelder. Die verschiedenen Designentscheidungen beeinflussen sich zum Teil, weshalb es keinen einfachen ID-Algorithmus geben kann: Immer wieder müssen zunächst getroffene Entscheidungen im Laufe des weiteren Designprozesses überprüft und gelegentlich revidiert werden.

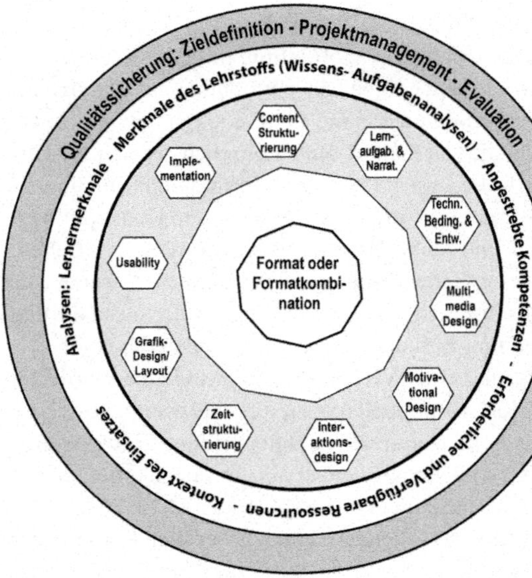

Abbildung 1 Decision Oriented Instructional Design Modell (Quelle: eigene Darstellung)

Die Entscheidungsfelder umfassen

- die ***inhaltliche Strukturierung des Lehrstoffs***: d.h. das deduktive oder induktive Vorgehen, die Sequenzierung (Abfolge der Lehrstoffelemente), die Segmentierung (Aufteilung in Lerneinheiten),
- die angemessene (kognitiv anregende) Konzeption und Darbietung von ***Lernaufgaben*** und gegebenenfalls die Einbettung des Lehrstoffs in eine ***narrative Struktur*** (u.a. bei Lernspielen),
- die ***technischen Bedingungen*** (Hard- und Software) zu denen die Lern-App kompatibel sein soll (u.a. iOS und/oder Android, Größe der Displays, WLAN-Verbindung,
- das ***Multimediadesign***, d.h. insbesondere die lernförderliche Kombination von Bild, Bewegtbild, geschriebenem und/oder gesprochenem Text sowie anderen Gestaltungselementen (z.B. Musik/Geräusche, Haptik),
- das ***Motivationsdesign***, d.h. die Frage, welche Elemente der Learning App (des E-Learning Angebots) die Lernmotivation der Adressaten fördern oder erhalten sollen,
- das ***Interaktionsdesign***, d.h. die Auswahl und Gestaltung von lernförderlichen Interaktionsformen, individuelles oder kollaboratives Lernen,
- die ***zeitliche Strukturierung***, d.h. die Informationsdichte, die Dauer der Bearbeitung durch Lernende (je nach Lernvoraussetzungen), die Möglichkeit Pausen einzulegen,
- die ***grafische Gestaltung*** und das ***Layout***,
- die ***Usability*** (Gebrauchstüchtigkeit) der Lern-App und
- die Vorgehensweise bei der ***Implementierung*** in eine Schule, ein Unternehmen, eine Organisation etc.

Diese Entscheidungsfelder sind an anderen Stellen ausführlich beschrieben (Niegemann et al. 2008; Niegemann 2013), die Bedeutungen sollten jedoch in diesem Beitrag durch die Evaluationsfragen deutlich werden.

Geht man davon aus, dass das DO ID Modell begründete Empfehlungen für relevante Designentscheidungen für die Konzeption und Entwicklung von digitalen Lernangeboten beinhaltet, dann kann die Bewertung einer fertigen Lern-App nicht nach anderen Kriterien erfolgen. Für eine umfassende Evaluation zu ergänzen wäre die Erfassung des erzielten Lernerfolgs (Effektivität) sowie Kosten-Nutzen-Einschätzungen (Effizienz).

2 Inventar zur Evaluation von Learning Apps

Das hier vorgestellte **I**nventar **z**ur **E**valuation von **L**earning **A**pps (IzELA) versteht sich als flexibles Werkzeug zur Befragung der Entwickler oder Anbieter von Experten unterschiedlicher Kompetenzbereiche und „Stakeholder“ (Anspruchsberechtigten) einer Learning App. Die Fragen sind hauptsächlich strukturiert nach den oben genannten Feldern psychologisch-didaktischer Entscheidungen auf der Grundlage des DO ID Modells, wobei nicht alle Fragen allen Befragtengruppen gestellt werden. An wen die Fragen jeweils zu richten sind, wird jeweils gekennzeichnet. Die hier beschriebene Version von IzELA fokussiert den Bereich der Schulen; für die Aus- und Weiterbildung existiert eine entsprechend modifizierte Version. Im besten Fall sollten befragt werden:

- Experte/-in für Instruktionsdesign oder Instruktionspsychologie **(ExpID)**
- Experte/-in für Fachdidaktik (**ExpFD**)
- Expert/-in für Softwareentwicklung (**ExpSE**)
- Lehrer/-innen (**L**)
- Schüler/-innen **(S)**
- Eltern von Schüler/-innen der Zielgruppe (wenn die Adressaten Kinder sind **(E).**

Einige Fragen sollten zudem an Entwickler bzw. Anbieter der Lernsoftware (**E/Anb**) gerichtet werden. Während je ein/e Experte/-in genügen sollte, empfehlen wir jeweils mehrere Lehrer/-innen. Schüler/-innen und gegebenenfalls Eltern zu befragen. In der Praxis wird es oft nicht möglich sein alle genannten Instanzen zu befragen; in diesem Fall sollten die unvermeidlichen Informationslücken klar benannt werden.

Basisinformationen

Zu Beginn der Evaluation sollten folgende Informationen verfügbar sein:

- Bezeichnung der Lernsoftware
- Herausgeber/Verlag/ (Web)Store
- Plattform(en) (iOS/Android/Win)
- Kosten des Einsatzes
  - Einmalige Kosten (z.B. Kauf)
  - Periodisch anfallende Kosten (z.B. bei Planspielen) (E/Anb)
  - Zeitlicher Aufwand (Personal) für den Einsatz
  - Zielgruppe lt. Entwickler/Anbieter (Jahrgangsstufe, Alter, explizit genannte Lernvoraussetzungen)
  - Zielsetzungen der Entwickler/Anbieter

Analysen

Erfasst werden sollte zunächst, in welchem Umfang bei der Konzeption und Entwicklung des Lernangebots vorab Analysen durchgeführt wurden, da Qualitätsmängel (nicht nur) im Bereich des E-Learning oft auf Informationslücken infolge mangelnder oder mangelhafter Analysen zurückzuführen sind. Dies ist oft nur möglich, wenn die Entwickler direkt befragt werden können, was bei konfektionierter Lernsoftware schwierig sein kann.

Bedarf und Akzeptanz

Zu Beginn sollte geklärt werden, welches Problem generell durch den Einsatz des digitalen Lernangebots gelöst werden sollte bzw. wo welche Bedarfe festgestellt wurden (Niegemann et al. 2008, S. 99 f.).

Fragen zu Bedarfen:

- Worin wird der Bedarf für die Verwendung der Lern-App gesehen? (ExpID, ExFD, L, E)
- Wie wurde der Bedarf festgestellt? (E/Anb, ExpID, ExFD)
- Bei Verwendung von Lern-Apps in Schulen oder anderen Institutionen mit festgelegtem Curriculum: Haben die Lerninhalte einen sinnvollen Bezug zum Lehrplan? (ExpID, ExFD, L)
- Wird die Lern-App (bzw. werden Lern-Apps generell) von den Lehrkräften, den Schüler/-innen bzw. bei Kindern von den Eltern akzeptiert? (L, S, E)

Zielsetzung, Intention, Erwartungen

Für die Bewertung von Lernsoftware müssen unabdingbar die Zielsetzungen bzw. Intentionen der Entwickler/Anbieter einerseits und die Erwartungen der Zielgruppe und der Anspruchsberechtigten andererseits erfasst und gegebenenfalls einander gegenüber gestellt werden.

Fragen zu Zielsetzungen, Intentionen, Erwartungen:

- Welche Kompetenzen sollen durch die Lern-App vermittelt bzw. gefördert werden? (E/Anb)
- Welche Kompetenzen sind nach Expertenurteil unter welchen Bedingungen durch die Lern-App vermittelbar? (ExpID, ExpFD, L)
- Welche Lernvoraussetzungen sind erforderlich, damit die intendierten Lernerfolge erzielt werden können? (ExpID, ExpFD, L)
- Welche Kompetenzen erwarten Lehrer und ggfls. Schüler und Eltern von der Verwendung der Lern-App? (L, S, E)

- Sind die intendierten Kompetenzen sinnvoll für die Zielgruppe? (ExpID, ExpFD, L)
- Sind die intendierten Kompetenzen Lehrplankompatibel? (L, ExpFD)
- Verbessern die Lernenden ihre Lernleistung? (nach Einsatz: L, S, E, evtl. ExpID, ExpFD)
- Ist eine hinreichende Akzeptanz der Lern-App bei den Schüler/-innen zu erwarten (L, ExpID, ExpFD)

Adressatenmerkmale

Im Bereich der Schulen sind die Zielgruppen im Vergleich zu anderen Bildungsbereichen relativ homogen und die Schüler/-innen einer Klasse oder Lerngruppe kennen sich bereits. In der Regel ist zumindest den Lehrkräften klar, über welche Lernvoraussetzungen (Vorwissen, Motivation) die jeweilige Schülerzielgruppe verfügt.

Weitere wichtige Merkmale Lernender sind das Sprachniveau sowie evtl. vorkommende Handicaps oder Behinderungen bei einzelnen Schülern einer Schule oder Klasse.

Fragen zu relevanten Adressatenmerkmalen:

- Welche Vorkenntnisse und Fähigkeiten (z.B. Sprachniveau) sind nötig, um mit der Lern-App erfolgreich lernen zu können? (ExpID, ExpFD, L)
- Für welches Alter (Entwicklungsstufe) ist das Programm tatsächlich geeignet? (ExpID, ExpFD, L)
- Inwieweit sind Kriterien der Barrierefreiheit erfüllt? (ExpID, ExpSE)
- Welche anderen Adressatenmerkmale müssen berücksichtigt werden? (ExpFD, L)

Wissens- und Aufgabenanalysen

Wissens- und Aufgabenanalysen (Jonassen 1999; Niegemann et al. 2008) sind mindestens ebenso wichtig wie die Adressatenanalysen. Allerdings lässt sich bei einer Evaluation im Nachhinein nicht einfach feststellen ob, in welchem Umfang und mit welchen Methoden Wissens- und Aufgabenanalysen durchgeführt wurden, es sei denn, man kann die Entwickler direkt danach fragen. Fehlende oder mangelhafte Wissens- und Aufgabenanalysen schlagen sich allerdings in der Regel in ungünstigen didaktischen Entscheidungen nieder und werden somit indirekt erfasst. Zur Beschreibung einer Lern-App sollte allerdings festgehalten werden

- welche Art Wissen vermittelt wird (Deklaratives Wissen, Prozedurales Wissen, Konditionales Wissen, Fehlerwissen, Überblickswissen, Vertiefungswissen, ...) (ExpID, ExpFD)
- inwieweit es sich um Schlüsselkonzepte bzw. exemplarische Aspekte eines Fachs handelt (ExpFD) und
- wenn letzteres der Fall ist, ob die entsprechende Auswahl angemessen ist (ExpFD).

Kontext

Kaum eine Lern-App ist für jeden Kontext geeignet: Viele Lernprogramme sind eher für den außerunterrichtlichen Einsatz konzipiert („Nachmittagsmarkt"), manche zum Selbstlernen, manche zum remedialen Lernen mit Tutor oder zum Üben des schulischen Lehrstoffs (z.B. Vokabeltrainer). Auch im Unterricht gibt es unterschiedliche Kontexte in denen eine bestimmte Lern-App besser oder schlechter geeignet ist.

Fragen zum Kontext:

- In welchen Lehr-/Lernsituationen kann das Programm sinnvoll eingesetzt werden? (ExpID, ExpFD, L)
- Für welchen Unterricht und für welches Fach ist das Programm geeignet? (ExpID, ExpFD, L)
- Lässt sich das Programm im „alltäglichen" Unterricht einsetzen? (ExpFD, L)
- Ermöglicht das Programm eine innere Differenzierung? (ExpID, ExpFD, L)
- Ist das Programm für außerschulischen Einsatz geeignet? Wenn ja: Welchen (Hausaufgabenbetreuung, Vertiefung? (ExpID, ExpFD, L)
- Ist das Programm zum Selbstlernen für die Altersgruppe geeignet? Wenn ja: Ist beim Selbstlernen weitere Unterstützung erforderlich? (ExpID, ExpFD, L)
- Gibt es sonstige Anforderungen an Kontext? (ExpID, ExpFD, L)

Format

Wie in der grafischen Darstellung des DO ID – Modells verdeutlicht, ist die Formatentscheidung zentral bei jeder Konzeption einer Lernsoftware. Für diese Entscheidung sollten alle Informationen aus den Analysen berücksichtigt werden. Die Entscheidung für ein bestimmtes Format hat Konsequenzen für nahezu allen weiteren ID-Entscheidungen: Bestimmte didaktische Gestaltungen werden ermöglicht, andere entfallen. Einige Formate umfassen Unterformate, z.B. das Format „Lernspiele" (Learning Adventures, Jump 'n Run, Simulationen, Planspiele, ...). Es gibt keine abschließende Taxonomie von Formaten, bei einigen Lernprogrammen handelt es sich um Kombinationen unterschiedlicher Formate.

Fragen zum Format:

- Welches Format/Subformat hat das Programm? (ExpID)
- Ist das Format sinnvoll für diese Lerninhalte bei diesen Adressaten? (ExpID, ExpFD, L)
- Für welche Kontexte ist das Format geeignet? (ExpID, ExpFD, L)
- Gibt es zweckmäßige Alternativen die besser geeignet sind? (ExpID, ExpFD, L)

Segmentierung

Die Einteilung des Lehrstoffs in Abschnitte (Segmente) ist keineswegs trivial. Je nach Lernvoraussetzungen können kleinere Abschnitte mit weniger neuen Informationen für schwächere Lernende hilfreich sein (Case 1978).

Fragen zur Segmentierung:

- Sind die Abschnitte/Lehrstoffeinheiten in der Lern-App psychologisch-didaktisch sinnvoll für die Zielgruppe und den Lehrstoff? (ExpID, ExpFD, L)
- Eignet sich die Segmentierung für eine innere Differenzierung? (ExpID, ExpFD, L)

Sequenzierung

Ebenso wenig wie die Segmentierung ist die Sequenzierung trivial, also die Abfolge der einzelnen Elemente des Lehrstoffs. Reigeluth (1999) hat für unterschiedliche Kategorien von Lehrinhalten unterschiedliche Sequenzen als besonders geeignet ausgemacht (Niegemann et al. 2008, 145 ff.):

Fragen zur Sequenzierung:

- Welches Sequenzierungsmodell wurde gewählt? Ist es angemessen im Hinblick auf die jeweiligen Lernvoraussetzungen? (ExpID, ExpFD, L)
- Ist die gewählte Sequenzierungsform/-modell der Lern-App für den Inhalt und die Zielgruppe aus instruktionspsychologischer Sicht angemessen? (ExpID)
- Ist die gewählte Sequenzierungsform/-modell der Lern-App für den Inhalt und die Zielgruppe aus fachdidaktischer Sicht angemessen? (ExpID)

Zeitstrukturierung

Die Strukturierung von Lehrstoff unter zeitökonomischen Aspekten wird aktuell eher wenig beachtet: Pausen, Lehrstoffdichte und die Passung zur schulischen Zeitstrukturierung sind jedoch wichtig zur Beurteilung der Einsatzmöglichkeiten in der Schule oder in anderen Einrichtungen. Viele Lernspiele sind sehr zeitaufwändig um relativ wenige Kompetenzziele zu erreichen. Das kann gerechtfertigt sein, wenn es sich um Schlüsselkompetenzen oder anderweitig zentrale Konzepte einer Domäne handelt oder wenn bedeutsame Transfereffekte erwartet werden könnten.

Fragen zur Zeitstrukturierung:

- Erlaubt die Lernsoftware angemessene Pausen (abschalten mit Speicherung aller relevanten Daten des/der jew. Lernenden)?
- Ist die gewählte Sequenzierungsform/-modell der Lern-App für den Inhalt und die Zielgruppe aus instruktionspsychologischer Sicht angemessen? (ExpID, ExpFD, L)
- Ist die Dichte des Lehrstoffs (Informationseinheiten je Zeiteinheit) der Zielgruppe angemessen? (ExpID, ExpFD, L)
- Steht der Zeitaufwand für den Einsatz eines Lernspiels in vernünftigem Verhältnis zum Zeitaufwand, der bei einer alternativen Vermittlungsform zum Erreichen der gleichen Kompetenzziele erforderlich wäre? (ExpID, ExpFD, L)
- Wie lange wird im (a) Durchschnitt, (b) von 90% der Lernenden der Zielgruppe benötigt um die Lern-App komplett durchzuarbeiten? (ExpID, ExpFD, L)
- Passt die Bearbeitungsdauer der Lern-App in das übliche schulische Zeitraster (45 oder 90 Minuten)? (ExpID, ExpFD, L)

Narration

Die Verknüpfung von Lehrinhalten mit Geschichten („stories") kann sehr lernförderlich sein (u.a. Schank 1999). Vor allem bei Lernspielen und videobasierten Lernprogrammen ist die „intrinsische Integration" des Lehrstoffs und der Lerninhalte in die „Story" eines Spiels oder eines narrativen Videos bedeutsam (u.a. Grebe und Niegemann 2012).

Fragen zur Narration:

- Ist der Lerninhalt in eine Geschichte eingebettet im Sinne intrinsischer Integration (narrative Einbettung)? (ExpID, ExpFD)
- Ist die Geschichte zielgruppenadäquat? (ExpID, ExpFD, L)
- Wenn der Inhalt in eine Geschichte eingebettet ist: Gefällt zumindest den meisten Lernenden die Geschichte? (L, S)

Fachdidaktische Konzeption

Je nach Domäne einer Lern-App sind für die Evaluation unterschiedliche fachdidaktische Qualitätskriterien zu berücksichtigen. Neben den hier genannten Fragen sollte das Inventar in dieser Facette jeweils durch Fragen nach spezifischen Kriterien erweitert werden.

Fragen zur fachdidaktischen Konzeption:

- Ist die Vorgehensweise (z. B. eher induktiv, eher deduktiv) aus fachdidaktischer Sicht angemessen? (ExpFD, L)
- Werden angemessene Strukturierungshilfen (Advance Organizer, Fragen, Überschriften) verwendet? (ExpFD, ExpID, L)
- Sind die Inhalte fachlich korrekt und fachdidaktisch angemessen? (ExpFD, L)
- Sind die Lernaufgaben qualitativ angemessen? (ExpFD, L)
- Sind die Lernaufgaben quantitativ angemessen? (ExpFD, L)
- Sind die Lerninhalte fächerübergreifend gestaltet? (ExpFD, L)
- Erlaubt die Lern-App aus fachdidaktischer Sicht eine angemessene Differenzierung? (ExpFD, L)
- Weitere fachdidaktische Kriterien: (vom Fachdidaktiker oder Lehrer zu ergänzen)? (ExpFD, L)

Motivierung

Insbesondere für den Einsatz von Lernspielen wird die Funktion der Motivierung hervorgehoben; Ähnliches gilt für die Verwendung von Videos und bunten Bildern. Auch wenn es wahrscheinlich ist, dass viele Lernende leichter dazu zu motivieren sind, zu spielen, bunte Bilder und Videos anzuschauen, als dazu zu lernen, ist die Annahme naiv, diese Motivationen würden dann jeweils auf das Lernen übertragen werden. Zur Förderung von Lernmotivation gibt es eine Fülle empirischer Befunde und entsprechend fundierte Theorien (s. Rheinberg und Vollmeyer 2011). Das international verbreitetste Konzept für die Motivierung Lernender hat J. Keller (u.a. Keller und Deimann 2018) entwickelt. Es umfasst die Kategorien „Aufmerksamkeit gewinnen“, „Relevanz verdeutlichen“, „Erfolgszuversicht aufrechterhalten“ und „Allgemeine Zufriedenheit anstreben“, die jeweils Unterkategorien beinhalten. Stets zu berücksichtigen sind auch die „basic needs“ (z. B. Deci und Ryan 1993), die Bedürfnisse nach Autonomie, Anerkennung von Kompetenz und sozialer Eingebundenheit.

Fragen zum Motivationsdesign:

- Ist eine Lernmotivierung durch die zu evaluierende Lern-App theoretisch zu erwarten? Aus welchen Gründen? (ExpID, ExpFD)
- Gibt es hinreichend Elemente, die Aufmerksamkeit erhalten oder mindern können? (ExpID, ExpFD)
- Gibt es hinreichend Elemente, die Relevanz des Lehrstoffs verdeutlichen? (ExpID, ExpFD)

- Gibt es hinreichend Elemente zur Verbesserung der Erfolgszuversichtlichkeit? (ExpID, ExpFD)
- Gibt es hinreichend Elemente zur Sicherstellung der Zufriedenheit mit dem Programm? (ExpID, ExpFD)
- Werden die „Basic Needs" (Soziale Einbindung, Kompetenz, Autonomie) berücksichtigt? (ExpID, ExpFD)
- Haben die Lernenden Spaß und bleiben an der Sache dran? Wollen die Lernenden z. B. mehr üben? (ExpID, ExpFD)
- Welche emotionalen Aspekte sind bei den Lernern zu beobachten (Langeweile, Freude, Ärger, ...)? (ExpID, ExpFD)
- Besteht das Interesse auch über den Anfangseffekt hinaus? (ExpID, ExpFD)
- Ist die Lern-App geeignet, auch über den spezifischen Lehrinhalt hinaus, Interesse an dem entsprechenden Fachgebiet zu wecken? (ExpID, ExpFD, L)

Multimedia-Design

Lernen mit digitalen Medien ist in der Regel multimediales Lernen. Dieses ist seit über 25 Jahren ein Schwerpunkt internationaler pädagogisch-psychologischer Forschung. Eine zentrale Frage ist die nach der optimalen, zumindest zufriedenstellenden Gestaltung von Text-Bild-Kombinationen, teilweise auch von Text-Bild-Ton und neuerdings auch Text-Bild-Ton-Haptik. Den theoretischen Hintergrund liefern Theorien und empirische Befunde zur Cognitive Load Thematik (u. a. Sweller und Cooper 1985; Sweller und Chandler 1991; Sweller 2010; Sweller et al. 2011; Mayer 2009; Mayer 2014; Moreno und Mayer 2007; Renkl 2014; Plass et al. 2010; Schnotz 2014; Schnotz und Bannert 2003). Mehrere anfangs als scheinbar klare Befunde deklarierte Aussagen wurden im Laufe der Zeit differenziert und der Geltungsbereich differenziert.

Fragen zum Multimedia-Design:

- Werden die Prinzipien multimedialen Lernens angemessen berücksichtigt? (ExpID)
  - Multimedia-Prinzip?
  - Split-Attention Prinzip?
  - Modalitätsprinzip?
  - Redundanzprinzip?
  - Signalisierungsprinzip?
  - Personalisierungsprinzip?
  - Kontiguitätsprinzipien?
  - Worked-Example-Prinzip (beim Üben)?
  - Weitere Prinzipien multimedialen Lernens?

Interaktionsdesign und Adaptivität

Interaktivität und Adaptivität gelten seit der Einführung technologie-gestützter Lehr-Lern-Prozesse vor mehr als 50 Jahren als wesentliche, oft „legitimierende" Merkmale computerbasierten Lernens. Interaktionen zwischen Lernern und digital-technischen Systemen ist jedoch nicht per se lernförderlich. Jede Evaluation interaktiver Lernsysteme muss prüfen, inwieweit die entsprechenden Interaktionen zumindest potenziell lernförderlich sind und nicht als „extraneous load" die kognitive Belastung überflüssigerweise erhöhen. Entsprechende Kriterien finden sich in Niegemann et al. (2008, S. 293 ff.; Niegemann 2011) und Domagk et al. (2010). Eine der wichtigsten Interaktionsformen ist sicherlich Feedback. Eine Standardarbeit dazu lieferte Narciss (2006).

Grundlegende Arbeiten zur Adaptivität stammen von Leutner (u.a. Leutner 2009), u.a. die Unterscheidung zwischen Adaptierbarkeit und Adaptivität (automatisch). Wichtig ist stets auch die Frage was (z.B. Lernzeit, Schwierigkeitsniveau, Lehrstoffauswahl) woran (z.B. Entwicklungsstand, Vorwissen) adaptiert wird.

Fragen zum Interaktionsdesign und zur Adaptivität:

- Welche Formen von Lerner-Aktionen sind in der Lern-App enthalten? (ExpID)
- Welche Feedback-Formen sind enthalten und sind diese Feedbackformen lehrstoff- und zielgruppenadäquat? (ExpID, ExpFD)
- Gibt es interaktive Hilfen? Sind diese angemessen? (ExpID, ExpFD)
- Ist Adaptivität o. Adaptierbarkeit gegeben? In angemessenem Ausmaß? (ExpID, ExpFD)
- Was wird woran adaptiert? Sind diese angemessen? (ExpID, ExpFD)
- Können Lernende Lehrinhalte selbst auswählen? Sind diese angemessen? (ExpID, ExpFD, L)
- Haben Lernende die Wahl der Reihenfolge? Sind die Wahlmöglichkeiten angemessen? (ExpID, ExpFD)
- Können Lernende Beispiele und Aufgaben wählen? Sind die Wahlmöglichkeiten angemessen? (ExpID, ExpFD)
- Gibt es „stellvertretende Handlungsentscheidungen" (Lernender trifft Entscheidung und verfolgt die Konsequenzen seiner Entscheidung)? (ExpID, ExpFD)
- Ist ein aktives Bearbeiten von Aufgaben und Lösen von Problemen vorgesehen? Sind die gewählten Aufgaben bzw. Probleme angemessen für die Zielgruppe? (ExpID, ExpFD, L)
- Sind passive (angeforderte) und aktive Hilfen (Hilfen, die unaufgefordert gegeben werden) vorgesehen und inhaltlich angemessen? (ExpID, ExpFD)
- Ist ein Vervollständigen oder Modifizieren von Lehrstoffelementen vorgesehen: Ist dieses angemessen? (ExpID, ExpFD, L)

- Gibt es eine Möglichkeit für Lernende Fragen zu stellen? In welcher Form (pseudo-natürlichsprachig, Auswahl vorgefertigter Fragen)? Ist diese angemessen? (ExpID, ExpFD, L)
- Enthält das Lernprogramm Simulationen bzw. beruht es auf Simulation? Ist die Simulation jeweils fachlich korrekt? (ExpID, ExpFD)

Grafik-Design/Layout

Zur Lernwirksamkeit ästhetischer Aspekte der Gestaltung von Lernumgebungen gibt es wenig Forschung (vgl. aber zu farblicher Gestaltung Müller 2016). Die Evaluation muss daher weitgehend auf Einschätzungen zurückgreifen.

Fragen zum Grafik-Design/Layout:

- Ist die Grafik zielgruppenadäquat? (ExpID, L, S)
- Ist das Layout übersichtlich gehalten? (ExpID, L, S)

Usability

Auch ein didaktisch gut konzipiertes Lernprogramm wird den erwarteten Lernerfolg nicht fördern, wenn Lernende Schwierigkeiten mit der Bedienung der Technik haben oder die Gestaltung anderweitig vom Lernen ablenkt.

Fragen zur Usability:

- Wurden Usability-Tests durchgeführt? Details (Methode, Anzahl Probanden, Kontext)? (E/Anb)
- Ist die Schrift gut lesbar? (ExpID, L, S)
- Ist die Navigation zielgruppenadäquat und so einfach wie möglich? (ExpID, L, S)

Implementierung

Probleme der Implementierung von E-Learning bzw. Lernsoftware in Schulen, Organisationen und Unternehmen wurde lange unterschätzt. Mangelnde Information und fehlende Maßnahmen zur Einbeziehung der Betroffenen führen oft zu Widerständen. Die Entwicklung einer geeigneten Implementierungsstrategie gehört daher inzwischen zu einem umfassenden Instruktionsdesign.

Fragen zur Implementierung:

- Gibt es eine explizite Implementierungsstrategie? Wo ist diese niedergelegt? (ExpID, L, S, E)
- Gibt es Maßnahmen zur Lehrer-/Meisterfortbildung im Bereich Bildungstechnologie? (ExpID, L)
- Wie wird das Programm in der Bildungseinrichtung eingeführt? (ExpID, L, S)
- Wurden alle Anspruchsberechtigte („stakeholder") einbezogen? (ExpID, L, S, E)

Effektivität

Das wichtigste Kriterium für die Bewertung jeder Art von Lehren ist sicherlich der objektiviert nachgewiesene Lernzuwachs (Test) ohne unerwünschte Nebenwirkungen (Demotivierung, Beeinträchtigungen von Selbstkonzept bzw. Selbstwert). In vielen Fällen sind geeignete Messungen des Lernerfolgs von Lern-Apps aber nicht möglich; es muss dann auf subjektive Einschätzungen zurückgegriffen werden.

Fragen zur Effektivität:

- Welche Befunde oder Hinweise liegen vor als Indizien für das Erreichen der fachlichen Lehrziele/Kompetenzen? (ExpID, ExpFD, L, S)
- Welche Befunde oder Hinweise liegen vor als Indizien für das Erreichen der überfachlicher Lehrziele/Kompetenzen? (ExpID, L, S)
- Gibt es Hinweise auf unerwünschte Nebeneffekte (z. B. Demotivierung, Beeinträchtigungen des Selbstkonzepts bzw. des Selbstwerts) (ExpID, L, S)
- Wie schätzen Experten die Lernwirksamkeit ein? (ExpID, ExpFD)
- Wie schätzen Lehrkräfte die Lernwirksamkeit ein? (L)
- Wie schätzen Schülerinnen und Schüler ihre eigenen Lernerfolge ein? (S)
- Gibt es andere Hinweise auf die Effektivität? Welche? (ExpID, ExpFD, L, S)

Effizienz

Es ist in der Regel wichtig, nicht nur die Lernwirksamkeit eines Programms zu kennen, sondern auch die Kosten dafür, wobei Kosten hier alle relevanten (knappen) Ressourcen umfasst, insbesondere Geld, Zeit und Personalaufwand.

Fragen zur Effizienz:

- Welche Kosten sind zur (Neu-)Erstellung des evaluierten Lernprogramms angemessen? Ist die Relation zum Preis des zu evaluierenden Lernprogramms angemessen? (ExpSE)
- Welcher Zeitrahmen ist zur Erstellung des evaluierten Lernprogramms angemessen? (ExpSE)
- Wie hoch ist der Zeitaufwand für den Einsatz der Lern-App (gegebenenfalls einschließlich technischer Vor-/Nachbereitung)? (L)
- Falls der finanzielle Aufwand für den Einsatz der Lern-App deutlich höher ist als bei Vermittlung des Lehrstoffs auf herkömmliche Art: Was rechtfertigt den Einsatz (Geringerer Zeitaufwand? Besserer Lernerfolg? Bessere Motivation? Wecken von Interesse am Fach?)? (ExpID, ExpFD, L)
- Falls der Zeitaufwand für den Einsatz der Lern-App deutlich höher ist als bei Vermittlung des Lehrstoffs auf herkömmliche Art: Was rechtfertigt den Einsatz (Günstigere Kosten? besserer Lernerfolg? Bessere Motivation? Wecken von Interesse am Fach?)? (ExpID, ExpFD, L)

Weitere Aspekte, Over-All Rating
Bei jedem E-Learning-Projekt gibt es Besonderheiten, die für Evaluation relevant sein können. Es sollte daher am Ende der Befragung die Möglichkeit geben, ähnlich wie bei der Facette „Fachdidaktik", spezifische Fragen IzELA hinzuzufügen.

Schließlich empfehlen wir alle Befragten am Ende um eine kurze Gesamteinschätzung der Learning-App zu bitten.

3 Methodik der Befragung mit IzELA und Auswertung

IzELA kann grundsätzlich bei mündlichen Interviews (auch online) als auch bei schriftlichen Befragungen (auch online) eingesetzt werden. Bei mündlichen Befragungen sollte es im Sinne eines semi-strukturierten Fragebogens (Fragenkatalogs) eingesetzt werden, d.h. die genaue Formulierung und die Reihenfolge der Fragen sind flexibel zu handhaben. Auch bei schriftlicher Befragung müssen die Fragen der jeweiligen Zielgruppe angepasst werden.

Beim Einsatz von IzELA wurde bisher eine Matrix (Excel-Sheet) verwendet, deren Zeilen die Bewertungsfacetten (Analysen, Format, Content-Strukturierung, ...) und teilweise deren Unterkategorien repräsentieren und deren Spalten durch die zu Befragenden (Experten, Lehrer, ...) definiert sind. In den Feldern stehen dann jeweils die für den oder die Befragten relevanten Fragen. Vorbereitet wird derzeit die Programmierung einer IzELA-App zur Erleichterung der Durchführung.

Viele Evaluationen von Lernsoftware enthalten summative skalare Bewertungen in Form von „Punkten", „Noten" oder Ähnlichem, meist auf der Grundlage von Gewichtungen der einzelnen Bewertungskategorien. Das kann sinnvoll sein, wenn Programme mit gleichem Lehrinhalt für gleiche Zielgruppen verglichen werden. IzELA zielt generell ab auf die Erfassung der positiven und negativen Aspekte von Lern-Apps, die dann im jeweiligen Kontext die Entscheidungsgrundlage für den Einsatz liefern sollten.

Gewichtungen und insbesondere K.O.-Kriterien (z.B. „für die Zielgruppe unangemessenes Sprachniveau", schwerwiegende fachliche Fehler) sollten gegebenenfalls vorab festgelegt werden.

Bei schriftlichen Befragungen ist im Fall von Fragen nach der Angemessenheit o.ä. bestimmter Gestaltungsentscheidungen jeweils eine vier- oder fünfstufige Ratingskala zu empfehlen.

IzELA ist kein „Instant"-Inventar, das unabhängig von Domäne und Lerner-Gruppe unverändert eingesetzt werden kann. Eine Adaption an den jeweiligen Inhalt (Domäne) und die Adressaten ist stets erforderlich. IzELA soll in erster Linie die zu berücksichtigenden Facetten bzw. Kategorien liefern. Durchführung und Auswertung erfordern Kompetenzen aus den Bereichen Instructional Design bzw. Psychologie des Lehrens und Lernens. Interviewer müssen mit dem jeweiligen theoretischen Hintergrund der Kategorien vertraut sein. Ohne solche Kompetenzen kann jedoch ohnehin keine Evaluation von Lernangeboten seriös durchgeführt werden.

Literatur

Case, R. (1978). A developmentally based theory and technology of instruction. *Review of Educational Research 48*, 439–463.

Deci, E. L., & Ryan, R. M. (1993). Die Selbstbestimmungstheorie der Motivation und ihre Bedeutung für die Pädagogik. *Zeitschrift für Pädagogik*, *39*, 223–238.

Domagk, S., Schwartz, R., & Plass, J. (2010). Interactivity in multimedia learning: An integrated model. *Computers in Human Behavior 26*, 1024–1033.

Gagné, R. M., Briggs, L. J., & Wager, W. W. (1988). *Principles of instructional design*. New York: Holt, Rinehart & Winston.

Gagné, R. M., Wager, W. W., Golas, K. C., & Keller, J. M. (2005). *Principles of instructional design*. Belmont, CA: Wadsworth/Thomson.

Grebe, C., & Niegemann, H. M. (2012). Lern-Adventures sind cool – oder doch nicht (immer)? *Empirische Pädagogik 26*, 409–420.

Goodyear, P., & Retalis, S. (Hrsg.). (2010). *Technology-Enhanced Learning. Design Patterns and Pattern Languages*. Rotterdam: Sense Publishers.

Jonassen, D. H., Tessmer, M., & Hannum, W. H. (1999). *Task analysis methods for instructional design*. Mahwah, NJ: L. Erlbaum.

Keller, J. M., & Deimann, M. (2018). Motivation, Volition, and Performance. In R. A. Reiser & J. V. Dempsey (Hrsg.),*Trends and issues in instructional design and technology* (S. 78–86). New York: Pearson.

Leutner, D. (2009). Adaptivität und Adaptierbarkeit beim Online-Lernen. In L. J. Issing & P. Klimsa (Hrsg.), *Online-Lernen. Handbuch für Wissenschaft und Praxis* (S. 115–124). München: Oldenbourg.

Mayer, R. E. (2009). *Multimedia learning*. New York: Cambridge University Press.

Mayer, R. E. (Hrsg.). (2014). *The Cambridge Handbook of Multimedia Learning*. New York: Cambridge University Press.

Moreno, R., & Mayer, R. E. (2007). Interactive multimodal learning environments: Special issue on interactive learning environments: Contemporary issues and trends. *Educational Psychology Review 19*, 309–326.

Müller, J. (2016). *Emotionale Gestaltung multimedialer Lernumgebungen. Der Einfluss visueller Ästhetik und Usability auf affektives Erleben, Motivation und Lernerfolg*. Dissertation, Universität Erfurt.

Narciss, S. (2006). *Informatives tutorielles Feedback*. Münster: Waxmann.

Niegemann, H. M., Domagk, S., Hessel, A., Hein, A., Hupfer, M., & Zobel, A. (2008). *Kompendium multimediales Lernen*. Heidelberg: Springer.

Niegemann, H. M. (2011). Interaktivität in Online-Anwendungen. In L. J. Issing & P. Klimsa (Hrsg.), *Online-Lernen. Handbuch für Wissenschaft und Praxis* (S.. 125–137). München: Oldenbourg.

Niegemann, H. M. (2013). Design Oriented Instructional Design Model (DO ID). In K. Zierer (Hrsg.), *Jahrbuch für Allgemeine Didaktik 2013* (S. 120–132). Baltmannsweiler: Schneider Verlag Hohengehren.

Niegemann, H. M. (2013). Instruktionsdesign als Grundlage der systematischen Gestaltung von E-Learning Angeboten. In K. Wilbers (Hrsg.), *Handbuch E-Learning* (63. Erg.-Lieferung, S. 23). Köln: DWD-Verlag/Wolters-Kluwer Deutschland.

Plass, J., Moreno, R., & Brünken, R. (Hrsg.). (2010). *Cognitive Load Theory*: New York: Cambridge University Press.

Reigeluth, C. M. (1999). The elaboration theory: Guidance for scope and sequence decisions. In C. M. Reigeluth (Hrsg.), *Instructional-design theories and models. A new paradigm of instructional theory* (S. 425–453). Mahwah, NJ: L. Erlbaum.

Renkl, A. (2014). The Worked Examples Principle in Multimedia Learning. In R. E. Mayer (Hrsg.), *The Cambridge Handbook of Multimedia Learning*. (S. 391–412). New York: Cambridge University Press.

Rheinberg, F., & Vollmeyer, R. (2011). *Motivation*. Stuttgart: Kohlhammer.

Schank, R. C. (1990). *Tell me a story : A new look at real and artificial memory*. New York: Scribner.

Schnotz, W., & Bannert, M. (2003). Construction and interference in learning from multiple representations. *Learning and Instruction 13*, 141–156.

Schnotz, W. (2014). Integrated Model of Text and Picture Comprehension. In R. E. Mayer (Hrsg.), *The Cambridge Handbook of Multimedia Learning* (S. 72–103). New York: Cambridge University Press.

Sweller, J. (2010). Cognitive Load Theory: Recent Theoretical Advances. In J. Plass, R. Moreno & R. Brünken (Hrsg.), *Cognitive Load Theory* (S. 29–47). New York: Cambridge University Press.

Sweller, J., Ayres, P., & Kalyuga, S. (2011). *Cognitive Load Theory*. New York: Springer.

Sweller, J., & Cooper, G. A. (1985). The use of worked examples as a substitute for problem solving in learning algebra. *Cognition and Instruction 2*, 59–89.

Sweller, J., & Chandler, P. (1991). Evidence for cognitive load theory. *Cognition and Instruction 8*, 351–362.

Sweller, J., Chandler, P., Tierney, P., & Cooper, M. (1990). Cognitive load as a factor in the structuring of technical material. *Journal of Experimental Psychology: General 119*, 176–192.

Zander, S., & Niegemann, H. M. (2014). Motivationsdesign. In K. Wilbers (Hrsg.), *Handbuch E-Learning* (53. Erg.-Lieferung,S. 19.). Köln: DWD-Verlag/Wolters-Kluwer Deutschland.

Teil III

Praxisberichte

Die Verantwortung des Kindergartens für die Zukunft

Der Einsatz von digitalen Geräten im pädagogischen Alltag

Antje Bostelmann

Die Kindergartenkinder von heute wachsen in einer digitalen Welt auf. Sie nutzen digitale Geräte ihrer Eltern, blättern ihre Babyfotos auf dem Smartphone durch und hören Hörbücher und Lieder, die auf digitalen Geräten gespeichert sind. Sie kennen den Anblick von Erwachsenen, die sich über ihr Smartphone beugen und intensiv damit kommunizieren.

Es ist in den letzten Jahren deutlich geworden, dass eine derartige Mediatisierung des Aufwachsens enorme Herausforderungen an Kindergärten stellt, insbesondere hinsichtlich einer kompetenten Begleitung und Förderung kindlicher Bildungsprozesse durch Pädagogen und Eltern (Siegler et al. 2011; Fthenakis et al. 2009; Baacke 2009).

Dazu kommt, dass Kinder im vorschulischen Alter lernen, indem sie beobachten und nachahmen. Sie wollen verstehen, was um sie herum passiert, wollen selber ausprobieren, was Erwachsene tun und die Dinge, mit denen Erwachsene hantieren, selbst in die Hand nehmen und erproben (Jackson und Goldschmied 1994; Bostelmann und Fink 2012; Jackson und Forbes 2016). Dazu gehören auch technische Geräte wie Smartphone oder Tablet-PC.

Es ist zu beobachten, dass das Spektrum der Reaktionen auf die längst in Gang gesetzte digitale Revolution in Deutschland nicht sehr breit ist. Ich möchte dieses Spektrum kurz skizzieren, bevor ich mit Hilfe von Praxisbeispielen auf Chancen des Einsatzes von digitalen Geräten im pädagogischen Alltag eingehen werde:

- Die Fraktion derer, die glauben, es sei gut für Kinder, wenn deren Umfeld sich einfach nicht an den Entwicklungen beteiligt, ist besonders stark. Merkmale dieser Bewegung sind, sich in den Alltagsverrichtungen auf das sogenannte ‚Althergebrachte' zu reduzieren, digitale Geräte wie Fernseher in den Haushalten einzuschränken und Kindergärten ohne Smartphones zu bevorzugen. Der Verdacht liegt nahe, dass sich hier Menschen vor Veränderungen schützen, indem sie einfach die Augen davor verschließen. Ihre Kinder werden trotzdem mit den neuen Entwicklungen in Berührung kommen und sich diese aneignen. Ohne die kompetente Begleitung von Erwachsenen kann dies allerdings negative Auswirkungen haben, worauf z.B. die Studie von Bartlett und Miller (2011) hinweist: 1/4 der 12–15-Jährigen prüfen nie die Seriosität von Internetseiten; 1/3 der 12–15-Jährigen glaubt, dass Informationen wahr sind, wenn sie bei Suchmaschinen zu finden sind; nur 1/3 der 12–15-Jährigen wurde beigebracht, wie sie Informationen aus dem Internet überprüfen können (Bartlett und Miller 2011). Initiativen wie „Schau hin" (www.schau-hin.info) betonen auch deshalb nachdrücklich, dass Kinder nicht bei der Erkundung ihrer Lebenswelt alleine gelassen werden dürfen.
- Andere Fraktionen setzen sich dafür ein, nur die Erwachsenen mit den digitalen Veränderungen in Berührung kommen zu lassen. Dahinter steht wohl die Wunschvorstellung einer behüteten Kindheit, in welcher insbesondere das Bild vom Kindergarten als ‚Schutzraum' gegenüber den als ‚Entfremdung' empfundenen gesellschaftlichen Entwicklungen fungieren soll. Aus dieser Ecke kommt z.B. der Vorschlag, Jugendliche erst mit 12–14 Jahren das Internet nutzen zu lassen und digitales Grundwissen nicht in Kindergärten und Schulen zu vermitteln: „Kinder erleben in unserer Welt genug Digitalität. Da ist es kontraproduktiv, den Umgang mit Computern in Kindergarten und Schulen zu forcieren. Kinder müssen eine bestimmte kognitive Entwicklung durchlaufen, bevor sie sinnvoll mit Computern arbeiten. Das dürfte ab einem Alter von etwa 12 bis 14 Jahren der Fall sein. Vorher kann die Konfrontation mit digitalen Medien mehr schaden als nutzen." (Lembke und Leiber 2015, S. 237) Auch hier bleiben Kinder und Jugendliche sich selbst überlassen, wenn sie die digitale Welt für sich entdecken.
- Andere Fraktionen betonen die Notwendigkeit einer kompetenten Begleitung durch Erwachsenen in ko-konstruktiven Lernprozessen: „Lernen findet nicht isoliert im Kopf des Kindes statt, sondern wird als kooperative und kommunikative Aktivität begriffen, entlang welcher Kinder Wissen konstruieren, der Welt Bedeutung zuschreiben und zwar zusammen mit Erwachsenen und anderen Kindern. Lernen ist weder die Übermittlung von Wissen, noch ist das Kind ein passiver Empfänger bzw. Reproduzent." (Fthenakis 2002, S. 22; Thestrup

2009). Kindliches Lernen steht unter dem Einfluss gesellschaftlicher Entwicklungen. Entsprechend müssen pädagogische Fachkräfte darauf eingehen.

1 Zukunftsbildung im Kindergarten

Pädagogen sind dazu verpflichtet, die Lebensrealität der Kinder in den Kindergartenalltag einzubeziehen.[1] Sie müssen Methoden entwickeln, die der zukünftigen Generation helfen, selbständig neues Wissen zu erschließen. Zukunfsforscher wie z. B. Gerd Leonhard (Leonhard 2016) gehen fast selbstverständlich davon aus, dass die Hälfte der Berufe, die es im Jahr 2030 geben wird, heute noch nicht erfunden sind. Schulen und Kindergärten könnten diese bewusst zugespitzte Perspektive beim Nachdenken über ihre tägliche Bildungsarbeit berücksichtigen. Besonders für den vorschulischen Bereich erscheinen vier Aspekte bedeutsam:

1.1 Entemotionalisierung der gesellschaftlichen Debatte durch professionelle Distanz

Es ist zunächst wichtig, sich von der emotional und unsachlich geführten Debatte über digitale Medien in Kinderhänden zu distanzieren. Es geht darum, die digitalen Entwicklungen mit einem sachlichen Blick und aus der professionellen Distanz eines Pädagogen zu betrachten.

1 Dieser Anspruch findet sich in allen Bildungsprogrammen der Bundesländer in unterschiedlichen Formulierungen. Im Berliner Bildungsprogramm heißt es z .B: „Bildung ist die Aneignungstätigkeit, mit der sich der Mensch ein Bild von der Welt macht, sie verantwortlich mitgestaltet und sich dadurch als selbstwirksam erlebt." (Senatsverwaltung für Bildung, Jugend und Sport 2014, S. 13). Im Orientierungsplan Baden-Württemberg steht entsprechend „Das Kind ist Akteur, Subjekt, das sich aktiv die Welt erschließt, aneignet und gestaltet. Das gilt vom einfachsten Wahrnehmungsprozess über die Begriffsbildung bis hin zum kreativen Problemlösen und zum sozialen Handeln" (Ministerium für Kultus, Jugend und Sport Baden-Württemberg 2014, S. 23).

1.2 Untersuchung der digitalen Entwicklungen auf Nutzen und Anwendbarkeit in Bildungsprozessen

„Vom Konsumenten zum Produzenten" lautet das Motto der skandinavischen Bildungsinstitutionen, die bereits vor einigen Jahren begonnen haben, die digitale Revolution auf ihren pädagogischen Nutzen zu untersuchen, wie z.B. der Entwurf des neuen Lehrplans in Dänemark verdeutlicht (Ministeriet for born, undervisning og ligestilling 2016). Wichtig ist in diesem Kontext allerdings, ein Denken in Ausstattungen aufzugeben, die ohnehin nur wenig Einfluss auf den Lernerfolg von Kindern haben (Hattie 2014). Kindergärten und Schulen brauchen eher, so meine Einschätzung, Hilfe bei der grundlegenden Änderung ihrer Arbeitsweise, ihrer Auffassung vom Kind oder Schüler und der Neufassung der Regeln des Zusammenlebens und der Kommunikation.

Insbesondere für den vorschulischen Bereich gilt es nun genauer zu entdecken, welche sinnvollen Lernunterstützungen in den Geräten wie Tablet-PCs oder Smartphones stecken. Diese sind, wie viele Pädagogen im Kindergarten feststellen konnten, nichts weiter als die Kombination verschiedener Geräte, die meistens bereits seit Jahren in Bildungseinrichtungen vorhanden sind: Fotokamera, Filmkamera, Diktiergerät, Abspielgerät, Computer mit Schreib-und Rechenprogrammen, Datenspeicher, Suchmaschine, Übersetzungstool. Sie tragen nun dazu bei, die pädagogische Arbeit effizienter und zeitsparender zu gestalten, z.B. hinsichtlich der Dokumentation von Lern- und Entwicklungsprozessen von Kindern. Dies ist nicht zuletzt auch angesichts des enormen Fachkräftemangels ein nicht zu unterschätzender Vorteil.

Bezogen auf die Kinder muss man festhalten, dass das Lernen mit digitaler Technik kein Selbstzweck ist, sondern ein Werkzeug, das pädagogischen Fachkräften bei der Umsetzung ihres Bildungsauftrags hilft. Es kommt nur darauf an, das Richtige mit den Geräten anzustellen und sich dabei auf die tägliche Arbeit mit den Kindern zu besinnen.

Dafür möchte ich einige auf den zweiten Blick fast alltäglich wirkende Praxisbeispiele aus Kindergärten geben:

- Kinder können mit digitalen Mikroskopen auf Entdeckungsreise gehen, eigene Videos aufnehmen, das Internet nach verwertbarem Wissen untersuchen und die eigene Entwicklung in bewegten Bildern und Tonaufzeichnungen dokumentieren.
- Die Kinder gehen mit einem Tablet-PC und dem Auftrag los, im Kindergarten alles zu fotografieren, was rund ist. Zehn Minuten später sitzt die Gruppe zu-

sammen und staunt, wie viele runde Dinge im Kindergarten vorhanden sind. Die Erzieherin notiert: „Geometrische Form Kreis behandelt".

- Beim Waldspaziergang entdecken die Kinder, welche Dinge nicht in den Wald gehören, indem sie diese mit dem Tablet fotografieren. Nachdem sie die Bilder betrachtet haben, wird beschlossen, das nächste Mal einen Müllbeutel mit zum Spaziergang zu nehmen. Diese Aktion fördert die Sicht auf relevante Dinge und unterstützt die Entwicklung von Umweltbewusstsein.
- An der Bushaltestelle lässt sich kein Fahrplan finden. Die wartenden Kinder entdecken dafür einen QR-Code. Wieder zurück im Kindergarten erklärt die Erzieherin, was ein QR-Code ist und wie man selbst Dinge hinter QR-Codes verstecken kann. Die Kinder sind begeistert und produzieren jede Menge QR-Codes, indem sie Fotos vom Tag, von sich selbst und ihren Bildern aus dem Atelier dahinter verstecken. All diese QR-Codes werden in den Fluren ausgehangen. Die Kinder warten ungeduldig auf ihre Eltern und sind sehr enttäuscht, als viele der Eltern gar nicht wissen, wie ein QR-Code entschlüsselt wird. Am nächsten Morgen diskutiert die Gruppe darüber und stellt fest, dass es nicht in Ordnung ist, Fahrpläne hinter QR-Codes zu verstecken, wenn nicht alle Menschen diese entschlüsseln können. Die Erzieherin kann vermerken, dass ein Medienbildungsprojekt erfolgreich beendet worden ist.

Solche Praxisbeispiele können sehr deutlich zeigen, dass es beim Einsatz von digitalen Medien nicht um Spiele und Unterhaltung geht, sondern um Lern- und Bildungsprojekte, die aktiv vom Kind ausgehend, stets Reales mit Virtuellem verbinden und dabei zu nachhaltigen Lernprozessen führen.

1.3 Aufstellen von Grundwerten, Hilfsstrukturen und Benutzungsregeln für Bildungsinstitutionen und Eltern

Es braucht gelebte Grundwerte für Bildungsinstitutionen und intensives Hinterfragen von Sinn und Zweck jeglicher Neuentwicklung durch Pädagogen und Eltern. Die international entwickelten Zukunftskompetenz-Schemata sollen Schulen und Kindergärten weltweit eine Orientierung geben und ihnen helfen, ihre Bildungsarbeit neu auszurichten. Es geht dabei weniger um die Anwendung digitaler Geräte, sondern um die Notwendigkeit, sich als kritisch denkendes Individuum mit Kreativität und sozialer Intelligenz in gesellschaftlichen Prozessen verantwortlich zu verhalten. Als solche ‚Zukunftskompetenzen' werden genannt:

1. Cleverness
2. Dedicated societies
3. Learning/de-learning/ re-learning
4. Synthesis
5. Speak-data
6. Pro-active project-thinking
7. Social intelligence
8. Mind, body, soul
9. Think big
10. Reading, writing, calculating, speak[2]

Die Erfahrung beim Einsatz von digitalen Medien im Kindergarten zeigt, dass Kinder im Vorschulalter in der Auseinandersetzung mit der realen Welt lernen. Jeder Versuch, diese Lernerfahrungen durch eine virtuelle Programmierung zu ersetzen, führt nicht zu den nachhaltigen Bildungserfolgen. Das Risiko ist groß, dass Lern-Apps und Vorlese-Apps allein zur Unterhaltung oder zur Ruhigstellung von Kindern eingesetzt werden, wenn eine Wertereflexion in den Bildungseinrichtungen nicht stattfindet. Denn besonders das Vorlesen stellt sich aus pädagogischer Perspektive als eine wichtige Methode der Sprachförderung dar, die besonders dann gelingt, wenn von einem Menschen vorgelesen wird und nicht von einer Maschine.

Deshalb empfehle ich, in den Kindergärten eine gemeinsame Wertebasis für den Einsatz digitaler Medien zu etablieren, die unter anderem folgende Leitsätze enthalten könnte (Bostelmann und Engelbrecht 2017):

- Digitale Medien sind Werkzeuge und werden von uns zum Erreichen unserer Ziele benutzt.
- Digitale Medien ersetzen niemals die soziale Beziehung zwischen Menschen.
- Digitale Medien werden in unserem Kindergarten niemals zum passiven Konsumieren benutzt.
- Digitale Medien machen uns kreativ und produktiv.

2 Diese unveröffentlichte Auflistung verdanke ich der Universität Kopenhagen. Vergleichbare Schlüsselkompetenzen benennt z.B. das Arbeitspapier von P21 Partnership for 21st Century Learning (2009), Kay (2011) und das Institute for the Future for the University of Phoenix research Institute (2011).

1.4 Ableiten von Bildungsaufgaben für den Kindergarten

Die Bildungsziele für die Kindergärten in Deutschland sind in bundeslandbezogenen Bildungsplänen festgelegt. Das Lernen in diesen Bildungsbereichen lässt sich durch den Einsatz digitaler Medien spannender und interessanter gestalten. Ob es darum geht, Fotos von Insekten aufzunehmen und zu einem Insektenbuch zusammenzustellen, ein Experiment aufzuzeichnen und zu erklären, einen Text über die Freundin zu illustrieren und einzusprechen, mit Hilfe von Mini-Beamern den Bewegungsraum in einen Dschungel zu verwandeln – all diesen Aktivitäten haftet dennoch eine konsumierende Komponente an, die sich darin zeigt, dass Kinder ein Gerät benutzen, ohne seine Funktionsweise zu verstehen. In diesem Kontext bleiben sie ‚User', also reine Anwender, die dem technischen Gerät ausgeliefert und durch seine Funktionen in ihren eigenen Ideen eingeschränkt sind. „Computer wurden gemacht, um uns das Leben zu erleichtern. In Bildungsprozessen dürfen sie den Menschen allerdings nicht das Denken abnehmen. Wir brauchen Software, die zum kritischen Denken und zur Reflexion anregt." (Schelhowe 2013). Deshalb erscheint es mir besonders wichtig, Pädagogen ausreichend Handwerkzeug und Hintergrundwissen mit auf den Weg zu geben, damit sie in die Lage versetzt werden, ihr pädagogisches Vorgehen zu hinterfragen und zielbewusst auszurichten.

Vor diesem Hintergrund erscheint es mir hilfreich, die Bildungsprogramme deutscher Kindergärten um drei wichtige Bereiche der digitalen Medienkompetenz zu erweitern (Bostelmann 2014; Engelbrecht und Mattschull 2017):

- Informationskompetenz
- Technik verstehen und programmieren können
- Produktionskompetenz

In jedem dieser drei Bereiche geht es darum, den Kindern ganz praktisch die digitale Welt zu erschließen. Denn für digitale Medienkompetenz wird, wie man auch formulieren könnte, eine möglichst weitreichende Unterstützung der Eigenständigkeit, des Explorationsbestrebens und der Konstruktionsleistungen der Kinder benötigt. Den Ausgangspunkt der oben genannten Praxisbeispiele bildet die Annahme, dass Kinder sich vielfältige Zugänge zur digitalen Welt in der interaktiven Auseinandersetzung mit vertrauten und verlässlichen Interaktionspartnern erschließen. Dies entspricht dem Konzept der Explorationsunterstützung und Assistenz (Ahnert 2007; Drieschner 2011).

a) Informationskompetenz

Informationskompetenz bezeichnet die Fähigkeit, Informationen bereitzustellen und zu generieren. Vorschulkinder sind besonders vom Internet fasziniert, da sie aus der Art und Weise, wie Erwachsene sich dort informieren, ableiten, dass das Internet für Wahrheit steht. „Wer schreibt eigentlich das Internet?" oder „Was muss ich lernen, damit ich später Internetschreiber werden kann?" sind Fragen von Fünfjährigen. Solche Fragen müssen beantwortet werden, wenn sie aufkommen, und so ist es eine wichtige Aufgabe des Kindergartens, Vorschulkinder über Such-Algorithmen aufzuklären und das Internet als eine vermeintliche Wahrheitsinstitution zu entzaubern.

b) Technik verstehen und programmieren können

Dass Kindergartenkinder Grundwissen über Strom erlangen müssen, dürfte in den allermeisten Bildungsprogrammen stehen. Trotzdem gibt es in vielen Kindergärten noch kein Material zum Bauen von Stromkreisen. Fragen wie: „Wie kommt das Bild in den Drucker?" „Was ist ein QR-Code?" „Woraus besteht ein Chip oder eine Leiterplatte?" sind es wert, im Kindergarten behandelt zu werden. Es ist wichtig zu zeigen, dass digitale Geräte auf der Basis von Programmierungen funktionieren und die Kinder in diese Welt einzuführen. Erste Programmierübungen lassen sich ganz ohne technische Geräte durchführen: Die Kindergruppe wird mit einfachen Befehlen über den Spielplatz dirigiert. Zu erfahren, was dabei alles schief gehen kann, kann dann der erste Schritt zum Verständnis des Programmierens sein.

c) Produktionskompetenz

Eine eigene Idee entwickeln und selber verwirklichen können, diese Erfahrung stärkt Selbstbewusstsein und Selbstwertgefühl von Kindern. Der Kindergarten braucht dafür nur eine Sammlung von Recyclingmaterialien, die üblichen Bastelwerkzeuge (z.B. Klebepistole, Klebeband, Schere) und einfache elektrische Bauteile. In jedem Kindergarten werden irgendwann einmal Pappmonster aus ausrangierten Kartons gebaut. Diese stehen dann bunt bemalt in der Ecke und werden sehr bewundert. In einem Kindergarten, der sich für technologie-unterstützte Lernangebote geöffnet hat, leuchten diese Monster und sie bewegen sich mithilfe von kleinen Motoren, Kabeln, Batterien und Leuchten aus dem Baumarkt. In die Kartonteile werden die elektronischen Teile eingebaut und mit Klebeband fixiert. Dann kann man einfach eine Batterie anschließen, so dass die Pappmonster leuchten und sich bewegen. Vielleicht werden sie sogar mit Hilfe von Mikroprozessoren programmiert.

Ein weiteres Praxisbeispiel weist genau in diese Richtung: In vielen Großstädten gibt es bereits FabLabs, und es liegt nahe, dass Erzieher genauso wie Lehrer diese Orte für sich und ihre pädagogischen Projekte entdecken. Vorschulkindern wird es nun z.B. möglich, ein Modell ihres Kindergartens zu konstruieren und anschließend am 3D-Drucker direkt auszudrucken. Ebenso können sie ein verloren gegangenes Puppenbein ersetzen, eine Spielfigur nachproduzieren oder selbst herstellen. Die Kinder können beim 3D-Druck zusehen und den Aufbau der selbst entworfenen Gegenstände genau beobachten. Dabei wird ihre räumliche Vorstellung in einer Art und Weise gestärkt, die vor einigen Jahren in dieser Selbstverständlichkeit im Vorschulbereich noch nicht möglich schien.

Kinder werden auf dieser methodischen Basis zu aktiven Lernern und kreativen Gestaltern, die Eigeninitiative entwickeln, das Gelernte reflektieren, Alternativen abwägen, neue Lösungswege entwickeln und direkt erproben können (Grammenos und Antona 2016; Schelhowe 2013; Sharples et al. 2013).

2 Fazit: Der aktive Einsatz digitaler Medien und digitaler Technik im Kindergarten

- Digitale Geräte können im pädagogischen Alltag als Werkzeuge eingesetzt werden, die das aktive Lernen von Kindern unterstützen.
- Es geht im pädagogischen Alltag des Kindergartens nicht darum, persönliche Beziehungen, das Lernen in der Natur und die reale Lebenserfahrung durch digitale Geräte zu ersetzen. Daher gehören auch digitale Anwendungen und Geräte, die allein der Unterhaltung dienen, nicht in den Kindergarten.
- Die Aufgabe der Pädagogen besteht auch weiterhin darin, die Lernwege der Kinder zu begleiten und dabei Anregungen und Lernmaterialien bereitzustellen.

Wenn diese Regeln beachtet werden, ist der Kindergarten der richtige Ort, um Kindern Funktionsweise, Gebrauch und Bedeutung von digitale Medien nahezubringen.

Literatur

Ahnert, L. (2007). Von der Mutter-Kind-Bindung zur Erzieherin-Kind-Beziehung? In F. Becker-Stoll, B. Becker-Gebhard & M. R. Textor (Hrsg.), *Die Erzieherin-Kind-Beziehung. Zentrum von Bildung und Erziehung* (S. 31–41). Weinheim: Beltz PVU.

Baacke, D. (2004). *Die 0- bis 5jährigen. Einführung in die Probleme der frühen Kindheit.* Weinheim: Beltz.

Bartlett, J., & Miller, C. (2011). truth, lies and the internet. a report into young people's digital fluency. https://www.demos.co.uk/files/Truth_-_web.pdf. Zugegriffen: 06. Februar 2017.

Bostelmann, A. (2014). *Digital genial. Erste Schritte mit Neuen Medien im Kindergarten*. Berlin: Bananenblau.
Bostelmann, A., & Engelbrecht, C. (2017). *Eltern in Krippe und Kita gut informieren. Arbeitshilfen und Vorlagen für den Einsatz digitaler Medien in der Elternarbeit*. Berlin: Bananenblau.
Bostelmann, A., & Fink, M. (2012). *Seht mal, was ich kann! Das heuristische Lernen von Kleinkindern*. Berlin: Bananenblau.
Drieschner, E. (2011). *Bindung und kognitive Entwicklung – ein Zusammenspiel. Ergebnisse der Bindungsforschung für eine frühpädagogische Beziehungsdidaktik. Eine Expertise der Weiterbildungsinitiative Frühpädagogische Fachkräfte (WiFF)*. München: DJI.
Engelbrecht, C., & Mattschull, H. (2017). *Strom, Technik und Computer im Kindergarten. 33 einfach umsetzbare Projektideen*. Berlin: Bananenblau.
Fthenakis, W. E. (2002). Die Ausbildung von Erzieherinnen und Erziehern. Strategiekonzepte zur Weiterentwicklung von Ausbildungsqualität. In W. E. Fthenakis & P. Oberhuemer (Hrsg.), *Ausbildungsqualität. Strategiekonzepte zur Weiterentwicklung der Ausbildung von Erzieherinnen und Erziehern* (S. 15–38). Neuwied, Berlin: Luchterhand.
Fthenakis, W. E., Schmitt, A., Eitel, A., Gerlach, F., Wendell, A., & Daut, M. (2009). *Natur-Wissen schaffen. Band 5: Frühe Medienbildung*. Troisdorf: Bildungsverlag EINS.
Goldschmied, E., & Jackson, S. (1994). *People under three. Young children in day care*. New York: Routledge.
Grammenos, D., & Antona, M. (2016). Future Designers. A design thinking crash course for children. http://fablearn.eu/wp-content/uploads/FabLearnEU-4.pdf. Zugegriffen: 09. Februar 2017.
Hattie, J. (2014). *Lernen sichtbar machen. Überarbeitete deutschsprachige Ausgabe von Visible Learning for Teachers*. Baltmannsweiler: Schneider Verlag.
Institute for the Future for the University of Phoenix research Institute (2011). Future Work Skills 2020. http://www.iftf.org/uploads/media/SR-1382A_UPRI_future_work_skills_sm.pdf. Zugegriffen: 09. Februar 2017.
Jackson, S., & Forbes, R. (2016). *Kleinkinder. Spielen und Lernen in den ersten drei Lebensjahren. Das Grundlagenbuch der institutionellen Kleinkindpädagogik*. Berlin: Bananenblau.
Kay, K. (2011). Twenty-first century students need 21st century skills. http://link.springer.com/chapter/10.1007/978–94-007–0268-4_3. Zugegriffen: 09. Februar 2017.
Leonhard, G. (2016). *Technology vs. Humanity. The coming clash between man and machine*. London: Fast Future Publishing.
Ministeriet for born, undervisning og ligestilling (2016). Master for en styrket pædagogisk læreplan. http://socialministeriet.dk/media/18433/master-for-en-styrket-paedagoiske-laereplan.pdf. Zugegriffen: 09. Februar 2017.
P21 – Partnership for 21st Century Learning (2009). P21 Framework Definitions. http://www.p21.org/storage/documents/docs/P21_Framework_Definitions_New_Logo_2015.pdf. Zugegriffen: 09. Februar 2017.
Sharples, M., McAndrew, P., Weller, M., Ferguson, R., Fitzgerald, E., Hirst, T., & Gaved, M. (2013). Innovating Pedagogy 2013. Exploring New Forms of Teaching, Learning and Assessment. http://www.open.ac.uk/iet/main/sites/www.open.ac.uk. iet.main/ les/ les/ecms/web-content/Innovating_Pedagogy_report_2013.pdf. Zugegriffen: 09. Februar 2017.

Schelhowe, H. (2013). Digital Realities, Physical Action and Deep Learning. FabLabs as Educational Environments? In J. Walter-Herrmann & C. Büching (Hrsg.), *FabLab.Of Machines, Makers and Inventors*. Bielefeld: Transcript Verlag.

Siegler, R., Eisenberg, N., DeLoache, J., & Saffran, J. (2011). *Entwicklungspsychologie im Kindes- und Jugendalter*. Berlin, Heidelberg: Springer.

Thestrup, K. (2013). Kindergartens in the center of the world. http://www.academia.edu/5221275/The_Transformers. Zugegriffen: 06. Februar 2017.

Studieren und Probieren

Praxisorientierte Kompetenzvermittlung am Beispiel des Software Campus

Harald Schöning

1 Theoretische Ausbildung vs. praktische Ausbildung

Mindestens 18 Jahre verbringen angehende Informatiker bzw. Ingenieure in der Schule und der Universität – wenn sie promovieren, kommen noch einmal rund 5 Jahre dazu. Danach tauchen sie, mit ihrem ersten Job, in die Welt der Unternehmen ein. Sie starten als Consultants, Produktmanager oder Softwareentwickler und sammeln erste praktische Erfahrungen. Im Arbeitsalltag angekommen stellen sie jedoch nicht selten fest, dass theoretisches Wissen und fachliche Exzellenz nur die halbe Miete sind. Die Leitung von Projekten fordert mehr: Anforderungen wollen definiert werden, Projektpläne sind einzuhalten, Konflikte im Projekt und in der Konkurrenz um Ressourcen müssen gelöst werden, damit mit den Kollegen gemeinsame Erfolge gefeiert werden können.

Die Unternehmen ihrerseits stehen vor der Aufgabe, ihre Arbeitnehmer, besonders junge mit weniger Erfahrungen, so schnell wie möglich einzuarbeiten, ihnen eine effektive Arbeitsweise zu ermöglichen und ihnen so bald wie möglich eigene Projektverantwortung zu übertragen.

Natürlich werden die für die Position fachlich relevanten Kenntnisse vorausgesetzt, ebenso, dass der Kollege bzw. die Kollegin seine Aufgaben engagiert erledigt und ein Teamplayer ist. Noch wichtiger ist allerdings die relevante, praktische Erfahrung, die neue Mitarbeiter für ihre jeweilige Position mitbringen sollten. Bei der Neubesetzung von Führungspositionen ist es für ein Unternehmen wichtig, dass die Führungsperson fachlich anerkannt ist, gut kommunizieren kann und die notwendigen „Social Skills" für eine Führungsrolle besitzt, also beispielsweise Konflikte in Teams lösen kann.

Am einfachsten kann ein Arbeitgeber einschätzen, ob eine Person führen kann, wenn diese Person bereits in der Vergangenheit erfolgreich ein Team bzw. ein Projekt geführt hat. Praktische Erfahrung, idealerweise in Kombination mit einem Mentoring durch einen erfahrenen Manager, ist der beste Weg, die notwendigen Kenntnisse und Fähigkeiten zur Führung aufzubauen und zu vertiefen.

Die Unternehmen der deutschen Digitalwirtschaft sehen sich allerdings in Zeiten von Fach- und Führungskräftemangel mit einem Dilemma konfrontiert: sie haben nicht immer die Auswahl. Die Informatiker und Ingenieure in Deutschland sind gut ausgebildet, jedoch ist der Bedarf an diesen Fachkräften in Zeiten der Digitalisierung höher als das Angebot. Darüber hinaus erfüllen sie unmittelbar nach dem Hochschulabschluss oft nicht die hohen Ansprüche der Unternehmen, was vorhandene praktische Erfahrung anbelangt.

Um die digitale Transformation mitzubestimmen und für sich zu nutzen, braucht die deutsche Wirtschaft „digitale Führungskräfte". Die Herausforderungen der neuen Technologien müssen auf die Produkte übertragen werden, und die Mitarbeiter müssen in das neue Zeitalter mitgenommen werden. Dazu braucht es engagierte Vordenker, die Vorhandenes aufbrechen, den digitalen Wandel aktiv gestalten und andere dafür begeistern können.

Aus diesem Grund erfolgte 2011 der Schulterschluss zwischen Bundesregierung, Wirtschaft und Wissenschaft. Die Generation der „Digital Natives" an den Universitäten und Forschungsanstalten ist jene, welche die Unternehmen jetzt brauchen. Sie sollen schon während ihrer Hochschulzeit zu Fach- und Führungskräften ausgebildet werden und sich schon früh mit der Industrie vernetzen. Und so startete die Bundesregierung 2011 ein Programm zur Ausbildung von IT-Führungskräften. Im Software Campus kooperieren 17 Partner aus Industrie und Forschung, die Software AG ist einer davon.

Fünf Jahrgänge mit insgesamt über 200 Teilnehmern wurden bereits aufgenommen. Exzellente Masterstudierende und Doktoranden der Informatik sowie informatiknaher Fächer können sich für das Weiterbildungsprogramm bewerben. Sie durchlaufen ein strenges Auswahlverfahren, um sowohl hohe fachliche Qualität als auch die Eignung zur Führungskraft sicherzustellen.

Aufbauend auf ihren fundierten IT-Kenntnissen werden die Kompetenzen der Teilnehmer im Software Campus auf verschiedenen Ebenen geschärft. Sie sollen mit dem Handwerkszeug für das höhere Management versorgt werden. Dies geschieht in mehreren Bereichen.

2 Kompetenzvermittlung auf mehreren Ebenen

Jeder Teilnehmer realisiert in der 1- bis 2-jährigen Programmlaufzeit ein eigenes IT-Forschungsprojekt, meist im Rahmen der Promotion oder der Masterarbeit. Das Bundesministerium für Bildung und Forschung (BMBF) fördert jedes Projekt mit bis zu 100.000€ für Materialkosten, Reisen und Personal. So verantworten die TeilnehmerInnen alles eigenständig und können das in den Trainings gelernte Wissen unter Beweis stellen. Dies umfasst u.a. das Einstellen, Einsetzen und Führen von Mitarbeitern, ein effizientes Projektmanagement sowie Mittelbeantragung und -management.

Die erste Herausforderung ist dabei, ein Thema zu finden, das für eines der teilnehmenden Unternehmen relevant ist. Dieses wird dann der betreuende Industriepartner. Er stellt nicht nur den „Sparringspartner" für die thematische Ausrichtung des Projekts dar, sondern unterstützt den Teilnehmer auch durch ein spezielles Mentoring. Die Mentoren, die aus den höheren Management-Ebenen kommen, stehen den Teilnehmern zur Seite und geben persönliche Erfahrungen und unternehmensspezifisches Wissen zu Themen wie Strategieentwicklung, Innovationsmanagement und Mitarbeiterführung weiter.

Ein echtes Eintauchen in die Welt des jeweiligen Industriepartners gelingt, wenn die Teilnehmer eine Praxisphase in Deutschland oder einer Niederlassung im Ausland durchführen. So lernen sie die Unternehmenskultur sowie interne Abläufe kennen und können sich ihr eigenes Netzwerk aufbauen.

Die Industriepartner vermitteln außerdem in speziellen Trainings relevantes Know-How für Führungskräfte, z.B. Methodenkompetenzen wie etwa Moderationstechniken oder Szenarioplanung. Weitere Trainings behandeln interkulturellen Austausch oder vermitteln Führungs- sowie Selbst- und Sozialkompetenzen. Diese Trainings werden von allen Industriepartnern allen Teilnehmern angeboten, so dass jeder Teilnehmer die Möglichkeit hat, alle Industriepartner auch in direktem Kontakt kennenzulernen.

Mit den ineinandergreifenden Programmelementen aus Theorie und Praxis erhalten die Teilnehmer eine umfassende Ausbildung in nächster Nähe zu aktuellen Entwicklungen und dem Markt. Abb. 1 stellt die Module des Software Campus dar.

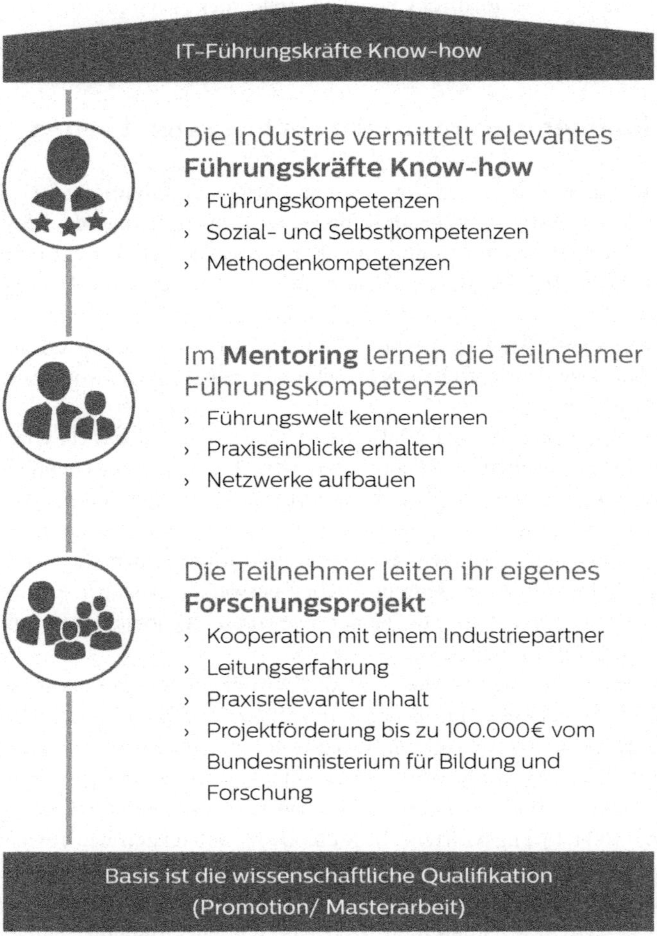

Abbildung 1 Die Module des Software Campus (Quelle: Software Campus)

3 Karrieregeschichten

Mit dem Abschluss des Software Campus sind die Teilnehmer fit für den Karriereeinstieg. Dieser kann sie in Unternehmen führen, ins Management der Forschung oder in die Gründung eines eigenen Unternehmens. Der Zugriff auf einen Pool an Informatikern, die in baldiger Zukunft dem Arbeitsmarkt zur Verfügung stehen, ist für die Partner des Programms von hohem Wert. Dennoch profitieren nicht nur die Industriepartner, die in den Software-Campus erheblich investieren, von dem Programm. Unternehmensgründungen, aber auch die höhere Verfügbarkeit von ausgewiesenem Führungskräftenachwuchs kommen der gesamten deutschen IT-Wirtschaft zu gute.

Die Exzellenz der Teilnehmer zeigt sich in den vielfältigen Auszeichnungen, die diese während oder aufgrund ihres Software-Campus-Projektes erhielten, darunter drei Best Paper Awards, zweimal der CeBit Innovation Award, zwei EXIST-Gründerstipendien, ein Outstanding Matcher Award, die Kamm-Jante-Medaille der WKM, ein IBM Ph.D. Fellowship Award, der Energie-Preis der TU Darmstadt, ein Intel Doctoral Student Honor Award, ein European Association of Research and Technology Organisations (EARTO) Innovationspreis usw.

Die Software AG hat als Industriepartner rund 30 Teilnehmer betreut. Deren Verabschiedung aus dem Programm erfolgte auf diversen Software Campus Summits oder auch auf der CeBIT, wo Bundesbildungsministerin Prof. Dr. Johanna Wanka 2016 auf dem Stand der Software AG feierlich knapp 20 Absolventen zu Ihrem erfolgreichen Abschluss gratulierte (Abb. 2).

Abbildung 2 Bildungsministerin Prof. Dr. Johanna Wanka verabschiedet mit Software AG Vorstandsvorsitzendem Karl-Heinz Streibich und Dr. Harald Schöning, Sprecher des Software-Campus-Lenkungsausschusses, Absolventen des Software Campus. (Quelle: Software AG)

Nachdem die ersten Absolventen Ende 2014 das Programm verlassen haben, hat eine signifikante Zahl Positionen in der Industrie angetreten – innerhalb und außerhalb des Partnerkonsortiums. Die Software AG selbst konnte einige IT-Talente für sich als Mitarbeiter gewinnen, z. B. im Produktmanagement der marktführenden Plattform zur Modellierung und Analyse von Geschäftsprozessen *ARIS*.

Aber auch in der Forschung werden Informatiker mit Führungsambitionen und -erfahrung gesucht, einige ehemalige Teilnehmer besetzen heute Juniorprofessuren. Andere haben die im Software Campus gewonnenen Erfahrungen und der stattgefundene Austausch dazu ermutigt, ihr eigenes Unternehmen zu gründen, für das sie im Netzwerk die passenden Partner gefunden haben.

Nach fünfjähriger Laufzeit wird das Programm nun aktualisiert. Weitere exzellente Universitäten werden als Forschungspartner aufgenommen, neue Unternehmen als Industriepartner in das Programm eintreten. Wir erwarten fünf weitere erfolgreiche Jahre für den Software-Campus.

Zu den Herausgebern und Autoren

Prof. Dr. Silke Ladel (Herausgeberin und Autorin) ist Professorin für Didaktik der Primarstufe Mathematik an der Universität des Saarlandes und Gründungspartnerin von KLEE – Dr. Knopf und Dr. Ladel Partnerschaft. Ihr Arbeitsschwerpunkt liegt im Bereich des sinnvollen Einsatzes digitaler Medien zur Unterstützung mathematischer Lehr-/Lernprozesse in der Primarstufe. Im Fokus stehen Möglichkeiten der sinnvollen Kombination physischer und virtueller Materialien.

Prof. Dr. Julia Knopf (Herausgeberin und Autorin) ist Professorin für Fachdidaktik Deutsch Primarstufe an der Universität des Saarlandes und Gründungspartnerin von KLEE – Dr. Knopf und Dr. Ladel Partnerschaft. Sie ist Autorin zahlreicher wissenschaftlicher Abhandlungen, hält regelmäßig Vorträge und Lehrerfortbildungen und ist Projektleiterin zahlreicher Theorie-Praxis-Projekte. Ihr Arbeitsschwerpunkt liegt in der Erforschung digitaler Lehr- und Lernprozesse im Deutschunterricht.

Prof. Dr. Armin Weinberger (Herausgeber und Autor) ist Inhaber und Gründungsprofessor des Lehrstuhls Bildungstechnologie und Wissensmanagement an der Universität des Saarlandes. In seinem internationalen Forschungsfeld computer-unterstütztes kooperatives Lernen ist er einer der am häufigsten publizierenden Autoren. Prof. Weinberger entwickelt computerunterstützte Kooperationsskripts die Rollen und Aktivitäten Lernender orchestrieren und dabei individuellen Lernzuwachs und Wissenskonvergenz in Gruppen fördern.

Antje Bostelmann (Autorin) ist ausgebildete Erzieherin und bildende Künstlerin. Sie entwickelte die Klax-Pädagogik, ein modernes pädagogisches Konzept, welches das Kind in den Mittelpunkt der pädagogischen Arbeit stellt. Seit 1995 hat sie zahlreiche pädagogische Fachbücher veröffentlicht, darunter viele Bestseller.

Prof. Dr. Roland Brünken (Autor) ist Inhaber des Lehrstuhls für Empirische Bildungsforschung an der Universität des Saarlandes und dortiger Vizepräsident für Lehre und Studium. In der Forschung beschäftigt er sich mit Lernen mit Multimedia und neuen Medien, der Cognitive Load Theory sowie Gefahrenwahrnehmung im Straßenverkehr.

Prof. Dr. Bardo Herzig (Autor) ist Professor für Allgemeine Didaktik und Schulpädagogik unter Berücksichtigung der Medienpädagogik und Direktor des Zentrums für Bildungsforschung und Lehrerbildung (PLAZ). Seine Arbeits- und Forschungsschwerpunkte liegen in der Medienbildung und informatischen Bildung, in der Kompetenzmodellierung und -messung sowie in der gestaltungsorientierten Bildungsforschung.

Prof. Dr. Thomas Irion (Autor) ist Professor für Grundschulpädagogik an der PH Gmünd (University of Education) und Direktor des Zentrums für Erziehungswissenschaft. Er ist Gründer und Direktor des Zentrums für Medienbildung (www.zentrum-fuer-medienbildung.de) an der PH Gmünd. Sein Arbeitsschwerpunkt ist die digitale Medienbildung in der Schule. Dabei beschäftigt er sich sowohl mit der Förderung von Medienkompetenzen als auch mit Möglichkeiten der didaktischen Nutzung digitaler Technologien.

Dr. Yves Kreis (Autor) ist Dozent für Didaktik der Mathematik an der Universität Luxemburg. Sein Forschungsschwerpunkt ist die sinnvolle Integration digitaler Mathematikwerkzeuge in der Grundschule (u.a. Apps auf Tablets) und der Sekundarschule (u. a. Dynamische-Mathematik-Software) mit dem Fokus einerseits auf die Lernprozesse der Schülerinnen und Schüler und andererseits auf die Berufsausbildung bzw. -weiterbildung der Lehrkräfte.

Alexander Martin (Autor) ist wissenschaftlicher Mitarbeiter am Lehrstuhl von Prof. Dr. Bardo Herzig und in der Didaktik des Unterrichtsfaches Pädagogik. Seine Arbeitsschwerpunkte liegen im Bereich der medienpädagogischen Forschung sowie der Gestaltung und Untersuchung von Lehrerfortbildungen.

Prof. Dr. Helmut M. Niegemann (Autor) ist Honorarprofessor für Bildungstechnologie an der Universität des Saarlandes und Seniorprofessor für Wirtschaftspädagogik an der Goethe Universität Frankfurt. Er ist Universitätsprofessor em. der Universität Erfurt, wo er bis 2012 den Lehrstuhl für Lernen und neue Medien innehatte. Seine Arbeitsschwerpunkte sind Theorie und Praxis des Instruktionsdesigns, Lehren und Lernen mit Serious Games und Simulationen (insbesondere in der beruflichen Bildung) sowie medienbasierte Leistungsmessung.

Lisa Niegemann, M.A. (Autorin) ist Erziehungswissenschaftlerin und freiberufliche Dozentin in der beruflichen Weiterbildung und der Lehrerfortbildung. Sie hat in den letzten Jahren sowohl in medienbezogenen Projekten zur beruflichen Weiterbildung gearbeitet (Universitäten Erfurt, Saarbrücken) als auch Evaluationen im Bereich allgemeinbildender Schulen durchgeführt. Arbeitsschwerpunkte sind die Qualität von Unterricht und Ausbildung sowie Gelingensbedingungen schulischer Innovationen.

Jun.-Prof. Dr. Babette Park (Autorin) ist seit 2012 Juniorprofessorin für Empirische Hochschulforschung und Hochschuldidaktik an der Universität des Saarlandes. Mit grundlagenorientierter Forschung entwickelt und validiert sie in ihrer Forschergruppe Messmethoden, welche sich zur Erfassung der kognitiven Belastung beim Lernen eignen. Im Rahmen instruktionspsychologischer Forschung untersucht sie kognitive und affektive Prozesse beim Lernen mit multimedialen Instruktionen. Mittels anwendungsorientierter Forschung nimmt sie u.a. Bedingungen und Determinanten erfolgreicher Hochschullehre aus pädagogisch-psychologischer Perspektive mit Blick auf die Einbindung von Neuen Medien in den Fokus.

Carina Ruber (Autorin) ist akademische Mitarbeiterin im Zentrum für Medienbildung der Pädagogischen Hochschule Schwäbisch Gmünd. Im Projekt „ProMedia Primar 3P“, welches neue Konzepte zur Integration digitaler Medien in der Grundschule entwickelt und erprobt, ist sie für die Projektkoordination und die Evaluation zuständig. Derzeit schreibt sie an ihrer Masterarbeit im Studiengang Bildungswissenschaften mit dem Schwerpunkt Schul- und Unterrichtsforschung.

Prof. Dr. Dr. h.c. mult. August-Wilhelm Scheer
August-Wilhelm Scheer ist einer der prägendsten Wissenschaftler und Unternehmer der deutschen Wirtschaftsinformatik und Softwareindustrie. Seine Bücher gehören zu den Standardwerken des Geschäftsprozessmanagements die von ihm entwickelte Managementmethode ARIS für Prozesse und IT wird in nahezu allen DAX-, vielen mittelständischen Unternehmen und auch international eingesetzt. Er ist Gründer erfolgreicher Software und Beratungsunternehmen, die er aktiv begleitet. Zu den Unternehmen der Scheer Gruppe zählen Scheer GmbH, IMC AG, e2e Technologies, IS Predict und Backes SRT. Als Unternehmer und Protagonist der Zukunftsprojekte „Industrie 4.0“ und „Smart Service World“ der Bundesregierung arbeitet er aktiv an der Ausgestaltung der Digital Economy.

Maja Schneider M.A. (Autorin) ist Geschäftsführerin für Forschung und Entwicklung am Zentrum für Medienbildung der Pädagogischen Hochschule Schwäbisch Gmünd. Ihr Arbeitsschwerpunkt liegt im Bereich des Lehrens und Lernen mit digitalen Medien und mobilen Technologien.

Dr. Harald Schöning (Autor) ist als Vice President Research bei der Software AG verantwortlich für alle öffentlich geförderten Forschungsprojekte der Software AG. Er ist Sprecher des Software-Clusters und von Software Campus, Vorsitzender des BITKOM-Arbeitskreises „Industrie 4.0 – Markt und Strategie“ und Mitglied im Lenkungskreis der Plattform Industrie 4.0. Dr. Schöning ist Autor mehrerer Bücher und Buchbeiträge und hält mehr als 50 Patente.

Dr. Lisa Stark (Autorin) ist Mitarbeiterin in der Fachrichtung Bildungswissenschaften an der Universität des Saarlandes sowie an der Hochschule für Musik Saar, Saarbrücken. Sie forscht derzeit zu Emotionen beim Lernen mit Multimedia, zum musikbezogenem ästhetischen Argumentieren und zu Heterogenität im Kontext ästhetischer Bildung.

Christian Wachter ist Vorstandssprecher der IMC AG und arbeitet bei allen wesentlichen Fragen hinsichtlich der Unternehmensentwicklung eng mit dem Führungsteam zusammen. Zuvor war Christian Wachter bei IMC als Vice President Sales tätig und ist seit 2002 Prokurist des Unternehmens. Im Rahmen seiner Beratertätigkeit für zahlreiche internationale Unternehmen hat er Kunden dabei unterstützt, ihr Weiterbildungskonzept durch die Einführung von Learning Management Systemen zu verbessern. Vor seinem Einstieg bei IMC war Christian Wachter wissenschaftlicher Mitarbeiter am von Professor August-Wilhelm Scheer geleiteten Institut für Wirtschaftsinformatik am Deutschen Forschungszentrum für Künstliche Intelligenz (DFKI) der Universität des Saarlandes.

Printed by Printforce, the Netherlands